DELIUS KLASING

THRILLER

SAM LLEWELLYN

BLACK FISH

TÖDLICHER BEIFANG

1. FALL FÜR GAVIN CHANCE

AUS DEM ENGLISCHEN VON
TATJANA POKORNY

DELIUS KLASING VERLAG

Für Garlinda, Bertie, Dave & Tim

1

Es lief alles so gut.

Solent City lag in nördlicher Richtung am Horizont. Im Süden waren das viktorianische Durcheinander von Cowes und die Pfeffertürme der Royal Yacht Squadron zu sehen. Als ich über die Schulter auf die herrliche blaue See blickte, befand sich die Army gut 20 Meter achteraus. Ihr Vorschiffsmann stand ganz vorn auf dem Bug des Bootes und zerrte an den Streben des Bugkorbs wie ein Gorilla im Zoo. Ein böser Gorilla. Er war sauer, weil der Mann am Mast ihn anschrie. Der Mann am Steuer war sauer, weil er nicht einen Hauch von Wind in die Segel bekam und weil sich die Polizei ihnen in den Weg gelegt hatte. Die Polizei, das waren ich, mein Mann am Großsegel, mein Taktiker und die fünf anderen Jungs, die übers Deck der Sigma stapften und sich bemühten, nicht allzu breit zu grinsen.

Ich sah den Army-Steuermann in sein Großsegel hochschauen. Ich sah, wie er etwas zu seinem Mann am Großsegel sagte. Ich sah ihn am Steuer etwas nachgeben, um aus unserem Windschatten herauszukommen, sich davonzuschleichen und einen Schlag in Richtung Ziel zu machen. Wir hatten noch zwei Bootslängen Vorsprung.

Er war ein netter Kerl, dieser Army-Steuermann, ein Sergeant mit Auszeichnung. Ich war ein Polizeiinspektor. Er hatte seine Auszeichnung bekommen, weil er mutig gewesen war. Ich war Inspektor geworden, weil ich eine Plage war.

»Mach das Gleiche und decke ihn«, sagte der Taktiker, ein Detective Constable der Kriminalpolizei in Poole.

Ich hatte bereits das gleiche Manöver eingeleitet, indem ich eine Kurve in die hübsche blaue See fuhr und damit ein Abbild der Kurve erzeugte, die die Army rund 20 Meter rechts hinter mir absolvierte. Aus dem Augenwinkel sah ich, ihre Geschwindigkeit zunehmen.

»Er wird wenden«, sagte der Taktiker.

Der Baum der Army ragte jetzt weit über die Steuerbordseite des Bootes hinaus. Er fuhr nun ziemlich genau auf uns zu. »Niemals«, sagte ich.

Der Taktiker war bei der Marine gewesen, bevor er zur Polizei ging. »Pongoes«, sagte er, einen alten abfälligen Begriff für Soldaten bemühend.

Der Großsegeltrimmer sagte: »Der Baum kommt rüber. Weiter. Weiter. Und Abflug. Am Arsch.«

Seine Flüche waren teilweise dem Umstand geschuldet, dass ich eine Crashwende gefahren hatte, um den Gegner zu decken. Vor allem aber der Tatsache, dass der Army-Mann in Luv auf der Wetterseite des Decks dem Baum nicht ausgewichen war. Ich sah den Baum auf die andere Seite fliegen. Ich sah, dass er den Mann auf Taillenhöhe erwischte. Ich sah ihn in hohem Bogen durch die Luft und ins Wasser fliegen. Und ich sagte: »Trimm!«, während ich das Steuer durch meine Hände gleiten ließ, damit wir in einem großen Bogen halsen konnten, plötzlich im Wind standen und den Mann im Wasser längsseits erreichten. Alles flatterte, damit zwei bullige Constables ihre Arme über die Seite strecken und ihn durch die Reling reinziehen konnten.

»Willkommen an Bord«, sagte ich. Er prustete in meine Richtung und sah wütend aus. »Wir bringen Sie zurück, wenn Sie wollen«, sagte ich. Er grinste, schüttelte den Kopf und dankte uns. Inzwischen hatte der Mann am Großsegel die Großschot eingeholt. Die Genuawinsch rasselte. Wir glitten längsseits des Army-Bootes und gaben ihnen ihren Mann zurück, obwohl ihren Gesichtszügen nach zu urteilen nicht alle besonders glücklich darüber zu sein schienen, ihn zu sehen. Dann zogen wir in Richtung Ziellinie davon, die wir mit vollen zwei Minuten Vorsprung erreichten. Du meine Güte, fühlten wir uns gut.

Noch selbstgefälliger gingen wir später den Rasen hinunter zum Wasser, unsere Augen auf eine ältere Dame mit Hut und in weißen Handschuhen gerichtet, die eine Rede hielt. »In diesem Jahr geht der Alban Cup für Matchracing an die Polizei«, sagte sie. Strahlendes Lächeln. Ich trat vor und nahm die Trophäe in Empfang. »Viel Glück bei Olympia«, sagte sie.

Ich verbeugte mich und murmelte etwas von Teamwork, dann mischte ich mich wieder unter die Leute. Die meisten kannte ich nicht. Doch das war mir egal, denn sie kannten mich, den glänzenden Hoffnungsträger der Polizei und des Segelsports. Ich bekundete dem Army-Skipper mein sportliches Mitgefühl und leerte drei Gläser Champagner in doppelter Geschwindigkeit. Dann bemerkte ich eine große blonde Frau, die mich über die Menge hinweg mit mehr als nur freundlicher Wärme anlächelte. »Aber hallo!«, dachte ich, bevor ich auf sie zusteuerte.

Von da an ging es nur noch bergab.

Als das alles hier drei Jahre später beginnt, bin ich Yachtmakler. Ich weiß, was ihr jetzt denkt. Blaue Cocktails, weiße Kissen, Immobilienmakler im Salon. Yacht ist ein großes und gewichtiges Wort. Es riecht nach Geld. Doch wenn wir darüber reden, was ich mache, dann ist das Wort mit der entscheidenden Botschaft nicht Yacht, sondern Broker, wie »broken« – kaputt.

Willkommen also in meinem schicken Hightech-Büro im Steuerhaus meines Luxusschleppers, der am Fischsteg in Achnabuie vertäut ist. Mit Klappstühlen, die aus der Stadthalle geklaut sind, dem State-of-the-Art-Murphy-Aschenbecher (leicht angekokelt) und dem Schreibtisch aus alten Army-Beständen, gekrönt von dem Secondhand-Dell-Computer. Da drüben ist der Schreibtisch meiner großen, loyalen und sehr attraktiven Assistentin Maureen

Cameron, der ihr gute Dienste an den seltenen Tagen leistet, an denen sie zur Arbeit kommt.

Sie weist oft darauf hin, dass der Schlepper kalt und feucht ist. Auch gibt es nur sehr wenig Arbeit zu erledigen. Und sie bekommt dafür sehr wenig Geld. Also kann sie ebenso gut in ihrem warmen Haus bleiben, was sie normalerweise auch tut. Manchmal habe ich das Gefühl, sie hätte mich gern an ihrer Seite in diesem Haus. Ich denke darüber von Zeit zu Zeit nach, aber irgendwie habe ich noch nicht den richtigen Zeitpunkt gefunden nachzufragen.

Hinter den Fenstern des Steuerhauses erstreckt sich die glorreiche Riviera von Achnabuie: ein Sammelsurium von Moorings, 13 Boote, abgedeckt von Bradshaw-Persenningen, die unter Regenlachen in sich zusammengesackt sind, ein paar mit Wasser und Mückenlarven gefüllte Überbleibsel und ein Schlosspark, der im Hochsommer von Masochisten aus Leicestershire besucht wird.

Momentan ist kein Hochsommer. Nicht einmal Frühsommer. Der Herbst kommt, und das hier ist Schottland. Also regnet es. Die Werft ist dennoch voller Leben, es herrscht rege Betriebsamkeit. Was daran liegt, dass sie nur klein ist. Georgie Strother ist riesig genug, um einen viel größeren Ort auszufüllen als diesen, wenn er durch die Pfützen am Steg stapft. Vielleicht ist er für einen Schwatz übers Wetter rübergekommen. Obwohl sein Gesichtsausdruck anderes ahnen lässt. Ich bekomme ein leicht flaues Gefühl in der Magengegend. Das ist der Teil meines Umgangs mit Georgie, der mir Unbehagen verursacht. Ich steh auf, um zu gehen.

Zu spät.

Die Tür öffnet sich. Ein Geruch wie aus einer Trawlerkombüse weht herein, begleitet vom Aroma von Whisky, Schmierfett und einem langen Abgang geschmuggelter Bensons.

»Wie geht's?«, sage ich und erwartete tatsächlich eine Antwort. Aber die bekomme ich nicht. Stattdessen kommt er rüber zu dem Tisch hinter mir, packt ihn mit zwei Händen und ballert ihn durch das Fenster des Steuerhauses in die See.

Es ist nicht unbedingt so, dass es mir etwas ausmacht, wenn Menschen meinen Tisch aus dem Fenster werfen. Aber ich denke, es wäre nett, dass – wenn sie sich auf diese Weise auszudrücken wünschen – sie das Fenster vorher öffnen.

Ich bewege mich vom Regenschauer und den Mücken weg. Und nebenbei auch von Georgie, der groß und rabiat genug ist, meinem Blutdruck nicht gutzutun. »Sollte ich vermuten, dass du nicht hier bist, um mir schönen Fisch zu bringen?«

»Was glaubst du?«, fragt Georgie.

Wir ehemaligen Polizisten sind ziemlich feinfühlig, und ein Yachtmakler ist nichts ohne Intuition. »Ich glaube, es gibt ein Problem«, sage ich. »Wirst du mir erzählen, worum es geht?«

»Es gibt keinen Fisch«, schnaubt Georgie, »ich gebe meinen Fisch nicht an verfickte Ärsche, die mein Boot stehlen. Selbst wenn ich Fisch hätte, was mit einem gestohlenen Boot ja nicht der Fall sein wird, nicht wahr? Denn wie sollte ich ohne Boot Fisch bekommen?«

Wenn Georgie erst einmal auf diese Weise in Fahrt kommt, kann das den ganzen Tag andauern. Also sage ich: »Komm zum Punkt.«

Georgies Auge bleibt am Computer hängen, seine Finger spannen sich. Ich kann sehen, wie er plant, ihn dem Tisch hinterherzuschicken. Das ist nicht gut. In diesem Computer befand sich die Gavin Chance Marina in einem sonnenverwöhnten Hafen voll glänzender moderner Boote und nicht in einem dieser von Mücken besiedelten Sümpfe, die von Algen überwuchert waren. Es war wichtig, dass diese Vorstellung irgendwo existierte, auch wenn es nur auf einer rostigen Festplatte ist. Also bin ich sehr scharf darauf, diesen Computer auf meinem Tisch zu behalten, wo er seine Träume träumen kann und meinen Kunden hilft, die ihren zu träumen.

»Du weißt, um was es geht«, sagt er.

»Nein, weiß ich nicht«, antworte ich.

»Jemand hat das Boot gestohlen, das dein Partner mir verkauft hat.«

Mein Herz beginnt wie ein Expressaufzug zu sinken.

»Und«, sagt Georgie und schlägt nochmals in die gleiche Kerbe, »ich brauche es zurück, damit ich wieder fischen gehen kann.«

Ich kann sehen, dass er wieder loslegen will. »Dann melde es der Polizei«, sage ich.

An dieser Stelle wird Georgies Gesicht noch grimmiger. »Ich hasse die Polizei«, sagt er. »Abgesehen davon, habe ich keine Papiere für das Boot. Also werden sie mir nicht glauben. Du warst doch selbst einmal ein Polizist. Du wirst es finden.«

Es folgt eine Pause, in der ich mit meinem Zeh in einigen Glassplittern rühre. Er hatte recht mit meiner Vergangenheit in Sachen Strafverfolgung. Doch das weckt nicht den Wunsch in mir, nach seinem Boot zu suchen, das ich ihm in einem fairen Deal verkauft hatte. Abgesehen von den fehlenden Papieren, die noch kommen sollten. Das Boot war über meinen Partner Johnny Bonneville-Clark in das Maklergeschäft gekommen …

Jetzt sackt das Herz noch schneller.

»Ich werde dir deine verfickten Arme brechen«, sagt er.

»Der Polizei würde das nicht gefallen«, entgegne ich. Georgie steht unter dem Eindruck, ich hätte immer noch beste Beziehungen zur alten Truppe, und ich will ihm nicht wirklich erzählen, dass das nicht der Fall ist.

Er steht still da und atmet wie ein Bulle mit Asthma, und ich denke, ich hätte ihn beruhigt. Dann sagt er: »Nun, was weg ist, ist weg.« Dabei blinzelt er mich aus seinen kleinen schwarzen Augen an. »Immerhin bin ich ja versichert, richtig?«

Jetzt geht mein Herz auf Grund. »Ja«, sage ich, doch es ist, als würde ein anderer die Worte sprechen. »Sicher.« Ich wackel mit dem Kopf. »Aber es wird deinem Bonus für nicht geltend gemachte Ansprüche nicht gut tun.«

»Oder deinem«, sagt er. »Ja, wenn du mir nicht suchen hilfst, muss ich einfach zur Versicherung gehen.« Seine Augen irren wieder in Richtung Computer, und seine Salamifinger spannen sich.

»Also gut«, sage ich. »Wenn ich mich auf die Suche mache, was ist da für mich drin? Zeit ist Geld, weißt du.«

»Es dauert sehr lange, bis Arme wieder heilen«, sagt Klein Georgie und geht.

Ich sehe seinen klotzigen Schultern hinterher, die sich den Weg durch Regen und Mücken bahnen, und schreie: »Wann hast du denn dein Boot zuletzt gesehen?«

»Montagabend«, sagt er, ohne sich umzudrehen. »Ich habe es bei Drummie festgemacht. Das habe ich deinem Partner gesagt.« Er klettert ins Fahrerhaus seines Pick-ups, stößt eine Wolke schwarzen Rauches aus und ist weg.

Ich setze mich und hole ein paar Male tief Luft. Auf der Haben-Seite des Kontos war es schön, dass Georgie meinen Computer nicht ins Hafenwasser geworfen hat. Die Soll-Seite aber wiegt schwerer: Georgie hatte eine schöne fette Prämie für seine Bootsversicherung bezahlt, von der mir als Makler 20 Prozent zustanden. Unglücklicherweise blühte das Maklergeschäft nicht gerade, und diese 20 Prozent reichten nicht, um verschiedene Verbindlichkeiten zu bedienen, was insbesondere für bestimmte Zahlungen an den Vater meiner Ex-Frau galt. Also hatte ich Georgies Prämie zeitweise geborgt, ohne ihn mit der Information darüber zu belästigen, dass das der Fall war. Als ehemaliger Polizist bin ich mir im Klaren darüber, dass das irgendwie illegal ist. Und als der Besitzer zweier noch gesunder Arme bin ich stark daran interessiert, dass es auch so bleibt.

Ich nehme also den Telefonhörer in die Hand und rufe die Notfallglaser aus Oban zu mir. Dann suche ich bei Google Maps nach Drummie, und der Computer stürzt ab. Also ziehe ich den AA-Straßenatlas (AA = Automobile Association) von 2004 hervor und rufe Maureen an. Sie erklärt sich bereit, diesen Riesenjob für mich zu erledigen, der zweifellos in meiner Abwesenheit gelingen würde. Sie meint, dass sie noch nie von Drummie gehört hätte, und sagt mir, ich solle nach Hause eilen. Ich antworte ihr, dass ich das tun würde, und bin überrascht über die Wärme, die das in mir auslöst. Dann drücke ich bei meinem Land Rover N-Reg den Schnellstartknopf. Und schon rumpel ich den schmalen Schotterweg vom Hafen in Achnabuie hinauf, während ich die Karte auf meinen Knien studiere.

Als ich auf die Hauptstraße abbiege, höre ich plötzlich ein Heulen in meinem Ohr. Ich kann gerade noch rechtzeitig in die Eisen treten, um zu verhindern, von einer Lkw-Ladung Langustinen auf ihrem Weg nach Marseilles eingeseift zu werden. Ich seufze ein wenig und folge der kurvenreichen Straße nach Süden in Richtung Lochgilphead.

Das Telefon klingelt.

Schneller Blick in den Rückspiegel. Ein paar Schafe. Nehme ab. Schaue auf den Bildschirm. MIRANDA. Drücke den grünen Knopf. Sage: »Miranda?«

»Gavin.«

»Wie schön, dich zu hören.«

»Lügner«, entgegnet Miranda. Das ist kein verbales Vorspiel oder irgendetwas in der Art. Ich bin einmal mit Miranda verheiratet gewesen. Vermutlich will sie jetzt mit mir über die fällige Zahlung an ihren Vater sprechen. Die Zahlung nach der, die ich mit Georgies Mitteln bestritten hatte. Doch auch die sieht nach unvermeidlicher Verzögerung aufgrund operativer Schwierigkeiten aus. »Jetzt hör mir zu und leg nicht auf«, sagt Miranda. »Es geht nicht um Geld.«

»Ich bin ganz Ohr«, sage ich erleichtert.

»Es geht um Johnny«, sagt Miranda, »hast du ihn gesehen?«

»Nein. Gott sei Dank.«

»Bastard. Er ist verschwunden.«

»Er verschwindet ständig.«

Es herrscht Stille. Das war unbestreitbar. Schließlich sagt sie ohne viel Überzeugung: »Sei nicht so böse. Wenn du …«

Den Rest höre ich nicht. Da ist ein Auto im Rückspiegel, sehr fesch in seinem leuchtenden Dominodekor und mit blauen Lichtern auf dem Dach. Die Lichter beginnen zu blinken, und die Sirene legt los. Ich schalte das Telefon aus und werfe es in einer ballettartigen

Bewegung weit nach hinten ins Auto. Mein Wagen stoppt. Die Diskokugel ebenfalls. Rumpel, rumpel, schon sind sie neben mir. Am Fenster taucht ein Gesicht auf. Es macht Lippenbewegungen wie ein Goldfisch, weil mein elektronischer Fensterheber kaputt ist. Ich öffne die Tür und beschere dem Constable damit einen scharfen Schlag auf die Kniescheibe. »Tut mir leid«, sage ich, »das Fenster klemmt. Ich bin gerade auf dem Weg, es reparieren zu lassen.«

Das Gesicht des Beamten bewegt sich nicht. Er fragt: »Haben Sie ein Mobiltelefon benutzt?«

»Ich?«, frage ich. »Das ist gegen das Gesetz.«

Er lächelt. Und sagt: »Führerschein?«

Ich zeige ihn. Ich weiß, was als Nächstes passieren wird. Er sagt: »Mr. Chance, wo kommen Sie her?«

»Achnabuie.«

»Und davor?«

»Aus dem Süden.«

Seine Mundwinkel verziehen sich nach unten. »Southampton?«

»Das ist richtig.«

Er geht den Führerschein, die MOT-Sicherheitsbestätigung (MOT = Ministry of Transport) und die Versicherungspapiere durch. Dann sagt er: »Und nun wollen wir uns das Telefonprotokoll ansehen?«

»Wenn Sie möchten.«

»Oder wollen wir nur das Strafmandat ausstellen?«

Ich sage: »Schreiben Sie das Strafmandat.« 60 £ für das Benutzen des Telefons beim Fahren. Drei Punkte, macht insgesamt neun, bleiben drei bis zum Führerscheinentzug. Die ersten hatte ich eine ganze Zeit nach dem Beginn des Ärgers erhalten. In nur einem Jahr würde ich also wieder bei sechs Punkten sein. Nach heutigen Standards war das wie ein Lottogewinn.

Der Polizist schreibt und reicht mir das Ticket. Er sagt: »Ich hasse korrupte Bullen.«

»Ich auch«, sage ich.

Es gibt einfach Dinge, die man wissen sollte.

2

Mein Name ist Gavin Chance, und ich bin ein Sohn der Südküste.

Viele denken dabei sofort an Mahagonibräune, Platinkreditkarte und einen puderblauen Mercedes. Ich nicht. Natürlich habe auch ich das Segeln gelernt, aber bei den Pfadfindern zur See und nicht bei glamourösen Weltmeisterschaften. Meine Kenntnisse nutzte ich vornehmlich, um mit Mädchen zum Zwecke der Unzucht einsame Strände anzusteuern, und später, um bei Olympia-Ausscheidungen aufzufallen.

Ich lernte gute Seemannschaft, indem ich Ankerplätze für die Westerly Centaur meines Vaters fand, die in der exakt richtigen Wassertiefe lagen, um vier stürmische Stunden mit leichter Grundberührung genießen zu können, was immer eine Gratwanderung zwischen dem Flottbleiben und der Havarie des Bootes mit sich brachte. Eine Nacht im romantischen Schein einer Mondsichel sorgte für eine Springflut, die mich mit Samantha Stead auflaufen ließ. Sie war die Tochter von Ricky Stead, damals und heute eine schillernde Figur in der Welt der Spielautomaten und der Gewalt entlang der Südküste. In Ricky vereinten sich das Temperament eines Vielfraßes und die Moral eines Ajatollahs. Als Samantha auf der umgebauten gepolsterten Sitzbank nackt in meinen Armen lag, sagte sie: »Mein Vater wird dich töten.« Dabei wand sie sich in nicht unangenehmer Weise.

Ich lachte herzlich und sagte: »Nur, wenn du es ihm erzählst.«

»Ich erzähle ihm immer alles«, sagte Samantha.

»Warum?«

»Weil er ein Bastard ist«, sagte Samantha und sog an meiner Unterlippe. »Hey, was ist denn mit dir los?«

»Zuckerschock«, sagte ich. In Wirklichkeit war es die Angst, die mich überkam, weil ich mich an Samanthas letzten Freund erinnerte, der mit Krücken im Pub erschienen war und mit neuer hoher Stimme gesprochen hatte, von der er behauptete, dass sie die Folge seines Sturzes von der Leiter gewesen war. Plötzlich vermutete ich, dass er nicht die ganze Wahrheit erzählt hatte.

Vielleicht war Samantha der Grund, dass ich zum Militär ging. Vielleicht ist mir aber auch nichts anderes eingefallen. Egal, ich wurde Soldat. Und ich segelte mehr. Es war die Zeit, in der intensiver über Olympia gesprochen wurde, wenn auch nicht direkt von mir. Es waren interessante Monate, in denen ich durch Bosnien und andere Gegenden kroch und ein Talent dafür entwickelte, Dinge inoffiziell in die Luft zu jagen. Das ging so weit, dass verschiedene Leute vorschlugen, ich sollte mich doch vielleicht bei der Sondereinheit für verdeckte Seeoperationen bewerben. Am Ende fand ich aber heraus, dass ich nicht gut genug darin war, Befehle zu befolgen, die ich nicht selbst gegeben hatte. Also verließ ich das Militär und ging zur Polizei. Die ersten neun Jahre dort habe ich damit verbracht, sehr, sehr geduldig zu sein. Ich hörte den Leuten zu, mit denen ich arbeitete und die in einer Sprache redeten, die immerfort seltsam klang. Dabei erwarb ich mir den Ruf eines unberechenbaren, aber nützlichen Elements. Zu der Zeit war ich zum Inspektor aufgestiegen und zählte auf dem Solent zu den Größen im Polizeisegelsport. Und so stand ich eines Tages auf dem Rasen in Cowes und wurde dieser großen blonden Frau namens Miranda Bonneville-Clark vorgestellt.

Man musste kein großer Detektiv sein, um Miranda zu erspähen. Sie trug ein Sommerkleid, eine Saphirhalskette, die schön zu ihren Augen passte, und ein Paar Cowboystiefel aus Echsenhaut. Sie unterhielt sich mit einem großen Kerl, der einen kalten

Gesichtsausdruck und einen Kurzhaarschnitt trug. Aber eigentlich habe ich ihn gar nicht bemerkt. Ich sah nur diese blendend aussehende Frau, die mich mit der Kraft von einer Million Kerzenlichter anlächelte, während ich dort gebräunt und in meinem Polizeifleece stand. Mit ihr zu sprechen war, wie in eine Wanne mit Champagner zu fallen. Ich liebte es. Ich vermutete erst, dass es sich um ein gegenseitiges Gefühl handelte, als sie vorschlug, in die Rhododendren zu gehen und uns dort zu lieben. Durch einen qualvollen Nebel hörte ich mich sagen, dass ich das noch nie bei einem ersten Date gemacht hatte. Was ich aber wirklich meinte, war: nicht vor allen diesen anwesenden Polizisten.

Das zweite Date war anders. So wie auch das Leben von da an. Sie war schön und lustig und warmherzig, solange sie ihren Willen bekam. Wir zogen zusammen. Mein Leben in den eigenen vier Wänden wurde sehr aufregend. Doch bei der Arbeit lief es zunehmend schlecht. Mein Ruf des aufgeweckten bösen Buben half mir nicht mehr. Das Leben wurde dumpf. Wenn ich keine Verrückten in Altenheimen verhörte, dann durchsiebte ich Abwasserkanäle auf der Suche nach signifikanten Kondomen. Statt aufbauender Unterstützung erhielt ich Langweilerjobs. Irgendwann erwähnte ich das Miranda gegenüber. Sie sagte: »Du Ärmster! Das habe ich befürchtet.«

»Was?«

»Kennst du den Mann, mit dem ich an dem Tag zusammen war, als wir uns kennenlernten?«

»Hätte ich ihn mit dir daneben bemerken können?«

»Süß«, sagte sie mit einem Prinzessinnenlächeln. »Das war Bruce Wallace.«

»Oh«, sagte ich vage, weil ich an ihre Brüste dachte. Dann sagte ich: »Der stellvertretende Polizeichef Bruce Wallace?«

»Korrekt.«

»Oh.« Jetzt waren die Altersheime klar. Und die Suche nach Fingerabdrücken auf Klärbehältern. »Du warst seine Freundin?«

»Verlobte. Ich habe den Ring umgedreht, als ich dich sah. Du warst so hübsch.«

Ich sollte sagen, dass ich 1,73 Meter messe und mit großen Händen und Füßen breit genug bin, um als stämmig zu gelten. »Unwiderstehlich«, sagte ich.

»Ich habe dieses Ding mit Polizisten«, sagte sie, »insbesondere mit dir.«

»Hurra.«

Sie lachte. Wir lachten viel. Aber als wir damit aufgehört hatten, bekam ich eine erste Vorahnung, dass die Dinge möglicherweise nicht ganz richtig lagen.

Und dann entschieden wir uns zu heiraten, und sie stellte mich ihrem Bruder vor.

Doch genug davon, denn wir erreichen nun Drummie.

Drummie stellt sich als unordentlicher kleiner Häuserhaufen entlang des Clyde-Relief-Kanals heraus – ein Wasserweg, den jemand im 19. Jahrhundert in der Hoffnung gebaut hatte, dass Schiffe ihn zu Abkürzung auf dem Weg nach Glasgow nutzen würden. Das taten sie aber nicht. Vor allem, weil er zwölf Schleusen auf einer Distanz von zwei Seemeilen hatte und außerdem dort endete, wo das Geld ausgegangen war: auf halbem Weg den Berg hinauf. Entlang der Kanalufer reihen sich die Boote Bug an Heck. Hier liegen einige Motorsegler mit großen Steuerhäusern, die dem geübten Auge sagen: FERTIGSTELLUNG NOCH AUSSTEHEND – NICHT VERSICHERN. Eine Reihe Rümpfe ist in von Möwendreck geweißte Persenninge gehüllt. Eine kleine Flotte Fischerboote, die sich in unterschiedlichen Verfallsstadien befinden, liegt ebenfalls dort. Keines von ihnen, so stelle ich fest, ist das Boot, das ich Georgie verkauft hatte.

Ich klopfe an die Tür des ersten Hauses. Eine Frau öffnet. Sie trägt Perlen und einen Rock, der ihr fünf Jahre zu eng ist. Ihre Nägel sind blutrot lackiert. »Ja?«, fragt sie. Am Fuße ihres Gartens wächst eine Esche aus dem Steuerhausdach eines Krabbenkutters. Der Trawler stinkt, als hätte ihn jemand vor sechs Monaten mit vollem Laderaum hier festgemacht. Die Winkel ihres angemalten Mundes verziehen sich nach unten, als sie bemerkt, dass mein Wagen, die Disko, wie ein grünes Pferd im Nieselregen dampft.

»Ich suche den Schleusenwärter.«

Sie macht ein schnalzendes Geräusch. »Wollen Sie Ihr Boot hier herlegen?«

»Nein.«

Sie scheint mich deswegen ein bisschen lieber zu mögen.

»Sein Name ist Nairn«, sagt sie, »wenn er nicht im Haus ist, dann wird er im Queen's sein.« Wieder macht sie das schnalzende Geräusch.

Das Haus des Schleusenwärters hat einen Lattenzaun. Auf dem daran genagelten abblätternden Schild steht: SCHLEUSENBERICHT PASSIERENDER FAHRZEUGE AN DEN SCHLEUSENWÄRTER – DER REIHENFOLGE NACH. Niemand öffnet die Tür, also gehe ich entlang der Schleusen zum Queen's. Der Biergarten bietet eine feine Aussicht auf die Schleier von Nieselregen, die die Clyde hinauffegen. Die Bar ist eine Höhle, in deren Schatten sich die Figuren wie Fische bewegen. Ich stütze meinen Ellenbogen auf den Tresen und sage: »Einen Talisker bitte. Und ein Glas Wasser.«

Die Bardame erledigt ihren Job. Ich stütze beide Ellenbogen auf die Bar, schnuppere am Whisky, spüle ihn runter und nehme danach einen Schluck Wasser. Nicht, weil ich ein Kenner bin, sondern weil ich betrunken werde, wenn ich Whisky trinke. Ich sage: »Ich suche Mister Nairn.«

Die Schatten bewegen sich. Einer von ihnen sagt mit tiefer schulmeisterlicher Stimme: »Der bin ich.«

Ich gehe in Richtung der Stimme. Meine Augen gewöhnen sich an die Dunkelheit. Nairn sitzt mit einigen anderen Männern über einen Tisch gebeugt. »Gavin Chance«, sage ich, »ich bin auf der Suche nach einem Boot.«

»Das sind viele«, sagt Nairn, und seine Gefährten geben zustimmende Geräusche von sich. Der gelbe Schein, der durch die Glasbausteine fällt, zeigt eine sandfarbene Schmachtlocke, eine Nase mit einem Sattel aus geplatzten Venen und wässrige blassbraune Augen.

»Einen Trawler«, präzisiere ich, »die SIRIUS GLEANER.«

Die Augen blinzeln. Der Handrücken schmiert das Wasser weg, das ausgetreten ist. »Sie ist im Kanal«, sagt er.

Ich trinke mehr Wasser. »Wo?«

»Über Schleuse zwei.«

»Zeigen Sie sie mir.«

»Es regnet.«

»Es gibt eine Belohnung.«

Wieder das Blinzeln. Er sagt: »Wenn ich sie Ihnen zeige, dann bekomme ich die Belohnung?«

»Ja, richtig.«

»Und die ist was?«

»Ein Prozentanteil vom Wert des Bootes.«

Schon ist er aufgestanden, einen Arm bereits im Mantel, und versucht, auch in den anderen hineinzukommen. Wir gehen hinaus ins Tageslicht, blinzeln und schauen uns an. Keiner von uns beiden scheint besonders davon beeindruckt, was er sieht. »Von weit her?«, fragt er.

»Südküste.« Was in einem gewissen Sinn stimmt.

Wir klettern ein paar Steinstufen hinauf und gehen an Schleuse zwei entlang. Durch das Haupttor dringt mit stetigem Brausen Wasser. »Das macht dich krank im Kopf«, sagt Nairn und spuckt ins Becken. »Das Boot ist da oben.« Er zeigt ohne aufzublicken nach oben.

Da ist kein Boot. »Wo?«, insistiere ich.

Das sommersprossige Gesicht dreht sich um. Die Augenbrauen

ziehen sich zusammen. »Oh«, sagt die Stimme mit einem hörbaren Anflug von Überraschung. »Es ist weg.«

»Vor zwei oder drei Tagen«, sage ich, »offensichtlich. Haben Sie es nicht wegfahren sehen?«

»Nein«, sagt Nairn. Eine graue Zunge leckt über die Lippen.

»Sie sind der Schleusenwärter. Wie kann das angehen?«

Nairns Gesicht verzieht sich. Als ich noch Polizist war, hatte ich diesen Ausdruck öfter erlebt. Nairn würde nicht mehr sprechen, nicht unter diesen Umständen. Er wusste, dass er nicht so hätte spielen dürfen, wie er es getan hat. Der Drink hat ihm seine Pläne vernebelt. Jetzt würde er den Mund halten. Der Grund dafür war, dass er Angst hatte. Die Frage war: wovor?

Vielleicht könnte ich selbst ein wenig Angst einsetzen? »Blödsinn«, sage ich.

»Was?«

»Hier verschwindet nichts, ohne dass Sie es wissen. Da ist ein Schild an Ihrem Haus.«

»Niemand liest das. Nichts ist verschwunden.«

»Es gibt Leute, die wissen wollen, wohin das Boot verschwunden ist. Ernst zu nehmende Leute.«

Die mittelbraunen Augen ruhen in einer Art und Weise auf mir, die mir zeigt, dass ich keinen großen Eindruck auf ihn mache. »Versuchen Sie mir zu drohen?«, zischt er.

Ich gehe ein paar Schritte auf ihn zu, bis ich ein bisschen zu nah an ihm dran stehe. »Ich versuche es nicht. Ich tue es. Und nun hören Sie auf, mir Lügenmärchen aufzutischen.«

»Oh, okay.« Aus seiner Tasche zaubert er ein Mobiltelefon heraus. Er wählt schnell: Die 999 für den Polizeinotruf ist keine komplizierte Nummer. Die Sache geht in eine falsche Richtung und würde schon bald noch falscher laufen. Ich reiße ihm das Telefon aus der Hand und schleudere es ins Becken. »Hey!«, protestiert er, dreht sich um und läuft schlurfend auf das Haus am unteren Schleusenbecken zu.

Ich sehe ihm hinterher. »Exzellent, Chance«, denke ich. »Der einzige Mann, der dir hätte helfen können. Und du hast sein Telefon versenkt. Aber das ist okay. Er ist ein Lügner und ein Feigling und wird nicht die Polizei rufen.« Ich wende ihm meinen Rücken zu und gehe hinüber zum Haus der Dame mit den Perlen.

Sie öffnet die Tür schnell genug, um mir klarzumachen, dass sie uns beobachtet hat. Ihre Augen glänzen wie Perlen. »War er betrunken?«, fragt sie.

»Nicht sehr«, sage ich und atme in ihre Richtung aus, damit sie meine intensive Nüchternheit riechen kann. »Aber ich versuche ein Boot zu finden, und er wollte mir nichts sagen.«

»Er und seine Boote«, sagt die Frau. »Er hat kein Recht, Moorings auszubringen, wussten Sie das? Aber er tut es trotzdem und macht damit ein Vermögen, ein Vermögen. Und hier liegen sie dann und verbauen die Sicht, diese hässlichen verrotteten Dinger.«

»Schrecklich«, sage ich, »aber eines von ihnen ist verschwunden. Die SIRIUS GLEANER.«

»Wirklich?«, sagt sie mit einer Stimme, die mir verrät, dass sie ganz sicher keine Abonnentin von *Ships Monthly* ist.

»Ein grünes Boot«, sage ich, »es war hier drüben festgemacht.«

»Das ist fort«, sagt sie, »als Erstes vorgestern Morgen. Ich konnte nicht schlafen. Sorgen, wissen Sie. Ich meine, der Wert der Häuser ist nicht mehr, was er einmal war. Insbesondere angesichts dieser scheußlichen Rümpfe, die hier überall im Blickfeld parken. Ich habe sie durch die Schleuse runterfahren sehen. Eins weniger, dachte ich. Aber es wird immer neue geben …«

»Wie sind sie durch die Schleusen gekommen?«

»Im Boot.«

»Aber hatten sie Hilfe?«

»Ach so, ich verstehe. Ja, Jocky war dabei. Er hat ihnen, keine Ahnung wie, mit dem Betrieb der Schleusen geholfen. Was auch immer da zu tun ist.«

»Jocky?«

»Der lebt unten im But-and-Bens am Fluss. Der Vorgarten ist voller Müll. Sie können es nicht verfehlen.« Sie mustert mich von oben bis unten. »Ich bin übrigens Jean Craigie. Würden Sie gern eine Tasse Tee trinken?«

Sie war auf eine leicht altmodische Art tatsächlich ziemlich attraktiv. Ich öffne den Mund, um Ja zu sagen. Dann fühle ich einen plötzlichen Phantomschmerz in meinen Armen, als wären sie gebrochen. Klein Georgies Gesicht löscht ihres aus, und ich finde mich außerhalb des Hauses auf dem Weg entlang der Schleusen nach unten wieder.

Dabei kann ich die unterste Schleuse aus der Vogelperspektive sehen. Und vor dem Cottage des Schleusenwärters das blau leuchtende Schachbrettmuster eines Polizeiwagens. Nebst Mister Nairns im vertrauten Gespräch mit dem uniformierten Fahrer.

Ich begebe mich außer Sichtweite und gehe schnell in Richtung des But-and-Bens.

Jockys Müll ist eine gute Orientierungshilfe. Ich bahne mir den Weg durch ausgediente Bettgestelle und Fernseher zur Vordertür und klopfe heftig, bis sie geöffnet wird.

Jocky ist ein 70-jähriger kleinwüchsiger Alkoholiker. Er steht im Türrahmen und schaut mich mit seinen von Zypern-Sherry getrübten Augen an. »Was'n?«, nuschelt er.

»Polizei«, sage ich.

»Isch ha nix macht.«

»Dann werden Sie uns bei unseren Ermittlungen behilflich sein können«, sage ich.

Seine Augen wandern die Straße hinauf und wieder hinunter. »Kommse ins Haus rein«, sagt er.

»Nein«, sage ich, weil ich das Haus riechen kann. Und wichtiger noch, weil ich die Art schneller Antwort will, die mir nur starker Druck auf sein Ehrgefühl bescheren wird. »Sie haben der SIRIUS GLEANER runter durch die Schleusen geholfen, richtig?«

»Und?«, sagt er.

»Wer war an Bord?«

»Ein paar Jungs«, sagt Jocky, wobei er seine gelben und schwarzen Zähne zeigt – als hätte er eine Wespe im Mund.

»Jo«, sage ich, in seine Mundart verfallend. »Und wohin sind sie gefahren?«

»Das hamse mir nich wirklich anvertraut«, sagt Jocky, und seine Augen bewegen sich in einer Serie von Kreisen in Richtung meines Gürtels. Widerstrebend hole ich einen Zehner raus. Jocky streckt seine zitternde Hand aus und lässt die Banknote verschwinden. »Ich hörte jemanden Milford sagen«, sagt er.

»Milford?«

Aber die Tür ist schon ins Schloss gekracht, und ich höre, wie die Bolzen vorgeschoben werden, bäng, bäng. Ich schlage den Mantelkragen hoch und gehe zurück zu dem Platz, wo ich die Disko geparkt habe.

Der Polizeiwagen steht immer noch vor Nairns Haus, aber der Fahrer ist nicht zu sehen. Mein Wagen springt beim dritten Versuch an. Ich fahre in Richtung Glasgow, bis ich ein Café sehe. Ich gehe rein, trinke eine Tasse Tee und esse etwas namens Bridie, eine Art Fleischgebäck, und blättere dabei durch den AA-Straßenatlas, den Freund aller Flüchtlinge.

Es gibt sehr viele Milfords, darunter aber keines, das man mit einem Fischerboot erreichen kann, sofern es keine Räder hat. Also trinke ich eine weitere Tasse Tee, werfe einen Blick auf die an der Wand des Cafés hängende Karte von Großbritannien und frage mich, ob ich das Fett der Bridies jemals wieder von meinen Zähnen bekommen werde. Dann denke ich: Milford Haven. Und stöhne.

Milford Haven befindet sich an der untersten und äußersten linken Ecke von Wales. Es ist ein breiter Meeresarm, der viel von großen Frachtern und Fischerbooten genutzt wird, ganz zu schweigen von Yachten. Er liegt verdammt viele Meilen weit weg von Achnabuie. Es würde übernatürlicher Kräfte bedürfen, die Disko den ganzen Weg dorthin zu bringen. Und es ist auch keinesfalls sicher, dass ich die GLEANER bei meiner Ankunft dort vorfinden würde. Oder, dass ich irgendetwas würde tun können, wenn es doch so wäre. Es gibt aber auch eine gute Seite des Ganzen. Wenn der Südwesten von Wales schon eine weite Strecke von Achnabuie entfernt liegt, ist das gleichzeitig auch weit weg von Klein Georgie. Außerdem gibt es, soweit ich weiß, keine Bridies in Wales.

Also klettere ich wieder in die Disko und hinterlasse eine Nachricht auf meinem Anrufbeantworter, um Maureen wissen zu lassen, wo ich hinfahre. Dann fahre ich nach Milford Haven.

Es dauert satte zwölf Stunden, wenn ich die Stopps für Diesel, Öl, Öl und noch mehr Öl nicht mitzähle. Gerade als sich die Sonne über den Horizont und in den Regen erhebt, folge ich der Landstraße, die sich auf der Nordseite des Meeresarms an der Küste entlangschlängelt, vorbei an einer schmuddelig aussehenden Ölraffinerie und hinein in die grau-nassen Straßen von Milford Haven.

Die Milford Docks sind Wales größter Fischereihafen und verfügen über eine Schleuse, die sich immer zwei Stunden vor Hochwasser öffnet. Als ich ankomme, beherbergen die Docks gerade ein halbes Dutzend Fischerboote, von denen jedoch keines die SIRIUS GLEANER ist. Ich parke auf dem Tesco-Parkplatz beim Hafen, steige aus und laufe zwei Runden, um meine Glieder zu strecken. Dann klettere ich zurück in die Disko und beziehe dort meinen Beobachtungsposten. Der Regen hört auf. Die Schleuse öffnete sich. Es kommen ein paar Yachten herein. Dann schlafe ich ein.

Das Telefon weckt mich. Ich taste nach ihm und drücke ohne nachzudenken die grüne Taste. »Nun?«, sagt die Stimme an anderen Ende; es ist eine Stimme, die wie einer der Steinbrecher im Glensanda-Steinbruch von Fort William klingt. Die Stimme von Georgie, untermalt von einem aufheulenden Automotor im Hintergrund.

Meine Arme beginnen wie Zähne zu schmerzen. »Nun, was?«, versuche ich Zeit zu schinden.

»Hast du mein verficktes Boot gefunden?«, fragt Klein Georgie.

Ich öffne den Mund, um den hinter meinen Mandeln Schlange stehenden Ausreden den Weg zu ebnen. Die Windschutzscheibe ist von meinem Atem beschlagen. Ich wische ihn auf der Suche nach Klarheit weg, woraufhin vor mir das graue Wasser des Hafenbeckens erscheint. Daneben ein Schlepper und ein Saugbagger. Längsseits neben dem Bagger befindet sich ein grünes Fischerboot mit rostigen Streifen auf dem weißen Kajütaufbau. Es ist zu weit weg für mich, um die einzelnen Buchstaben lesen zu können. Aber das brauche ich auch nicht. Ich kenne dieses Boot. Es ist die SIRIUS GLEANER in voller Lebensgröße. Zwischen zwei geschlossenen Schleusentoren.

»Dein Boot?«, sage ich mit der überlegenen Sicherheit eines echten Profis, »das sehe ich gerade direkt vor mir.«

»Ich bin auf dem Weg«, sagt Klein Georgie und legt auf.

»Auf dem Weg?«, denke ich.

Das Telefon klingelt erneut. Die Stimme am anderen Ende klingt alt und kalt. Sie sagt: »Chance?«

Ich bestätige das.

»Maxwell«, sagt die Stimme, »haben Sie mein Boot verkauft?«

Mich überkommt ein Gefühl der Müdigkeit. Kapitän Maxwell ist ein pensionierter Kapitän der Handelsschifffahrt, der im Begriff ist, sich von seinem Leben auf See zu verabschieden. Ich habe seine alte klassische Kunststoffketsch an einer Mooring in Achnabuie. Noch immer hat sie niemand besichtigt. Aber ich sage: »Nächste Woche könnte jemand zur Besichtigung kommen.« Nun, das war ja immer möglich.

»Beeilen Sie sich«, sagt der Kapitän, »ich will das Geld.«

Ich lächle milde, als er grunzt und auflegt und mich meinen Erwägungen zur SIRIUS GLEANER überlässt.

3

Die SIRIUS GLEANER ist ein ziemlich typisches Fischerboot der alten Schule. Steuerhaus und Kajüte liegen achtern. Dazu vorn eine große Luke und ein Schutzdeck für den Fall von Ungemach bei der Arbeit auf dem Vorschiff. Weil es immer schwerer wird, Fische zu finden, hat jemand sie mehr für Transportzwecke denn für den Fischfang umgerüstet. Sie verfügt über hydraulische Lukenklappen, einen schönen neuen Ladebaum und Kühlaggregate, um die Ladung eiskalt zu halten. Das Schleppnetz in ihrem Heck ist nahezu überflüssig und scheint seinen Dienst als Schrottplatz zur See zu versehen. Tatsächlich sieht das Boot ein bisschen aus wie ein Saustall. Aber das ändert nichts an der Tatsache, dass es wieder einzufangen ist.

Es ist an der Zeit, dieses Vorhaben in die Tat umzusetzen. Doch eine schlaflose Nacht, gefolgt von einem dreistündigen Nickerchen auf dem Fahrersitz, hinterlässt reichlich Nebel in meinem Hirn. Das macht es nicht leichter auszutüfteln, welche Maßnahmen zu ergreifen sind. Ein Anruf bei der Polizei birgt Probleme – keine Zeit, darauf jetzt näher einzugehen, aber glauben Sie mir. Auf der Haben-Seite sind die Schleusentore geschlossen. Also fährt das Boot erst mal nirgendwohin. Doch dann sehe ich Ungemach auf dem Weg vom Steuerhaus und an der Seite des Baggers in Richtung Kai hochkommen.

Sie sind zu zweit. Einer von ihnen hat die Ausmaße einer großen Limousine, der andere die eines Kleinwagens. Beide überqueren den Saugbagger mit nur zwei Schritten. Ich beobachte sie beim Umrunden des Kais und dem Betreten der Bar Lord Nelson. Keinen der beiden kenne ich. Ich sitze da und frage mich, was zu tun ist.

Nach einer Weile hat sich der Nebel in meinem Kopf ein wenig gelichtet, und ich beginne die Umrisse einiger unerfreulicher Ereignisse zu erkennen. Ich steige aus der Disko aus, um zu schauen, ob frische Luft guttun wird, und mache mich auf den Weg zum Büro des Schleusenwärters. »Wann ist die nächste Ausfahrt?«, frage ich.

Der Mann in der Box schaut auf mich herab und sieht, dass ich schmutzig und unrasiert und seinen üblichen Kunden auch in manch anderer Hinsicht ähnlich bin. »Halbe Stunde«, antwortet er.

Ich schaue auf meine Uhr. Es ist 12 Uhr mittags. Ich sage: »Dann möchte ich mit.« Er nickt und lächelt mit freundlichem Humor gegenüber dem Unerfahrenen. Ich gehe zurück zur Disko, hole einen Satz Ölzeug aus dem Kofferraum, schiebe meine Füße in die Hose und fühle mich beklommen. Ein Schritt nach dem anderen, wie sie im Blödsinn-Kapitel des AA zu sagen pflegen.

Also gehe ich Schritt für Schritt um den Kai. Schritt für Schritt kletterte ich die Eisenleiter hinunter auf das Deck des Saugbaggers, suche mir meinen Weg durch die Hydraulikarme und die Saugpumpen und erreiche die Reling. Hier mache ich eine Pause und betrachte das Deck der SIRIUS GLEANER. Ein sanftes Summen ist zu hören. Das werden die Kühlgeräte sein. Was bedeutet, dass Fisch im Laderaum ist. Was wiederum merkwürdig ist. Auf dem Weg von Clyde hierher dürfte eigentlich nicht viel Zeit zum Fischen geblieben sein. Und zwei Mann sind eine kleine Crew.

Während ich diesen Gedanken zu Ende führe, wird mir klar, dass ich das Deck der SIRIUS GLEANER bereits betreten habe. Ich achte darauf, das Steuerhaus zwischen mir und den Barfenstern des Lord Nelson zu behalten. Ich zittere, fühle etwas in meiner Hand und bemerke, dass es der Griff der Tür zum Steuerhaus ist. Der

Griff dreht sich in meiner Hand. Die Tür schwingt auf. Jetzt bin ich drinnen und inhaliere das Geruchsgemisch aus verbranntem Fett und altem Fisch. Ich werfe ein Auge auf die Instrumente. Reichlich Diesel: Sie müssen an der Tankstelle gewesen sein, während ich mein dreistündiges Nickerchen in der Disko gemacht habe. Der Anlasserschlüssel steckt im Zündschloss. Ich meine, wer würde ein Fischerboot mit einer Crew von zwei Giganten stehlen, das in einer geschlossenen Schleuse festgebunden ist?

Ich, offensichtlich.

Mit meiner Hand drücke ich die Kraftstoffzufuhr voll durch. Ich drehe den Schlüssel zum Vorglühen. Dann drehe ich ihn weiter im Uhrzeigersinn, während meine Augen nervös zu den Fenstern des Lord Nelson hinüberschielen. Der Motor dreht sich. Ein Ruckeln geht durchs Deck. Eine verdammt große Donnerwolke aus schwarzem Rauch entweicht und schreit: »Schaut her! Ich stehle gerade euer Boot!« Als ich flüchtig hinüber zur Schleuse blicke, sehe ich, dass das Tor geöffnet ist. Ich greife zum Funkgerät. Dreist. »Milford-Schleuse. SIRIUS GLEANER«, sage ich, »ich verlasse den Hafen.«

Das Funkgerät quäkt, wann immer ich bereit sei. Ich hoffe, dass sie keinen Funk im Lord Nelson haben. Ich gehe übers Deck auf das Vorschiff. Es erscheint mir eine Meile lang, und auf halbem Weg verliere ich meine Nonchalance. Ich beuge mich runter, um die Kopfschläge von der Klampe zu nehmen. Als ich den letzten löse, höre ich das Getöse von rennenden Stiefeln auf der Art von Stahl, aus der sie die Decks von Saugbaggern machen. Ich schaue gerade noch rechtzeitig hoch, um zu sehen, wie das Licht von einer riesigen Gestalt aus dem Himmel ausgelöscht wird, unter der ich mit lautem Krachen zu Boden gehe, wobei ich mit meiner Stirn auf das Deck schlage. Ich sehe Sterne und habe höllische Schmerzen. Etwas legt sich um meinen Hals und beginnt sich zusammenzuziehen, und es wird unangenehm schwer zu atmen. Während die Lichter ausgehen und das Blut in meinen Ohren rauscht, nehme ich in Gedanken Abschied von den Menschen, die ich gemocht habe.

Und von Achnabuie und dem Schlepper und Maureen. Es ist kein großes Leben gewesen.

Der Druck auf meinen Hals lässt nach, und eine Stimme sagt: »Du bist das?« Das auf mir lastende Gewicht löst sich. Und ich erkenne an seinem Atem, dass es sich hier um meinen hochgeschätzten Kunden Klein Georgie Strother handelt.

Erleichtert reibe ich mir die Kehle. Die Vorleine ist los, und die Bugspitze der GLEANER richtet sich in den Hafen hinein. »Achterleine«, krächze ich. Georgie starrt mich für einen Moment mit offenem Mund an. Dann wieselt er übers Deck nach achtern und ich hopple ihm hinterher, während ich in Richtung Lord Nelson schaue.

Keinerlei Bewegung.

Ich kupple ein und gebe langsam voraus. Die GLEANER kriecht durch den Hafen und zwängt sich in die Schleuse, bevor sich das Tor schließt. »Das war ziemlich knapp«, kommentiert der Schleusenwärter.

Er hat keine Ahnung.

Dann sitzen Georgie und ich nebeneinander und motoren sachte gegen die Querleine an, während ich meinen Nacken massiere, die Lord-Nelson-Seite der Schleuse beobachtete und das Wasser Teelöffel für Teelöffel aus der Kammer entweicht.

»Was ist dein Problem?«, sagt Georgie, »du siehst verängstigt aus. Wovor hast du denn Schiss? Das hier ist mein Boot. Maureen hat mir erzählt, dass du hierhergefahren bist. Ich wollte es selbst zurückholen, das ist alles.« Er sieht positiv erregt aus. Ich kann sehen, dass er bereits jetzt schon vergessen hat, wer das Boot gefunden hat. Und wer immerhin schon bis zum Losmachen der Vorleine gekommen ist, um es ihm zurückzubringen. »Und nun geht's heim ins schöne Schottland.«

Ich will ihm von der exakten Größe der beiden Männer im Pub berichten, doch dafür hätte ich eine offene Luftröhre gebraucht.

Meine tut zu sehr weh, und das Tor öffnet sich ohnehin gerade. Ich löse die Spring. Das Wasser brodelt unter dem Heckspiegel, und wir bewegen uns langsam vorwärts. Ein Schatten fällt über uns. Zwei Schatten; beide groß und dunkel. Ich schaue hoch. Das Lord Nelson hat ein paar seiner Trinker verloren. Sie stehen an der Schleuse und stören die Aufnahme eines Touristen, der versucht, ein Bild von uns tapferen Fischern für seinen Fotoklub zu bekommen. Der große Typ hat einen rasierten Schädel und ein etwas spitzes Kinn. Der kleinere hat fettige schulterlange Haare, die seine tätowierten Knastschwalben unter dem linken Ohrläppchen aber nicht verbergen können, und ein Gesicht, das aussieht, als sei es mit einem Laster kollidiert – der dabei zerstört worden ist.

Das Steuerhausfenster schießt hoch. Georgies Kopf erscheint. »Sind die das?«, fragt er.

»Mmh«, krächze ich.

»Alles klar!«, nickt Georgie und beginnt übergangslos zu brüllen: »Ihr Wichser! Ich sehe euch! Wenn ich euch jemals wieder zu Gesicht bekomme, dann könnt ihr eure verdammten Hurenmütter rufen, weil ihr dann kurz vor verdammt tot sein werdet, verstanden?«

Die Männer antworten nicht; jedenfalls nicht mit ihren Stimmen. Der große schickt mir ein Lächeln, das er von einem Hai gelernt haben muss. Der mit den Knasttätowierungen schiebt seinen Mantel zur Seite und kratzte sich an seinem Bierbauch. Mein Herz oder ein anderes Organ in seiner Nähe gefriert zu einem Eisklumpen. In seinem Gürtel steckt etwas, von dem mir die Kombination aus Militärerfahrung in Bosnien und Polizeitraining verrät, dass es der Kolben einer Pistole ist. Eine 22er-Präzisionspistole, klein, aber nützlich, und das nicht nur für Sportschützen.

Wir sind raus aus der Schleuse und im Kanal. Ich zeige den Männern meinen Mittelfinger und gehe auf wackligen Beinen zurück ins Steuerhaus. »Nun, das war das«, sagt Georgie jetzt ganz jovial. »Wir haben es gefunden, und wir haben es zurück.«

Ich bin so erleichtert, dass ich nicht mal den Plural mit ihm diskutiere. Er hat recht. Wir haben das Boot zurück. Der Besitz bedeutet nach dem Gesetz neun Punkte, obwohl niemand sagen kann, von wie vielen. Die Bugspitze der GLEANER zeigt auf die entfernt liegende Küste, während sie sich ihren Weg übers Wattenmeer und in den Kanal bahnt. Es ist vorbei.

Nein, ist es nicht. Mein Auto steht noch auf dem Parkplatz.

Ich hole Telefon und Portemonnaie raus und rufe den AA an. »Panne«, sage ich, erzähle ihnen eine erfundene Geschichte und gebe ihnen das Kennzeichen und den Standort der Disko durch. Der Himmel ist aufgeklart, und der Wind hat abgenommen. Die Häuser Milfords verteilen sich über den Hügel. In der Nähe des Tescos verbrennt jemand Müll. Der Rauch erscheint als schwarze Säule in der blauen Luft. Ich warte auf die Antwort der Frau am anderen Ende der Leitung.

»Wir haben da gerade jemanden«, sagt sie. »Sie haben Glück.«

»Hab ich, hab ich«, sage ich, erfüllt von meiner Genialität.

Sie scheint mit jemandem zu sprechen. Dann ist sie wieder in der Leitung und liest mir das Nummernschild vor. »Land Rover Discovery?«, fragt sie. »Sie möchten, dass er nach Achnabuie in Schottland gebracht wird?«

»Jawoll.«

»Unsere Vertreter vor Ort haben mir mitgeteilt, dass das Fahrzeug nicht in abschleppbarem Zustand ist.«

»Wieso das denn? Es ist erst 15 Jahre alt und für sein Alter in exzellentem Zustand.«

»Ja«, sagt die Dame. »Aber anscheinend brennt es gerade.«

Pause. Mein Herz sinkt.

»Ah«, sage ich. »Ich danke Ihnen. Dann kümmern Sie sich nicht weiter darum.« Und lege auf.

Ein Treffer zum Abschied.

Oder vielleicht einer zur Eröffnung.

Klein Georgie steuert. Er sieht aus, als hängt er seinen eigenen Gedanken nach, wenn man sie denn so nennen möchte.

Ich bin wütend. Was soll ich ohne Auto machen? Ich sage: »Willst du deinen Laster auch überprüfen?«

»Unser Davie hat ihn weggefahren. Er hat ihn auch hergefahren. Ein Rallyefahrer will er sein, unser Davie. Großartiger Junge, unser Davie ...«

Ich nicke und tue mein Bestes, um zu lächeln. Um das Thema zu wechseln, sage ich: »Also haben wir eine Ladung Fisch?« Scheißkerle. *Scheißkerle*.

»Fühlt sich so an«, sagt Georgie und gibt dem Steuer einen kleinen Ruck. »Sie war leer, als ich sie in Drummie verlassen habe.« Der Hafen schrumpft achteraus, die Wasserfläche führt hinein in die dicht besetzten Verladepiers und die Krackanlagen der Ölraffinerie.

Irland liegt weit voraus hinter dem Horizont. »Oh, großartig, wir fahren nach Hause.«

Achnabuie also. Ohne Auto. Vielleicht kann ich mir ein Fahrrad borgen. Und Gavin Chance Marine könnte wieder auf den Markt kommen, solange ich noch nicht an einem Herzanfall gestorben bin oder gegen einen Baum fahre. »Aber ich könnte ein kleines bisschen was zwischen die Zähne gebrauchen«, sagt Georgie, während er an der Spundwand des Steuerhauses lehnt, riesig, schmuddelig und jeder Zoll ein Kapitän. »Finde doch mal heraus, was es in der Kombüse und im Stauraum so gibt, ja?«

In der Kombüse findet sich dreckiges Geschirr im Spülbecken und gebackene Bohnen im Schrank. Ich schließe den Schrank wieder, hole die schmutzigen Teller aus der Spüle und öffne die wasserdichten Türen zum Laderaum. Fischige Kälte überfällt mich, als ich hineingehe. Der Laderaum ist gepflastert mit grünen Plastikkisten, die in Eisbehältern gelagert sind. Ich öffne den Deckel der erstbesten Box. Ein Auge, das sich in einem metallgrauen Kopf befindet, schaut mich an. Ich stecke meine Hand hinein, greife in einen Satz Kiemen und ziehe einen zwei Kilogramm schweren Kabeljau hervor. Die Augen sind hell, der Schleim noch vorhanden. Ich nehme ihn mit ins Steuerhaus.

»Frischer Fisch«, sagt Georgie. »Gib her.« Er schaltet den Autopiloten ein und verschwindet in der Kombüse. Ich stehe am Steuer und beobachte, wie die See lange weiße Zungen in Richtung der grimmigen Felsen von Skokholm hinter den Steuerbordfenstern schickt. Ich denke nach.

Der Bildschirm des Kartenplotters besagt, dass wir uns 312 Seemeilen entfernt von Achnabuie und 240 Seemeilen entfernt von Drummie befinden. Der Frachtraum der GLEANER war leer, als Georgie sie in Drummie festgemacht hatte. 240 Seemeilen bedeuten für sie einen ordentlichen Zwei-Tage-Törn. Das Zischen der Fische im heißen Fett tönt aus der Kombüse. »Sag mal, wie lange würde es dauern, um den Fisch für einen gefüllten Laderaum zu fangen?«, frage ich.

»Fisch wie diesen?«, fragt Georgie. »Den Rest deines verfickten Lebens.«

»Also nicht nur acht Stunden.«

»Keine Chance. Willst du Bohnen?«

»Kein Salat?«

»Verpiss dich.«

»Bohnen sind okay.« Aber ich denke nicht an Bohnen. Die Polizeisynapsen in meinem Hirn sind in Bewegung.

Mit dem Kabeljau ist es eine komplizierte Angelegenheit. Jeder will ihn, aber es ist kaum noch welcher da im Meer. Das gilt natürlich für den meisten Fisch, denn die Fischer sind sehr lange Zeit sehr gierig gewesen. Sie haben die Politiker mit großem Können unter Druck gesetzt, indem sie behaupteten, sie seien einfach nur Jäger und Sammler, die jedoch an der traditionellen Stimmabgabe in marginalen Wahlkreisen beteiligt sind.

Diese einfachen Jäger und Sammler fahren heute in den flachen Gewässern mit großen Fischstaubsaugern umher. Bis an die Zähne bewaffnet mit Elektronik, die auf eine Distanz von 15 Seemeilen den Aufenthaltsort, die Art und die Größe eines 25 Zentimeter langen Fisches bestimmen kann. Die Fische ihrerseits haben in den vergangenen mehreren Millionen Jahren keine technischen Fortschritte gemacht. Also sind die meisten von ihnen inzwischen gefangen worden. Die Fischer spüren ihr Fehlen, und die brillanten Köpfe in Brüssel haben ihnen Fangquoten auferlegt. Ich meine mich zu erinnern, dass ich jemanden in Oban seinem Whisky habe erzählen hören, dass die komplette EU-Quote für das Jahr weg ist. Was entweder bedeuten würde, dass der Fisch im Bauch der GLEANER inmitten des Atlantiks gefangen worden war, wo kein Kabeljau existiert, oder vor Norwegen, was sehr weit weg ist und zudem emsig von den Booten des Norwegischen Fischereischutzes überwacht wird. Oder es war schwarzer Fisch. Was, falls es Ihnen noch nicht bekannt war, gefangenen Fisch oberhalb der festgelegten Quoten bedeutet und in der Tat sehr illegal ist. Das, so denkt der Polizist in mir, ist die wahrscheinlichste Erklärung für unseren Laderaum voll beinahe noch lebenden Kabeljaus.

Auch, weil die GLEANER gar keine Zeit zum Fischen hatte. Also ist das hier kein Ergebnis eines Fischfangtörns, sondern eine Lieferung. Die Diebe sind auch nicht nach Milford Haven gefahren, um dort Fisch abzuladen; denn das ist normalerweise das Erste, was ein Boot im Hafen längsseits macht. Nein, sie sind reingefahren, um zu tanken.

Als ich mit meinen Gedanken gerade an diesem Punkt angelangt bin, verrät mir der Kartenplotter, dass wir auf Kurs Westnordwest fahren. Ein Kurs, der uns Skokholm und South Bishop würde mühelos passieren lassen, wonach wir dann rechts abbiegen und unseren Bug auf Georgies Mutterland richten werden. Wenn der Fisch in Schottland gefangen worden und auf dem Weg nach Schottland war, dann erschien Milford Haven als umständlicher Umweg für einen Tankstopp.

Früher wurden Karten auf Papier gedruckt. Heute benutzen die einfachen Sammler und Jäger der Meere Kartenplotter, die sich als Flachbildschirme in den Steuerhäusern befinden. Dank der guten alten Erdmagie von GPS, Radar und AIS wird dein Plotter dir erzählen, wo du bist, wo du hinfährst, wann du dort ankommst, wo die anderen Boote sind und wohin sie fahren, damit du nicht auf hoher See mit ihnen kollidierst. Der ganze Kram ist zudem mit einem Autopiloten verbunden, der dich von Wegpunkt zu Wegpunkt steuert.

Ich greife rüber und drücke ein paar Knöpfe unter dem Bildschirm. Und da sind die Wegpunkte, schlingen sich um das hammerkopfförmige Kap Mull of Galloway und ragen hinein in die Irische See. Dort gibt es keine Möglichkeiten zum Fischen. Südlich unserer aktuellen Position befinden sich weitere Wegpunkte, die in Punkten um St. Govan's Head, Caldey, Worms Head und nach Swansea hinein abgebildet sind.

Ich drücke auf das GPS-Protokoll. Die spinnenartigen schwarzen Zahlen verraten mir, dass die Swansea-Wegpunkte nicht benutzt worden sind.

Ich schalte den Autopiloten aus und lasse die Speichen des Steuers durch meine Hände gleiten. Skokholm verschwindet aus meinem Sichtfeld. Das Stampfen des langen Decks geht in ein Rollen über, weil die Atlantikwelle nun nicht mehr von vorn, sondern von der Seite kommt. Ich nehme Kurs auf den Westen von St. Govan's Head und betätige den Schalter AUTO. Der Autopilot übernimmt wieder.

»Hey«, sagt mein geschätzter Skipper, der mit einem Plastikteller in jeder Hand aus der Kombüse kommt. »Wat zum Teufel?«

»Kursänderung«, sage ich. »Wir werden in Swansea erwartet.«

»Was?«

»Der Lagerraum ist voll mit leckerem Kabeljau«, sage ich. »Der geht nach Swansea und ist sicher schwarzer Fisch.« Ich nehme den Teller aus seiner Hand, platziere ihn auf das, was in Zeiten von Papierkarten einmal der Kartentisch gewesen ist, und esse. »Und wenn wir in Swansea sind, werden wir herausfinden, wer diese Leute sind, die dein Boot gestohlen haben, und den Fisch dort abgeben. Du gehst für schwarzen Fisch ins Gefängnis. Und zahlst verdammt hohe Strafen.«

Georgie isst für eine Weile mit offenem Mund. Schließlich sagt er: »Da ist Geld drin.«

»Aber du willst dein Boot frei und unbelastet zurückhaben. Wenn du die Fische nicht hergeben willst, kannst du sie auch als Druckmittel verwenden.«

»Druckmittel?«

»Du hast sie beim Liefern und Empfangen von schwarzem Fisch erwischt. Du sagst, dass wir das vergessen, wenn sie nett zu dir sind.«

Er runzelt die Stirn. Er sieht nicht überzeugt aus. »Was ist mit dem Geld?«

»Du wirst das Boot haben.«

Er macht ein finsteres Gesicht und schiebt seine Unterlippe vor. »Jo«, sagt er. »Nun, wir werden sehen.« Er widmet sich wieder dem Essen.

Was für den Moment so gut war, wie es sein konnte.

Ich mag keine Leute, die mehr Fisch fangen als die Quoten erlauben.

Ich mag lebendige Lebewesen im Meer und nicht tote auf Platten. Außerdem, und das ist vielleicht noch wichtiger, habe ich genug von Leuten, die mich für einen Clown halten. Ein schöner Schwarzfisch-Orden würde mächtig Eindruck bei meinen früheren Kollegen der Einsatzkräfte machen.

Aber Georgie will Geld. Er wird etwas Überzeugendes brauchen, um es mit den bösen Jungs aufzunehmen. Was wir brauchen, ist Papierkram. Ich mache mich auf die Suche. Da ist ein Bücherregal mit Jahrbüchern und Regelbüchern. »Sind das alles deine?«, frage ich.

»Jo«, sagt Georgie und schaut durch seine Augenbrauen wie ein Ochse im Gestrüpp. »Nein, nich das da.« Er piekst mit seiner Gabel in ein Schulheft und verstreut dabei Bohnen über den Plotterbildschirm. »Das Ding habe ich noch nie gesehen. Das ist nicht meins. Hab ich noch nie in meinem Leben gesehen. Nee …«

Ich schiebe ihn weg und hole das Buch aus dem Bord. Es ist nahezu neu. Die erste Seite enthält einige Notizen in der krakeligen, mühsamen Handschrift eines Menschen, der seine Hände zum Kämpfen und nicht zum Schreiben nutzt. SIRIUS GLEANER, Drummie, steht da. Dann: Anweisungen zur Abholung. Von wem? Dann heißt es »0100 Loch M.«. Wo immer das ist. Melfort? Maddy? Es gibt Tausende von ihnen. Und danach: »0800, Südkai, Merc truck, MOX, Hr. Greely.« Dazu ein Datum und eine Telefonnummer. Das Datum ist morgen. Es fügt sich alles hübsch zusammen. »Und das hier sind alles Papiere, die nicht dir gehören?«

»Jo.«

»Fisch hinterlässt eine Spur aus Papieren«, sage ich. »Jeder Fisch ohne Papiere ist schwarzer Fisch. Die Behörden werden dir dein Boot wegnehmen und dich so bestrafen, dass du dein Haus verkaufen musst. Und sie werden dich ins Gefängnis stecken.«

Er schaut nicht einmal hoch. Er sagt: »Es wird Geld geben.«

Und da hat er natürlich recht.

Ich sitze da und esse. Nach einer Weile komme ich ins Grübeln.

Meine trainierten Sinne sagen mir, dass die GLEANER morgen fällig ist, eine Ladung schwarzen Fisches in Swansea anzulanden. Aber dieser Akt der Erkenntnis ist es nicht, der mich die Stirn runzeln lässt. Auch sind es nicht Verwirrung oder Kopfschmerz infolge des Aufschlagens meines Kopfes auf dem Metalldeck. Es ist vor allem eine seltsame Idee.

Greely ist ein Name, den ich schon einmal in Verbindung mit Fisch gehört habe. Aber nicht mit schwarzem Fisch. Oh, nein. Das Gegenteil war der Fall.

Das konnte nicht wahr sein.

4

Miranda Bonneville-Clark mag auf Polizisten gestanden haben, hatte aber die Härten unterschätzt, mit einem verheiratet zu sein. Da gab es diese dunklen Stunden – und die Tatsache, dass die Gedanken ihres Mannes sich in der Regel um Düsteres und Schmutziges drehten und nicht um sie. Und es gab weitere Schwierigkeiten, vor allem ihren Bruder Johnny.

Miranda war eine passionierte Gärtnerin mit den guten Instinkten eines Heimchens unter ihrer glanzvollen Hülle. Sie überzeugte mich, einen Gemüsegarten anzulegen und zu pflegen. Wir machten das zusammen, weil wir uns liebten. Wahrscheinlich wäre sie auf 1.000 Morgen Land noch glücklicher gewesen, doch ein Teil unseres Miteinanders beruhte auf der gemeinsamen Führung des Cottagebetriebs, weit weg von Kriminellen und ihrer Ergreifung. Ich habe mich um den Kohl und die Pastinaken gekümmert. Sie hegte die Staudenrabatte und die Triebe der Kletterrosen. Es war ihr Duft, in dem wir an einem Samstagmorgen im Juni auf dem Höhepunkt unserer gegenseitigen Zuneigung zusammensaßen. Während sie Kaffee aus einer Kanne aus chinesischem Porzellan in meine Tasse goss, schaute sie mich mit ihren leuchtenden blauen Augen an und lachte in einer Art über meine Witze, die konstant daran erinnerte, dass wir das Bett in der vergangenen Nacht geteilt hatten und es keinen Grund gab, warum wir uns nicht nach dem Frühstück wieder dorthin begeben sollten.

»Hmh«, sagte sie, als wäre sie von einem Gedankenblitz getroffen worden.

»Hmh, was?«, sagte ich mit dem Gefühl von Verbundenheit und Vertrautheit.

»Ich dachte gerade, dass wir uns um Johnny kümmern sollten.«

Es zeugte von unserer damaligen Nähe zueinander, dass ich nicht umgehend in mein Auto stieg und davonfuhr. Johnny Bonneville-Clark hatte in Eton studiert, wo er sich trotz aller Bemühungen seiner Lehrer die Vorstellung angeeignet hatte, er sei der Schöpfer des Universums. Als solcher hatte er es sich erlaubt, durch die meisten seiner Examen durchzufallen und sich in eine zweitklassige Universität hineinzumanövrieren. Hier hatte er es versäumt, irgendetwas von Nutzen wie Schweißen, Tischlern oder das Streichen von Wänden zu lernen. Stattdessen stieß er auf reichlich Drogen und entdeckte, dass er seinen Lebensunterhalt mit ihrem Verkauf bestreiten konnte. Als Mann mit seinen Talenten konnte er es kaum verhindern, unter den Einfluss seiner eigenen Handelsware zu geraten. Er landete im Krankenhaus. Teilweise aufgrund einer Überdosis und teilweise, weil er Schulden auf seinem Konto bei einer Familie von Junkie-Krämern in Streatham hatte.

Als der Anruf seine Eltern erreichte, bezahlten sie seine Schulden und verschifften ihn in ein Kloster, wohin ihm seine hingebungsvolle Schwester wöchentlich schrieb. Sie sagte ihm zwar, dass er ein Narr war, aber es trotzdem keinen Grund gäbe, den vulgären Leuten in seiner Therapiegruppe zuzuhören. Als er blinzelnd und kettenrauchend wieder ins Licht trat, erwartete Miranda ihn in ihrem Alfa Cabrio vor dem Tor und fuhr ihn umgehend ins Elternhaus. Dieses befand sich ebenfalls in der Nähe von Lymington und war von georgianischen Architekten erbaut worden, deren Sinn für die eigene Bedeutung fast so stark ausgeprägt war wie der von den Bonneville-Clarks. Hier hatte er sich herabgelassen, seinen alten Flügel wieder zu bewohnen, und seine glanzvolle Karriere fortgesetzt.

Als Mann vom Solent entwickelte Johnny zügig einen schillernden Ruf. Insbesondere liebte er es, die Crews von Gastyachten mit Pokerspielen zu unterhalten. Er übernahm ihren verwegenen Transatlantismus, war stets sonnengebräunt und eignete sich in dieser Welt der Seefahrt eine neue Persönlichkeit an. Seine Schwester und seine Eltern waren erleichtert, sahen das als Beweis dafür an, dass er viel frische Luft bekam und sportlich unterwegs war. Tatsächlich aber verdeckte das bloß den Umstand, dass die zwanghafte Spielsucht das Steuer von den Drogen übernommen hatte. Denn genau das war geschehen. Auch die Buchmacher frequentierte er regelmäßig. Natürlich führte das zu den Pfandleihern, wo er eines Abends die De-Lamerie-Leuchter seines Vaters verpfändete, um mit den Erlösen eine erfolglose Spekulation zu bereinigen, die mit Manchester United und dem UEFA-Cup zu tun hatte. Ich habe das nur herausgefunden, weil der Pfandleiher mich beim Anblick der Leuchter angerufen hatte. Der Grund dafür, dass er mich angerufen hatte, war die alljährliche Lunchparty, die ich für die Pfandleiher in Solent City und ihre Frauen ausrichtete. Das hatte in keiner Weise etwas mit Polizeiroutine zu tun. Aber es gab reichlich zu trinken, und es herrschte stets eine fröhliche Stimmung. Wenn dann etwas an der Einbrecherfront geschah, bedeutete es, dass mich einer von ihnen anrief und nicht ich sie alle anrufen musste.

Wie auch immer, als ich in jener Nacht ankam, stand da Johnny mit grünlichem Gesicht und blinzelte ins Neonlicht. »Gavin!«, schrie er erregt, »wirst du dem Typen sagen, dass es okay ist?«

»Nein«, sagte ich, »und jetzt geh nach Hause, oder ich kassiere dich ein.«

Er ging. Und sein Buchmacher wurde nicht bezahlt. Also wurde Johnny von einigen fiesen unnachgiebigen Typen verprügelt. Die entsprechenden Spuren konnte seine Mami deutlich sehen. Und seine Mami sprach mit seiner Schwester. Beide seufzten, halfen ihm wieder aus der Klemme und entschieden, dass etwas geschehen musste.

Und deshalb saßen wir nun auf dem Rasen. Miranda goss nochmals Kaffee ein und streichelte mein Knie mit ihren schönen und überzeugenden Fingern.

»Schatz?«, gurrte sie.

»Ja, Schatz?«, sagte ich.

»Johnny braucht Hilfe«, sagte sie, »er ist irgendwie so ziellos.«

Ich nickte und lächelte, immer eine gute Reaktion, wenn du mit einem Thema konfrontiert wirst, an dem du kein Interesse hast.

»Ich habe also mit Mami und Papi gesprochen, und auch Johnny ist wirklich begeistert.«

Mein Nicken wurde nun etwas seichter. Mein Lächeln weniger aufrichtig.

»Weil wir alle der Meinung sind, dass du es bist.«

Mich durchschoss ein Stromschlag. »Dass ich was bin?«

»Der ideale Partner.« Die Augen lächelten vergissmeinnichtblau. Der Mund war rot und groß, wirkte noch etwas voller, weil die Sorge der Schwester um ihren kleinen Bruder ihm den Anflug eines Schmollmunds gab. »Papi sagt, dass er euch beim Aufbau eines Yachthandels helfen wird. Ihr könnt Yachten verkaufen. Und ihr könnt sie auch versichern. Er wird euch mit fabelhaften Kontakten versorgen.«

Ich hatte meinen Mund geöffnet, um »keinesfalls, nur über meine Leiche« zu sagen, schloss ihn aber wieder. Mirandas Vater war ein hohes Tier bei der mächtigen Versicherungbörse Lloyd's. Lloyd's hatte ihn mit Millionen versorgt. Und um ehrlich zu sein, wollte ich auch sehr gern meine eigenen Millionen. Ich bin mir nicht zu fein dafür zu sagen, dass die süßen Trauben in meinen Gedanken schon vor mir tanzten. Und Miranda konnte sie hüpfen sehen.

»Er braucht nur jemanden mit Entschlossenheit«, sagte sie, »ich kenne niemanden, der entschlossener ist als du.« An diesem Punkt senkte sie ihren Blick. Errötete fast. In einem Moment der Klarheit erinnerte ich mich daran, dass ich Polizist war. Mit zwölfjähriger Dienstzeit. Und nun wurde ich dazu eingeladen, der Partner eines unverbesserlichen Kriminellen in einem Yachtmaklergeschäft zu werden. Wobei das Handeln mit Yachten ein Geschäft war, in dem große Summen Bargeld anderer Menschen notorisch herumliegen, um von moralisch vergifteten Menschen abgegriffen zu werden. Ich öffnete meinen Mund, um ihr zu sagen, dass sie das mit mir in ihrem Leben nicht erleben würde, da klingelte mein Telefon. »Lieber Junge«, sagte die weiche, sonore und tiefe Stimme eines welterfahrenen Seglers. Oder von jemandem, der wie ein solcher klingen wollte.

»Johnny«, sagte ich. »Wir sprechen gerade über dich.«

»Darauf wette ich«, lachte Johnny. »Und ich wollte dir sagen, dass es eine sehr gute Idee ist. Und wenn du nicht dabei sein willst, dann erinnere dich einfach daran, dass du daran beteiligt warst, dass ich mit dem Klauen dieser Leuchter davongekommen bin.«

»Nein, war ich nicht.«

»Oh, doch. Das warst du. Der Pfandleiher hat dich mit mir gesehen.«

»Aber du hast sie zurückgegeben.«

»Nein, habe ich nicht«, sagte Johnny. »Also, ich meine, ich habe sie später wieder einkassiert. Er wusste, dass ich okay bin. Er hat gesehen, dass wir uns kennen.«

»Warte«, sagte ich. Ich hatte den Pfandleiher unter Kurzwahl abgespeichert. Ich rief ihn an und presste nur »die Leuchter« hervor.

»Hallo, Inspektor«, sagte der Pfandleiher. »Ein schönes Paar.«

»Sie sind sehr launisch.«

»Aber er war ihr Schwager«, verteidigte sich der Pfandleiher.

»Ist er immer noch«, sagte ich. »Bringen Sie sie zurück.«

»Aber das Geld.«

»Wollen Sie mit Ihrer Frau Weihnachten zum Lunch kommen?«

Stille.

»Wenn die Leuchter nicht zu ihrem Eigentümer zurückkehren«, sagte ich, »dann werde ich Ihrer Frau von Carole erzählen.« Carole war seine Sekretärin, und er war in mehr als nur ihrem Aktenschrank unterwegs gewesen.

»Es gibt hier nicht viele Polizisten, die sie leiden können, Inspektor«, sagte der Pfandleiher.

»Ein Glück für Sie.«

»Ich werde sie in ein Taxi legen.«

Ich schaltete um auf das Gespräch mit Johnny. Ich sagte: »Das erste Geld, das du verdienst, geht an den Pfandleiher. Er wird dir keine Zinsen in Rechnung stellen.« Dann legte ich auf.

»Machst du es also mit ihm?«

»Ich denke schon«, sagte ich mit der Stimme eines verurteilten Mannes, der das kernige Frühstück akzeptierte. »Aber schlechtes Benehmen werde ich nicht hinnehmen.«

Sie lächelte. »Er ist so dumm«, sagte sie, »er braucht jemanden wie dich.«

Irgendwie hatte sich die Magie unseres Morgens verflüchtigt. Natürlich setzte das schlechte Benehmen nahezu umgehend ein. Johnny richtete ein Büro in Lymington ein und ein weiteres in Pulteney. Er hatte viele Lunchverabredungen mit Versicherungstypen in der Stadt. Ich war nun gleichzeitig Yachtmakler und Polizist. Zwischen dem Verscheuern von Booten, der Beobachtung von Johnny und dem Aufdecken von Verbrechen verbrachte ich sehr wenig Zeit zu Hause. Zu wenig. Denn in genau dieser Zeit lernte Miranda Tony Greely kennen.

Zum ersten Mal bekam ich davon mit, als sie mich zum Abendessen in ein Restaurant namens »Greely's« in den Docks mitnahm, wie man das neu entwickelte Quartier am Wasser auf der Seite der alten Gerberei in Pulteney jetzt nannte. Die Bude war neu und mit blassem, unlackiertem Holz ausgekleidet. Die Tische waren wacklig, und die Stühle hatten einen zierlichen amerikanischen Look. In der Luft lag ein leichter Fischgeruch. In diesem Dunst saßen der örtliche Abgeordnete und einige Fußballer mit ihren Frauen, die in den umliegenden Apartments mit Blick über den Hafen wohnten. Geschmeidig schlängelte Miranda sich durch die Tische bis zu einem großen silbernen Sarg. Der Deckel des Sarges war durchsichtig. Unter ihm lagen die Körper von Fischen. Ein Kabeljau trug ein kleines grünes Etikett auf seinen Kiemen. »Von Hand geangelt, südnorwegische Küstenfischerei«, stand darauf geschrieben. Auch der Barsch war geangelt, er kam aus Polen. Darüber wurden vegan gezüchteter Lachs, handgeräucherter Tintenfisch und traditionell von Segelschiffen vom Grund des Fal gefischte Austern angeboten.

»Tony hat sich intensiv der Erhaltung der Meere verschrieben«, sagte Miranda, als würde sie etwas rezitieren, das sie auswendig gelernt hatte. Sie blickte sich um, wobei ihr Gesicht vor Aufregung tatsächlich glänzte. »Eine Überreaktion auf bloßen Fisch«, dachte ich. Ich bin nie wirklich gut darin gewesen, solche Gedanken für mich zu behalten. Also sprach ich es aus.

Ihre Zähne schnappten mit einem Klack zusammen. Sie schenkte mir ein mitleidiges Lächeln und holte Luft, um mir zu sagen, dass ich mich geirrt hatte. Doch bevor sie sprechen konnte, öffnete sich die Küchentür und ein Mann kam heraus. Er hatte dunkle Locken, trug ein blaues Leinenhemd und eine rote in schwarze Hüftwathosen gesteckte Leinenhose. Er sah genauso aus, wie sich eine Großtante aus der Vorstadt einen stattlichen Fischer vorstellt. Und wie ein Softie in meiner Vorstellung.

»Tony!«, kreischte Miranda. »Tony Greely, das ist Gavin Chance.«

Tony holte den Fokus seiner funkelnden Augen aus den Weiten unendlicher Horizonte zurück. Sie küsste ihn auf den Mund und ließ ihn sich zu uns an den Tisch setzen. Sie erzählte mir, was für ein unfassbar toller Typ er war, während sie ihm tief in die Augen blickte. Ich begann zu realisieren, dass ich nicht Teil der Unterhaltung war. »Er ist der Eigentümer dieses Restaurants«, sagte sie, »und acht …«

»Zwölf«, unterbrach Tony und zeigte ihr seine Schokoladenseite. »Äh … zwölf weiterer. Es ist eine Kette. Aber es ist nicht wie, ach, McDonald's, weißt du. Erklär's mal, Tony.«

Tony lächelte wie jemand, der zutiefst von sich eingenommen ist. »Fisch ist ein ursprüngliches Nahrungsmittel«, sagte er. »Ich hatte eine Hütte am Strand in Alaska. Wir haben Fisch gebraten, den wir in Wasser gefangen haben, das wir sehen konnten. Wir haben Ausrüstung benutzt, die wir selbst gebaut hatten. So sollte es sein. Also dachte ich mir: ›Warum machen wir das nicht in Großbritannien?‹ Ein Signal für die Nachhaltigkeit setzen. Fisch aus gesunden Populationen. Einfach, aber hervorragend zubereitet. Sorgfältig ausgewählte Hausweine, perfekt zum Fisch.«

Ich fühlte, dass mir leicht übel wurde; der Fisch vielleicht oder der Hauswein, ein billiger chilenischer Sauvignon, der für stolze 25 £ pro Brause angeboten wurde. Ich sagte: »Sie haben fantastische Augen.«

Er schlug seine Wimpern nieder. »Danke«, sagte er mit etwas, von dem er vermutlich dachte, dass es Würde sei.

»Ich meine Ihr Sehvermögen«, präzisierte ich. »Um imstande zu sein, über die ganze Entfernung bis nach Norwegen zu blicken. Wie es das Etikett auf dem Kabeljau besagt.«

Sein Lächeln gefror. »Nun, ähm«, sagte er. »Bon appétit.« Und er stampfte mitsamt seinen Wathosen und allem zurück in die Küche.

Miranda sah mich mit steinernem Blick an. Eher Granit als Saphir. »Das war unnötig«, zischte sie. Sie hatte recht, aber das half nicht.

Ich trank Wein im Wert von 12 £ in einem Schluck. »Mimose«, sagte ich.

»Er ist ein Visionär«, sagte sie. »Du bist ein Polizist.«

Der Wein begann seine Wirkung zu tun. »Und Yachtmakler«, sagte ich. »Und Versicherungsagent. Und Babysitter.«

Mirandas Lächeln kehrte zurück, wenn auch nur, um die Schärfe ihrer Zähne zu zeigen. Sie sagte: »Du bist hier in Gesellschaft von jemandem, der sich ernsthafte Gedanken um die Zukunft der Meere macht. Und alles, was dir dazu einfällt, ist schlechtes Benehmen.«

»Entschuldigung«, sagte ich und stand auf. »Ich denke, ich gehe jetzt besser.«

»Ja«, sagte sie und lächelte noch immer. »Und bleib weg. Weil du wissen solltest, dass ich mit Tony schlafe. Es ist einfühlsam und wundervoll in einer Weise, die du dir einfach nicht vorstellen kannst.«

In dem Moment wusste ich, dass es das gewesen ist. Genauso wie man einen Schlag auf die Nase als Schlag auf die Nase erkennt.

Also nahm ich ein extrem teures Taxi zurück zum Cottage, packte all mein Zeug in einen bemerkenswert kleinen Koffer und ging. Doch ich wusste nicht wohin. Den Gedanken an ein Bed & Breakfast konnte ich nicht ertragen. Am Ende ging ich bei einer Rival 38 an Bord, die wir für einen Mann verkaufen sollten, der gerade seine Ferien auf Barbados verbrachte.

Nicht, dass ich viel Zeit auf dem Boot verbracht oder mir irgendwelche Gedanken über Miranda und ihren neuen Freund gemacht habe. Dazu hatte ich keine Kapazitäten, weil ich mich inmitten eines Deals mit einem Mann aus London befand, der Heroin an einen Mann aus Bournemouth auslieferte. Beide waren böse und gewalttätige Leute, und ich mochte keinen von ihnen. Aber es war sehr schwer, sie auffliegen zu lassen, weil London seine Tasche an Bournemouth übergab, indem er sie auf dem Dach eines Busses stehen ließ. Wenn London bei der Haltestelle Winter Gardens ausstieg, stieg Bournemouth ein und sammelte die Tasche ein. Zum Zweck der Bezahlung ging Bournemouth fette Wetten mit London ein, die Bournemouth regelmäßig verlor. Das Problem bestand darin, sie beide gleichzeitig zu stellen.

Ich verbrachte viel Zeit in Bussen und dachte nach. Und schließlich gelang es mir, die Tasche mit dem Heroin durch eine mit Puderzucker zu ersetzen, während sie unbeaufsichtigt im Bus stand. Was Bournemouth in Rage brachte, weil es ihn zu der Annahme führte, dass London ihn abziehen wollte. Später am gleichen Tag stieß Bournemouth ein Messer in London und konnte festgenommen werden, weil ich zufälligerweise ganz in der Nähe war und ein gewisses Interesse hatte. Das war natürlich keine klassische Polizeiarbeit. Doch die Dinge beruhigten sich nach der Beerdigung. Und Bournemouth würde ein alter Mann sein, wenn sie ihn aus dem Knast entließen.

Das aber müssen Sie jetzt alles gar nicht hören. Denn wir sind ja auf dem Weg, um Mister Greely zu treffen, der auf eine Ladung Fisch wartet, die illegal mit Schleppnetzen vom Meeresgrund geholt worden ist. Er ist wahrscheinlich der falsche Mister Greely. Dennoch hege ich einen Funken Hoffnung, dass diese vergewaltigten und geplünderten Exemplare dazu bestimmt sind, Etiketten mit der Aufschrift zu tragen, die besagen, dass gehandicapte Inuit sie mit nachhaltigen selbst gemachten Harpunen aus Walknochen gefangen hatten.

Bislang ist mein Leben wie der Weg aus der heißen Bratpfanne ins Feuer. »Das wird jetzt aufhören«, denke ich, als Worms Head sich achteraus entfernt und wir mit der Flut des Bristolkanals hinunter in die Oxwich Bay fahren. Von nun an gehöre ich wieder zu den guten Jungs. Aber ich würde den Fall nicht sofort den Gesetzeshütern übergeben. Ich würde herausfinden, wohin der Fisch ging.

Es ist spät, als wir über die Swansea Bay hämmern. Die Kanalmarkierungen zwinkern wie rubinrote Augen, während wir den dunklen Kanal hinuntergleiten. Die Lichter der Stadt ergreifen uns, blau-weiß und schmutzig orange. Als ich das letzte Mal nach Swansea reingefahren bin, war ich noch Segler, und wir waren nach links in die Marina abgebogen. Dieses Mal biegen wir rechts ab in die Schleuse, die uns zum King's Dock hochbringt, einem Arbeitshafen, dessen einziges sichtbares Kennzeichen ein grauer Stahlschuppen mit weißem Flutlicht ist. Georgie gähnt, furzt und sagt: »Ich gehe schlafen.«

Ich sage: »Und was, wenn die Typen aus Milford hier sind, um uns zu treffen?«

»Weck mich auf, dann bringe ich sie um«, sagt Georgie. Seine freie Hand befindet sich hinter seinem Rücken. Als er sie nach vorn holt, sehe ich, dass sich in der geballten Faust ein verstellbarer Schraubenschlüssel befindet, auf beiden Seiten so geschärft, dass er einer Streitaxt ähnlich sieht. »Ich hab das auf dem Schleifstein im Maschinenraum gemacht«, sagt er, »das wird ihnen nicht gefallen.«

Er hat wahrscheinlich recht. Ich mag das Ding auch nicht. Aber immerhin befindet es sich auf meiner Seite.

»Geld«, sagt Georgie. »Darum muss man kämpfen.«

Ich erwidere ein wenig überzeugendes Vielleicht-Lächeln und verziehe mich in Richtung einer der stinkenden Kojen hinter dem Steuerhaus. Dort lege ich eine Seite des *Daily Sport* zwischen meinen Kopf und das bräunliche Kissen. In stopfe mir eine Ecke in jedes Ohr und versuche einen Fluchtplan auszuarbeiten. Darüber schlafe ich natürlich ein.

Geweckt werde ich vom Starten des Motors; davon und von Georgies Stimme, auf die eine merkwürdige Stimme antwortet. Vorsichtig hebe ich meinen Kopf und spähe durchs Bullauge.

Der Hafenkai liegt im Halbdunkel. Der Schuppen zeichnet sich grau und verboten im Regen ab. Vor dem Schuppen stößt ein 18-Rad-Kühlwagen Dampf aus. Da sind der Fahrer und ein zweiter Mann, beide sprechen mit Georgie. Keiner von beiden ist Tony Greely. Ich habe den Eindruck, dass Georgie sich in der Unterzahl fühlt.

In mir regen sich meine Polizeitriebe. Zeit zum Sammeln von Beweisen. Der Truck trägt keine Aufschrift. Ich notiere sein Nummernschild, das tatsächlich mit MOX beginnt – wie im Notizbuch festgehalten. Dann haue ich mich ins Ölzeug, ziehe mir die Wollmütze tief in die Augen und gehe hinüber zum Kai.

Der Lkw-Fahrer schaut mich an, sieht einen Fischer und achtet nicht weiter auf mich. Ich sage: »Fangt mit dem Löschen der Ladung an.«

Georgie wirft mir einen fast dankbaren Blick zu und sagt: »Jo.«

Ich sage: »Habt ihr einen Gabelstapler?«

Der Lkw-Fahrer nickt.

»Lasst uns mal eure Papiere sehen.«

»Was für Papiere?«, fragt der Fahrer.

Betont nachsichtig sage ich: »Die Papiere.«

Der Lkw-Fahrer sieht müde aus, aber nicht verärgert. Während er noch in seiner Tasche wühlt, kommt sein Kumpel näher. Also weiß ich, dass der Fahrer das Geld herausrücken wird.

Da kommt der Umschlag schon. Ich habe Detektivarbeit und keine Bestechung geplant. Aber ich stelle fest, dass ich meine Hand ausstrecke, den Umschlag nehme und ihn in meine Brusttasche stecke. »Geh und hilf der Deckshand«, sage ich zum Kumpel des Fahrers. Der Lukendeckel ist schon geöffnet, der Ladebaum bewegt sich. Eine Palette mit grünen Fischkisten kommt aus dem Laderaum, schwingt hinüber zum Kai und kommt dort zum Stillstand. Jede Box trägt an der Seite die Bezeichnung Greenreap. Ich beobachte den Gabelstapler dabei, wie er um den Lkw herumfährt, um zur Palette zu kommen. Das Bündel Geld ist ein schönes Gewicht in meiner Tasche.

»Guten Morgen, Sir«, ertönt da eine Stimme.

Ich drehe mich um, und es haut mich fast aus den Stiefeln. Da steht ein Polizist mit hochsichtbarer Jacke, die im Licht glänzt. Ich sage: »Guten Morgen.« Und hoffe, dass er mein Herz nicht in meinem Brustkorb hämmern hört.

»Was«, fragt der Polizist, »ist in diesen Boxen?«

Er deutet mit seiner Taschenlampe darauf. Da liegen sie, immer in Sechserstapeln auf der Palette. Für den Bruchteil einer Sekunde erwäge ich, ihm zu sagen, dass es sich um eine laufende Ermittlung handelt. Doch er würde mir ins Gesicht lachen. »Fisch«, sage ich.

»Lassen Sie uns einen Blick darauf werfen, ja?«

Der Gabelstapler hat angehalten. Der Fahrer schaut zu, wie wir hinübergehen. »Der gesamte Fang geht an eine Restaurantkette.

Greely's. Wir machen hier nur, wofür wir bezahlt werden. Richtig?«, sage ich zu dem Fahrer.

»Greely's. Genau«, bestätigt der Fahrer, dessen Gesicht im Regen silbrig wirkt oder einfach nur sein Entsetzen widerspiegelt. Trotz der extremen Gefahr durchläuft mich eine Welle des Erstaunens und des Triumphes. Es ist der richtige Greely.

Dummkopf.

Der Polizist zieht einen Handschuh an. Er öffnet den Deckel der Kiste, die ihm am nächsten steht. »Fisch«, sagt er. »Und was für ein Fisch ist das?«

Der Triumph verpufft. Ich bin Teil eines nicht ganz kleinen Verbrechens. Ich fühle mich elend. Ich spähe in die Kiste hinein. Und fühle mich plötzlich besser.

Die gelbe Lichtscheibe glänzt auf silbrigen Schuppen. Die Schwanzflosse des Fisches ist klein, ihre Verbindung zum Körper schmal, die Muskeln wenig ausgeprägt, weil er niemals vor der grönländischen Küste für sich selbst hatte kämpfen oder sich durch die Stromschnellen des Shiel hatte schlagen müssen. »Lachs«, sage ich, »gezüchteter Lachs.«

»Weil es das ist, was Greenreap macht«, sagt Georgie, der sich zu uns gesellt. »Gezüchteter Lachs. Ihre Zuchtstationen sind überall nördlich von Kintyre zu finden. Das ist ein großer Laden. In der Lachszucht, meine ich ...«

»Ja«, sagt der Polizist im Bemühen, den Redeschwall zu stoppen. Und dann geht er zurück zu seinem Wagen, steigt ein und rollt davon.

Mit dem warmen Gefühl der Erleichterung helfe ich, den Fisch umzuladen. Der Polizist hat weder nach Ausweisen noch nach Papieren gefragt. Er hat einen Blick auf die oberste Lage der Zuchtfische geworfen, die den ernsthaft wertvollen und ernsthaft kriminellen Fisch darunter maskiert. Und er hat dem Lkw-Fahrer den heiligen Namen Greely entlockt. Meine Ermittlung konnte weitergehen.

Das Glühen bleibt für die nächsten zehn Minuten erhalten, während wir die Beladung des Lkw mit den Boxen beenden und er anschließend im südwalisischen Nieselregen davonfährt. »Nun«, sage ich, als er verschwunden ist, »alles ist gut, was gut endet, oder?«

»Jo«, sagt Georgie. Er schaut aus dem Fenster des Steuerhauses. Ein Polizeiwagen fährt hinter einem Schuppen hervor, und ich kann das blasse ovale Gesicht des Fahrers erkennen. Es ist der Polizist, der den Fisch inspiziert hat. Ich sage: »Er muss geblieben sein, um uns zu beobachten.«

Georgie sagt: »Ich hasse die Bullen. Echt.«

Ich zucke mit den Schultern. Die Polizei ist ein repräsentativer Querschnitt der Menschen. Manche sind nett. Manche sind gemein. Und manche sind so teuflisch wie die Drecksäcke, die sie jagen sollen.

Aber ich habe mir durchaus erlaubt, darüber nachzudenken, warum dieser Beamte es für notwendig erachtet hat, die Beladung eines Lkw mit Zuchtlachs, wie er dachte, zu beobachten, aber dabei keine weiteren Erkundigungen einzuziehen. Zu gut, um wahr zu sein, echt.

Hätte ich etwas intensiver darüber nachgedacht, dann wäre mir vielleicht aufgefallen, dass normalerweise die Dinge, die zu gut laufen, nicht wahr sind. Aber mir ist nichts aufgefallen – außer, dass wir einigen Fisch umgeladen haben. Und ich habe Tony Greely am Tropf. Sowie eine Tasche voll mit seinem Geld.

Wirklich nicht sehr schlau.

5

Die Schleuse öffnet sich. Die SIRIUS GLEANER gleitet hinein. Die Schleuse schließt sich. Das Wasser steigt an. Die Schleuse öffnet sich. Die GLEANER gleitet hinaus in den Hafen von Swansea und hämmert mit 11 Knoten auf Kurs Südwest. Ich zähle das Geld aus dem Umschlag auf dem Kartentisch. Es ist sehr viel.

Mein Telefon klingelt. Ich kenne die Nummer nicht. Aber das ist bei Gebrauchtwagenhändlern und Yachtmaklern normal. »Gavin Chance«, sage ich.

»Guten Morgen, Mister Chance«, sagt eine Stimmer, die weder freundlich noch unfreundlich klingt. »Wir haben uns schon kennengelernt.«

»Ich glaube nicht …«

»Uniformbranche«, sagt die Stimme in perfekter Übereinstimmung mit dem Polizisten, der den Fisch inspiziert hatte. »Ich rufe für jemanden an, der gern sein Boot zurückhätte.«

»Boot«, sage ich durch Lippen, die sich plötzlich taub anfühlen. Es ist besser für Georgie, wenn er von diesem Gespräch nichts mitbekommt. Ich öffne die Tür des Steuerhauses und gehe raus in die Regenschauer und den Wind. Ich schlucke schwer im Bemühen darum, genügend Speichel zum Sprechen zu beschwören.

»Sind Sie noch da?«, sagt die Stimme.

Ich bemerke, dass eines der Fenster des Steuerhauses nach unten gleitet, und bewege mich weg in Richtung Schutzdeck. »Ja«, krächze ich, »wie kann ich helfen?«

»Indem Sie das Boot seinem Besitzer zurückgeben«, sagt die monotone Polizistenstimme.

»Ich bin sehr froh, sagen zu können, dass das Fahrzeug wieder an Mister George Strother gegangen ist, der in der Tat sein Eigentümer ist«, gelingt es mir zu sagen. »Nach einer, wenn ich das so sagen darf, komplexen und strapaziösen Ermittlung.« Ich bemühe mich um Verbindlichkeit, aber meine Magengrube befindet sich dabei irgendwo auf der Höhe meiner Stiefel mit den Stahlkapppen.

»Ja, Sir«, sagt die Stimme, »ich kenne die Hintergründe. Ich denke, Sie sollten dazu weitere Erkundigungen einziehen. Es wird dann offensichtlich sein, dass das Boot, auf dem Sie sich gerade befinden, nicht das Ihre zum Verkauf war. Denken Sie darüber als informellen Ansatz nach.«

Ich sage: »Dann nehmen Sie mich fest.«

»Es könnte dazu kommen«, sagt er.

»Warten Sie mal einen Moment«, sage ich, während es mir dämmert. »Sind Sie freiberuflich tätig?«

Es folgt eine lange, kalte Pause. »Es gibt schlimmere Dinge, als festgenommen zu werden.« Und legt auf.

Und ich sitze da, fixiere eine Niete auf dem Schutzdeck und versuche herauszufinden, in welche Richtung es wohl weitergeht.

Er ist also auf eigene Kasse unterwegs. Ich bin nicht sicher, ob ich herausfinden will, für wen. Aber es scheint angebracht anzunehmen, dass es die Leute sind, die mein Auto angezündet haben. Ich habe das Gefühl, dass sich der feste Boden, auf dem ich stehe, in Treibsand verwandelt. Es ist ein bekanntes Gefühl für viele Leute, die Deals mit Johnny Bonneville-Clark laufen hatten.

Ich habe den kleinen Rohling auf Kurzwahl. Die meisten Menschen, die mit ihm arbeiten, haben das. Wenn du mit Johnny Bonny zu tun hast, gibt es immer Fragen, die nach Antworten verlangen.

Aber Johnny weiß das. Also geht sein Telefon direkt in den Anrufbeantworter-Modus über. »Hallo«, sagt die heitere Stimme.

»Es tut mir schrecklich leid, dass ich Ihren Anruf nicht entgegennehmen kann. Hinterlassen Sie eine Nachricht.« Was natürlich eine Verschwendung des Atems wäre.

Ich sage: »Wir müssen darüber reden, wer die SIRIUS GLEANER verkauft hat.« Und lege auf. Dann gehe ich zurück zum Steuerhaus. Die GLEANER kracht in die steile graue See.

Drüben auf der Steuerbordseite kriecht der tiefe Buckel der Gower-Halbinsel an uns vorbei, höllisch langsam, weil wir gegen die Tide ankämpfen. Das Geld war vom Tisch verschwunden. »Hey«, sage ich, »was ist mit mir?«

Georgie zerschmettert mit dem Bug des Bootes eine Welle. Das Wasser segelt übers Deck und knallt in die Steuerhausfenster. »Jo«, sagt er und zieht ein paar Scheine aus der Brusttasche seines Blaumannes. Fünf Scheine; rote. Er schaut sie an, steckt einen zurück und reicht mir den Rest rüber.

»200 Taler?«, sage ich schockiert. »Ich habe dein Boot gefunden. Sie haben mein Auto abgefackelt.«

»Ja, nun, mehr gibt's nicht«, sagt Georgie. Er scheint über die Probleme am Kai von Swansea hinweg zu sein. Das hier ist Kapitän Strother, die Taschen voller Geld, Meister seines Schicksals. Er schielt zu mir hinüber, vielleicht, um zu sehen, wie sauer ich bin, und ballt seine Faust auf der Konsole vor ihm zu doppelter Größe. Ich runzle die Stirn und entschließe mich zum Rückzug. Später jedoch inspiziere ich in der Abgeschiedenheit des verdreckten Vorpieks unter Deck das Bündel Noten, das ich dem Haufen vorsichtshalber entnommen hatte. 5.000. Genug für irgendetwas auf Rädern und die Prämie für Georgies Versicherung.

Denn wenn ich mich nicht sehr irre, stehen der SIRIUS GLEANER noch eine Reihe weiterer schlimme Ereignisse bevor. Um meiner Arme willen war es mir wichtig, dass Georgie seinen Verstand bewahrt.

Und natürlich ist da noch die Sünde des Anlandens schwarzer Fische. Und die Notwendigkeit der Einleitung eines Verfahrens gegen Tony Greely. Obwohl das weniger wichtig erscheint, als am Leben zu bleiben.

Wir setzen unseren Kurs nach Westen fort, biegen dann nach rechts um St. Govan's Head herum ab und fahren mit der Tide nach Norden. An dem Nachmittag passieren wir den mit Tölpeln wie gepuderten Hügel der Insel Grassholm, versenken das weiß blinkende Leuchtfeuer von Bishops and Clerk hinter dem Steuerbordachterdeck und werfen uns der grauen Leere der Cardigan Bay entgegen. Irgendwo zwischen Arklow und Holyhead klingelt mein Telefon.

Es ist eine Frau. Mehr als eine Frau: Miranda. »Bist du das?«, fragt sie.

Das bestätige ich ihr und frage, was ich für sie tun kann.

»Du hast Johnny angerufen«, sagt sie, »Ich rufe für den Fall an, dass du versucht hast, ihn zu schikanieren.«

»Das habe ich nicht«, sage ich. »Ich will von ihm wissen, wo er ein Boot gefunden hat, das wir verkauft haben.«

»Welches?«

»Du würdest es nicht kennen.«

»Er hat mir viele Dinge erzählt.«

Ich hole tief Luft. Das ist die Miranda, die immer alles über die Geschäfte anderer wissen will. Ich sage: »Ein Fischerboot namens SIRIUS GLEANER.«

»Ach, das«, sagt sie. »Hat er dir das nicht erzählt? Ihr seid ja schöne Partner. Er hat es gewonnen.« Hinter dem Steuerhausfenster taucht ein Tölpel nach einem Fisch. Er hat in etwa die gleiche Chance, pink wieder aus dem Wasser aufzutauchen, wie diese Geschichte, wahr zu sein. »Er hat noch nie etwas gewonnen«, sage ich.

»Ich weiß. Und ich kann deinen Zorn spüren. Aber der ist nicht hilfreich. Es war ein Pokerspiel.«

»Also hat der Verlierer das Boot auf den Tisch gesegelt?«

»Sei nicht so erbärmlich«, schnappt Miranda, »das hat er

natürlich nicht gemacht. Er gab Johnny einen Schuldschein über 60.000 £. Und bezahlte nicht. Also ging Johnny hin und nahm das Boot.«

»Nahm«, echote ich mit matter Stimme.

»Du hättest das nicht gemacht, oder?«

»Nein«, sage ich. »Das ist illegal.«

»Um Gottes willen, sei doch nicht so ein Polizist«, sagt sie. »Endlich hat er mal Eier bewiesen. Und nebenbei: Papi fragt, wo seine Rückzahlung für das Start-up-Darlehen bleibt.«

»Wenn Johnny mir meinen Anteil an der Courtage für das Boot bezahlt, das er gestohlen hat, werde ich das gleich weitergeben. Und, übrigens, hast du Tony Greely in letzter Zeit gesehen?«

»Was geht dich das an?«, fragt sie. Dann ist die Leitung tot.

Ich schiebe das Telefon in meine Tasche und inhaliere die Seeluft. Sie ist kühl und klar und absolut keine Hilfe. Johnnys Gewinne sind seine eigene Angelegenheit. Aber es wird schwer sein zu beweisen, dass die GLEANER ein Teil von ihnen ist. Der Mann, dem er das Boot geklaut hat, teilt diese Meinung offenbar. Und ich brauche nun eine Versicherungsprämie für Klein Georgie und eine Darlehensrückzahlung für Sir Edward Bonneville-Clark. Ganz abgesehen von der Tatsache, dass Georgie und ich einen fetten Umschlag einkassiert haben, dessen rechtmäßiger Eigentümer der Besitzer des Fisches ist, den wir nach Swansea gebracht haben. Und der vermutlich der Mann ist, dem Johnny das Boot geklaut hat und dessen Angestellte die Angewohnheit haben, Waffen bei sich zu tragen.

Oh, Mann.

Ich sauge mehr Luft ein und hoffe, dass ich Johnny bald sehen werde, damit er mir die ganze Sache erklären kann – bevor ich ihn umgebracht habe.

Der Wind steht jetzt gegen die Tide, und das Wasser sieht kalt und grau aus. Die Isle of Man hockt irgendwo am Horizont hinter dem Steuerbordbug. »Teezeit!«, ruft Georgie – mit seiner Tasche voller Geld und seinem Boot wieder im Besitz in bester Laune. Armer, einfältiger Gorilla. Was zur Hölle soll ich tun?

Das Wichtigste zuerst.

Ich rufe die Versicherer von Lloyd's an und schließe die Versicherung für die GLEANER ab. Genauer gesagt eine Versicherung, die verfällt, wenn die Prämie nicht innerhalb von vier Tagen in bar gezahlt wird. Was mich wieder daran erinnert, dass Georgie und ich zusammen 16.000 £ eingesackt haben, die jemand anderem gehören.

Immerhin ist es schwierig, jemanden in Achnabuie ausfindig zu machen. Ich mache uns ein paar Eier und Würstchen, verziehe mich und falle für ein paar Stunden aus.

Als ich wach werde, erscheinen die Dinge etwas klarer. Ich laufe zum Steuerhaus und rufe Georgie »Ich gehe in den Laderaum« zu.

Georgie zuckt mit den Schultern und fährt mit der Beobachtung der dunklen See voraus fort. Ich wünsche mir sehr, dass niemand da unten irgendetwas hat herumliegen lassen. Etwa ein paar Tonnen zu kleine Hummer oder ein paar magnetische Minen. Also gehe ich hinunter in den Laderaum, der jetzt nicht mehr so kalt ist, weil die Kühlanlage abgeschaltet ist, um Sprit zu sparen, und drücke den großen Schalter.

Kaltes bläuliches Licht flutet den metallenen Raum, zwölf mal fünf Meter groß, mit einem Rolltisch auf der einen Seite und schlammartiger Flüssigkeit von altem Eis in den Behältern entlang der anderen Seite. Sie sind zu einer Art Schuttberg gefroren, der sich an den Rändern auftürmt, weil die Behälter nach dem Entladen in Swansea einfach hingeschmissen worden waren. Es ist ein normaler und irgendwie aufgeräumter Laderaum: nicht gammelig und nicht verfallen. Sie ist ein brauchbares Boot, die GLEANER, ein gutes Serviceboot für eine Fischfarm. Ein Lob an den Verkäufer. Immer vorausgesetzt, es hat dem Verkäufer beim Verkauf auch tatsächlich gehört. Keine Hummer. Keine Minen.

Ich durchquere den Raum, öffne die Tür, die zum Schleppnetz führt, und leuchte mit meiner Taschenlampe umher. Das hier war die Plattform, auf der sie die Netze mit dem Kabeljau entleert hatten, wenn die GLEANER auf Fangtörn war. Doch jetzt fischte sie nicht mehr. Also kommt niemand hier runter, und es gibt nichts als Rost, kaputte Kisten und alte Netze. Am vorderen Ende steigt das Deck achtern des Steuerhauses an. Am hinteren Ende das aufgewühlte Heckwasser und die schwarze See.

Es ist ein scheußlicher Ort, dunkel und kalt und verfallen. Er verstärkt meine düstere Stimmung. Ich hole mein Telefon heraus. Es hat keinen Wert, Johnnys Privatnummer anzurufen, weil seine Schwester darum kreiseln würde wie ein Polarbär um eine Sandbank voller Seehunde. Es gibt noch eine andere Nummer, ein Mobiltelefon, das er für die Arbeit nutzt. Weil er aber nie irgendwelche Arbeit verrichtet, ist es sinnlos, sie anzurufen. Ich wähle sie trotzdem und drückte den Knopf.

Auf dem Schleppnetzdeck ist es aufgrund des Dieselgehämmers laut. Also gehe ich rüber auf die Seite, um dem Lärm zu entkommen, und lehne mich an die Backbordreling. Dort entlang ist einiger Müll aufgestapelt, darunter Taschen, ein Teil eines alten Schleppnetzes, Algen, tote Krabben und ein alter Seestern, der im Strahl der Taschenlampe blass aussieht. Irgendwo klingelt ein Telefon. Es scheint aus dem Stapel der alten Taschen zu kommen. Der Anrufbeantworter schaltet sich ein. Das Klingeln erstirbt.

Ich rufe erneut an. Wieder klingelt das Telefon. Der Anrufbeantworter geht an. Das Klingeln hört auf.

Ich habe einen Fuß auf der Eisenleiter hoch zum Steuerhaus. Ich halte inne. Wie auch mein Herz. Ich befehle mir selbst, wieder zu atmen, und beuge mich so weit herunter, dass ich den blassen Seestern sehen kann.

Es ist kein Seestern. Es ist eine menschliche Hand. Die Hand gehört zu einem Arm. Einem Arm in einem Ärmel aus marineblauem Stoff. Ich hocke mich neben die Hand und gebe ihr einen

Schubs. Sie ist eiskalt. Die Taschen verrutschten. Taschen? Das sind keine Taschen. Das ist ein Körper. Ein menschlicher Körper, der offensichtlich Jeans und Blazer trägt.

Ich will ihn nicht berühren und beginne wieder die Leiter hinaufzuklettern. Dann kehre ich um und bücke mich erneut. Ich muss mich fast auf die Leiche übergeben, was mir aus irgendeinem Grund besonders schrecklich erscheint. Aber ich hole tief Luft, greife nach dem kalten Handgelenk, zerre den Körper ins kalt gleißende Licht des Lagerraums und drehe ihn um, damit ich das Gesicht sehen kann. Obwohl ich schon weiß, wessen Gesicht das ist.

Es sind die Züge meines Ex-Schwagers und Maklerpartners Johnny Bonneville-Clark.

Ehemals.

Der Körper ist schwer zu ziehen. Im Licht kann ich den Grund dafür sehen. An seinem rechten Bein ist ein Anker befestigt.

Die Lichter brüllen mich an, und das Hämmern des Motors scheint meine Schädeldecke sprengen zu wollen. Ich drehe mich ganz bewusst um und gehe vorsichtig wie ein Betrunkener zurück zum Steuerhaus.

Georgie ist noch dort, wo ich ihn zurückgelassen habe, und starrt durch das Fenster auf die vor uns marschierenden Wellenberge. In der Verlängerung des Steuerbordbugs kann ich ein grünes Licht über einem weißen sehen. Jemand fischt dort. Dahinter das weiße Blinken des Mull of Kintyre. Ich öffne meinen Mund, um Georgie zu erzählen, dass er eine Leiche in seinem Laderaum hat.

Doch er kommt mir zuvor: »Ich bin kaputt. Übernimm du sie«, brummt er und stapft rüber zur Kabine. Ich schließe meinen Mund, schaue auf das kleine Bootssymbol auf dem Plotter, auf die Linie des projizierten Kurses, die in die Abdeckung des Kaps und nach Campbeltown führt. Ich fühle mich benommen und verwirrt. Mein Verstand arbeitet langsam. Rein in die Polizeistation von Campbeltown und eine Morduntersuchung. Es muss Mord sein.

Warte mal. Warte mal. Mister Bonneville-Clark ist ein bekannter Drogenabhängiger erster Klasse. Eine Überdosis ist möglich. Ja, sogar wahrscheinlich.

Also hat er sich den Anker selbst ans Bein gebunden?

Die graue See zieht unter uns durch. Ich versuche so zu tun, als würde das alles nicht geschehen. Ohne Fortune. Natürlich gibt es einen Weg zur Überprüfung. Aber es ist nun einmal so, dass ich den Laderaum nicht mehr mag.

Du musst da runter.

Ich warte, bis ich das Gerassel von Georgies Schnarchen durch den Diesellärm hören kann. Dann schaue ich auf den Autopiloten und gehe wieder runter.

Also gut, es ist Johnny. Eine merkwürdige und kollabierte Version von Johnny mit sportlicher Bekleidung auf dem durchnässten Gestell, die auffallend stattlichen Merkmale über Bord gegangen und zur schrecklichen Karikatur seiner selbst mutiert. Die Augen sind offen, zu gemeinen kleinen Halbmonden geformt, was mich aus irgendeinem Grund fürchterlich aufregt. Bei der Polizei habe ich Leichen gesehen, von denen einige schwer verstümmelt waren. Aber keine war je so unerfreulich gewesen wie diese.

Ich beginne mit dem Anker. Er war schnell und mit einer Fülle wilder halber Schläge mit einem Stück Polypropylenleine am Bein befestigt worden. Das hätte kein Seemann so gemacht. Das hätte Johnny nicht so gemacht. Egal, wie berauscht er gewesen sein mag.

Die Erkenntnis trifft mich wie ein Schwall kaltes Wasser. Jemand hat einen Anker an Johnnys Bein gebunden und ihn über die Backbordecke des achteren Decks hinter dem Steuerhaus geschafft. Vermutlich haben sie gedacht, ihn auf diese Weise dem Meer zu überlassen. Stattdessen haben sie ihn auf das Fischdeck befördert.

Verdammter Johnny. Nicht mal vernünftig ermorden lassen konnte er sich.

Was nun? Es könnten immer noch natürliche Gründe vorliegen. Suizid vielleicht. Während er im Rausch war. Grundlos wuchs meine Hoffnung.

Johnny liegt mit dem Gesicht nach oben auf dem Deck bei den Behältern. Ich beuge mich runter und drehe ihn um.

Die Hoffnung stirbt.

Die Haare am Hinterkopf sind von etwas verklebt, das im blauweißen Licht schwarz wirkt. Es ist aufgrund der vorherigen Lage des Körpers seltsam verteilt. In der Mitte der Teilung sehe ich ein kleines schwarzes Loch. Es befindet sich am Übergang zum Nacken, dieses Loch. Keine natürliche Todesursache also. Und kein Selbstmord.

Es ist Mord. Kälte setzt sich in meinen Knochen fest. Kein gewöhnlicher Mord. Ich habe solche Sachen schon früher in Bosnien gesehen. Das war eine Hinrichtung.

Große Probleme.

Massive Probleme.

Ich beuge mich zu ihm hinunter und lasse meine Hände über seinen kalten faserigen Kopf gleiten. Es gibt eine Eintrittswunde. Keine Austrittswunde. Die Kugel steckt noch drin. Es ist wichtig, das Beweismittel zu konservieren. Es gibt also nur eines, was ich tun kann: Ich wuchte den Körper in eine der Kisten, schaufle Eis darauf und schalte die Kühlung wieder ein. Dann gehe ich zurück ins Steuerhaus.

Es ist warm hier oben, und die blasse Dämmerung dimmt den Lichtschein des Mull of Kintyre. Ich sitze in dem fetten Lederstuhl und zwinge mich, wie ein Polizist zu denken.

Wenn wir die Polizei in Campbeltown informieren, werden sie Fragen stellen. Welche die folgenden Antworten ergeben würden: Johnny war mein Geschäftspartner. Die Geschäfte waren nicht gut gelaufen. Und es ist bekannt, dass wir erhebliche Differenzen hatten. Die Polizei von Campbeltown würde nicht lange brauchen, um herauszufinden, wer ich bin. Einmal ein mieser Polizist, immer ein mieser Polizist. Ich habe ein Motiv. Ich hatte die Gelegenheit. Ich bin so gut wie festgenommen.

Während ich dann in einer Zelle sitze und sie bei ihren Ermittlungen unterstützen würde, würden Dinge geschehen. Wer immer es ist, dem Johnny das Boot gestohlen hat: Er wird sehr daran interessiert sein, es zurückzubekommen …

Ich denke an den Mann, der mich angestarrt hat, als wir in der Schleuse von Milford lagen, und an seinen Griff zur Pistole am Gürtel. Ich denke an das garstig geronnene Loch in Johnnys Nacken. Ich bin dumm. Ich sollte zur Polizei gehen und meine Chance nutzen.

Doch Polizisten haben die Nummern von Journalisten in ihren Telefonen. Zur Polizei zu gehen würde Öffentlichkeit bedeuten. Und Öffentlichkeit würde bedeuten, dass, wer immer Johnny erschossen hatte, dann auch wüsste, wo ich bin. Nehmen wir an, es gelänge mir, die Jungs auf der Wache in Campbeltown davon zu überzeugen, dass das alles ein fürchterliches Missverständnis ist. Dann würde ich aus dem Vernehmungsraum kommen und in den Regen laufen. Und peng.

Auf keinen Fall.

Die Sonne kriecht aus dem Meer hervor und in eine Wolke. Der Mull taucht auf der Backbordseite auf. Georgie kommt aus seiner Kabine, gähnt und furzt lange und laut. Ich gehe und löffle Nescafé und vier Zuckerwürfel in eine schmutzige Tasse. »Aaah«, sagt er. »Jo, das ist ein hübscher Tag. Ich habe mein Boot zurück. Darin liegt eine gewisse Befriedigung, eine große Befriedigung. Und bald schon werden wir einen Laderaum voller Fisch haben und ihn verkaufen. Was für ein großartiges Leben. Ich liebe es, weil es einfach schön ist …«

»Nein, ist es nicht«, sage ich.

»Wat?« Er war nicht an Widerspruch gewöhnt.

Also erzähle ich es ihm. Ich erkläre ihm, wie Johnny zu dem Boot gekommen ist und was ich im Lagerraum gefunden und zu tun entschieden habe.

Ich sehe seine Knöchel an den Haltegriffen des Gashebels weiß werden. Seine Augen sind schmal und außerordentlich böse. »Scheiße«, sagt er, wobei nicht ganz klar wird, zu wem und über wen er das sagt. »Du meinst, dass er die ganze Zeit in Milford und Swansea mit den Bullen um uns herum da auf dem Schleppnetzdeck lag?«

»Sie haben versucht ihn ins Meer zu werfen«, sage ich. »Das hat nicht geklappt.«

Es herrscht Stille.

»Was also wirst du nun unternehmen?«, fragt er schließlich.

Ich habe den Eindruck, dass es sich nur teilweise um eine Forderung handelt. Der Rest klingt wie ein Hilfeschrei.

Ich habe darüber nachgedacht, wie ich diese Frage beantworte. Ich habe etwas Unkompliziertes, wenn auch Unwahres entwickelt. »Wir sollten wirklich zur Polizei gehen«, sage ich.

Der Hilfeschrei tritt in das Hintergrundgeräusch zurück. Er sagt: »Wenn du zur Polizei gehst, werden sie mein Boot für Monate einkassieren, und ich werde dich töten. Weil sie jeden in den Knast stecken werden. Und wir werden ...«

»Ja«, sage ich, um seinen Schwall zu stoppen.

»Wie auch immer«, sagt Georgie. »Du warst doch selbst Polizist. Was ist also falsch daran, dass du losziehst und ihn findest?«

»Wen finden?«

»Den Typen, der mein Boot gestohlen hat. Und den Mann getötet hat.« Sein Lösungsansatz scheint sich zu erhärten. »Und sag ihm, dass es wieder mir gehört.«

»Er wird vielleicht nicht zuhören.« Ich kann Johnnys Gesicht nicht aus dem Kopf bekommen.

»Dann sorg dafür«, sagt Georgie.

»Und wie soll ich das anstellen?«

»Dir wird etwas einfallen«, meint Georgie. »Und ich gehe fischen.«

»Mein Partner ist im Lagerraum«, betone ich Wort für Wort. »Tot. Ermordet.«

»Das ist okay«, sagt Georgie. »Ich behalte ihn im Eis.«

Ich starre ihn an. »Eis?«

»Um zu verhindern, dass er sich irgendwie auflöst.«

Ich sage: »Du wirst eine Crew brauchen.«

»Ja, werde ich. Okay. Ich werde ihn unten im Eis bewahren. In Plastik. Wenn jemand fragt, sage ich, dass es ein Hai ist.« Georgies Schultern erschauern leicht. Offensichtlich lacht er. »Und wenn du mir die Papiere des Bootes übergibst, dann gebe ich dir den Leichnam, und du kannst damit machen, was du willst.«

»Du hast die Papiere nicht?«

»Dein Partner hat gesagt, sie würden später kommen. Du solltest dich nach ihnen erkundigen. Nun, da er tot ist und alles ... Ich brauche sie.«

»Ja«, sage ich tonlos. »Die brauchst du.«

Er geht in den Lagerraum, wo ich ihn singen höre. Und das Knistern von Polyethylen.

Zusammengesunken hocke ich auf dem Platz des Navigators. Es scheint mir Wochen her, dass ich geschlafen habe. Als Georgie zurückkommt, sage ich: »Sie haben Johnny getötet. Warum sollten sie dich nicht töten?«

»Das können sie versuchen«, sagt Georgie. Er klingt jetzt sehr selbstsicher. In Sachen Gewalt bewegt er sich auf vertrautem Territorium. Eine an einer Mooring liegende Yacht gleitet am Fenster vorbei. Voraus erscheint eine graue Stadt. »Hier ist Campbeltown. Du kannst losziehen und meine Papiere finden. Und tschüss.«

»Wohin gehst du?«

»Hab ich dir schon gesagt. Fischen.«

Eine Möwenwolke schwebt über ein paar Trawlern entlang des Piers. Georgie rammt die Bugspitze des Bootes in den Beton und schraubt das Heck rein. Sobald wir die Leinen festgemacht haben, klettere ich die Kaimauer hoch. Ich schaue hinunter auf die Luke, unter der mein Schwager in Plastik eingewickelt auf den Tag des Jüngsten Gerichts wartet. »Ich melde mich«, sage ich.

»Wirste«, bestätigt Georgie. Er hat sein Telefon bei der Einfahrt benutzt. Ein paar Männer in Jeans und Seestiefeln stapfen den Pier mit Taschen auf den Schultern hinunter.

Ich drehe ihm meinen Rücken zu und gehe los. Ich habe das Gefühl, aus einem Albtraum aufzuwachen. Johnny ist in Hampshire, bespaßt die Frau eines anderen in einem Jacuzzi. Schon bald würde er anrufen, sein jüngstes Desaster erklären und versuchen, sich Geld zu leihen.

Das Telefon klingelt tatsächlich. Es ist Miranda. Sie sagte mit kalter Stimme: »Ich will natürlich nicht mit dir sprechen. Ist Johnny bei dir?«

»Nein.« Nun, das war er ja auch nicht.

»Was ist los mit dir?«

»Mit mir? Nichts.«

»Du klingst, als hättest du einen Ziegelstein verschluckt. Er war mit Papi zum Frühstück verabredet. Um über eure Firma zu sprechen.«

»Er hat ein Treffen verpasst? Das erstaunt mich.«

»Es gibt keinen Grund, sarkastisch zu sein«. Sie klingt halb irritiert und halb besorgt. »Er ist ein Idiot. Aber er bemüht sich mehr, als du es würdigst. Ich hoffe, dass es ihm gutgeht.« Plötzlich will ich ihr die Wahrheit erzählen. Ich öffne meinen Mund, aber da hat sie schon aufgelegt. Auch gut.

Ich gehe den Kai hoch und durch den Park zur Bushaltestelle, fühle mich schlecht. Es ist Sonntag. Alle scheinen sich drinnen aufzuhalten, während ein leichter Wind über die Grünflachen pfeift. Als ich mich umdrehe, sieht die SIRIUS GLEANER in der grauen See wie ein schwarzes Spielzeug aus, das den Horizont ansteuert.

6

Als mich der Sonntagsbus nach Orban gebracht hat, erscheint alles weniger real. Ich kaufe bei Chucky Mucks 4 x 4 einen hässlichen, aber wirtschaftlichen Pick-up. Eigentümer Charles Maconochie macht seine besten Geschäfte an Sonntagen. Dann klappere ich davon, die Hauptstraße hinunter, und holpere die Strecke entlang zu meinem kleinen grünen Haus im Sumpf. Es ist Teezeit. Ich setze mich aufs feuchte Sofa im Salon des Schleppers und stopfe das Geld für den Versicherer in einen Umschlag. Dann starre ich die Wand an und versuche nachzudenken, schlafe aber stattdessen ein. Eine zuschlagende Autotür weckt mich auf. Es ist 18 Uhr abends und wird dunkel. Ich wische mir den Schlaf aus den Augen, als Maureen die Laufplanke herunterkommt.

Ich hatte den Schlepper zum Notpreis von einem zu langsamen Mann gekauft, dessen Frau entschieden hatte, dass sie nicht gewillt war, zehn Jahre zu warten, bis er es in ein Hausboot verwandelt hatte, auf dem sie ihre Kinder bekommen würde. Es ist ein Rohbau, dessen Umwandlung zu einem Achtel erfolgt ist.

An meinem ersten Tag der Besetzung war ich in der feuchtkalten Koje durch ein Klopfen an der Tür erwacht. Als ich sie öffnen ging, stand da im Regen eine große breitschultrige Frau mit rotem Haar und mit vor Verlegenheit ob ihres Eindringens gekräuselter Stirn. »Hallo«, sagte sie, »ich bin Maureen. Ich dachte, sie hätten nicht vielleicht etwas Milch für mich?« Sie hielt eine Flasche hoch.

»Kommen Sie rein, kommen Sie rein«, sagte ich. Sie kam, und ich sah, wie ihre Augen den Eindruck der ungemachten Koje aufnahmen. Ich blickte auf die leere Flasche von Bell's und die Messinguhr auf dem Stahlschott, die 11:45 Uhr anzeigte. »Es ist ein bisschen unordentlich«, sagte ich.

»Sie sind gerade erst hier angekommen«, sagte sie, umgehend ihr Talent dafür unter Beweis stellend, dass sie im Zweifel immer für jemanden entscheiden würde. »Soll ich Tee machen?«

Ich begann ihr zu sagen, dass ich das selbst machen würde, doch sie war schon unterwegs und holte Tassen raus. Aus der Mitte einer Wolke aus Kesseldampf klärte sie mich über Achnabuie auf. Ich hatte geplant, den Schlepper etwas näher an die Zivilisation zu verholen. Doch je weiter sie fortfuhr, je mehr schwand diese Idee. Schließlich sagte sie: »Und womit verdienen Sie Ihren Lebensunterhalt?«

»Ich bin Yachtmakler.«

»Also spielt es keine Rolle, wo Sie sind?«

Das war wahr. Ich goss uns mehr Tee ein. Sie schaute mich mit den grünen Augen an. Da war etwas Nervöses in ihnen. »Und das ist es, was Sie hier machen werden?«

Der Regen hatte aufgehört. Die Sonne hatte diesen Moment für ihren Auftritt gewählt. Sie erleuchtete die Hügel und das Meer. Und den hellroten Rumpf eines Fischerbootes, das kopfüber am Vorland lag. Sie fabrizierte sogar einen kleinen, aber brillanten Regenbogen. Ich sagte: »Ich glaube schon.«

Sie nickte. Sie sagte: »Ich nehme nicht an, dass Sie eine Assistentin brauchen könnten?«

Ich schaute sie scharf an, um sicherzustellen, dass sie keinen Scherz machte. Sie blickte unverwandt zurück. Ich hätte sie umarmen können. Doch ich zwang mich dazu, langsam zu sagen: »Können Sie tippen?«

»Ich habe einen Computerkurs gemacht. Und ich tischlere ein wenig.«

Das Geschäft befindet sich in einer Periode der Konsolidierung«, sagte ich.

»Sie meinen, es ist kein Geld da.«

»Kaum etwas.«

»Na ja, gut«, sagte sie. »Eine Frau könnte hier verrückt werden. Ich gebe der Sache eine Woche oder zwei, dann sehen wir, wie es läuft.«

Das war der beste Teil vom vergangenen Jahr.

Wie ich schon sagte, ist Maureen ein großes Mädchen, wohlproportioniert und mit rotem Haar, das von Mückenschutzmittel gebändigt wird. Als ich nun von der GLEANER zurückgekommen bin, trägt sie Jeans und Wanderschuhe und ein grünes Fleece, das gut zu ihren Augen passt. Ein Outfit für den Laufsteg ist es nicht gerade. Aber sie lässt es elegant und würdevoll aussehen. Sie sagt: »Du siehst schrecklich aus!«

Ich sage: »Ich bin schrecklich.«

»Warte mal eine Minute«, sagt sie. Und belädt zehn Minuten später den Tisch mit Eiern, Speck, Toast, Bohnen, Tomaten und (von Gott weiß woher) einer großen Schüssel Himbeeren und Sahne. »Nun«, sagt sie, während sie auf dem Sofa sitzt und mich streng beobachtet, um zu sehen, ob ich auch alles aufesse. »Erzähl mir davon.«

Was für eine wunderbare Frau. Ich fühle mich völlig entspannt mit ihr, und es gibt keine Geheimnisse zwischen uns. Aber mit ihr über Leichen zu sprechen wäre nicht fair. »Wir haben das Boot gefunden«, sage ich. »Wir haben es zurückgeholt.«

Sie starrt mich an, als wollte sie in meinen Kopf hineinschauen. »Gab es Ärger?«, fragt sie.

»Ärger?«, wiederhole ich, während ich mich mit dem letzten Ei befasse.

»Ich habe nur gesehen, dass du ein neues Auto hast.«

»Das andere hat Feuer gefangen.«

Sie nickt, als wäre das zu erwarten gewesen. Dann sagt sie: »Wer hat es angezündet?«

»Angezündet?«

Mit einem ungeduldigen Zischen wischt sie über den dreckigen Teller. »Jemand hat angerufen«, sagt sie. »Viermal. Ein Mann mit einer merkwürdigen Stimme. Er will mit dir sprechen.«

»Missverständnis«, sage ich. Ich bin wieder müde.

»Er sagt, dass du sein Boot verkauft hast, nachdem man es ihm gestohlen hat, und dass er es zurück will.«

»Geklaut?«

Sie seufzt. »Du kannst es mir erzählen oder nicht. Aber es ist vielleicht gut, wenn sie nicht wissen, wo du bist.« Das lässt sie sacken. »Was wirst du tun?«

»Mit ihnen reden.«

»Die klangen nicht so wie große Redner.«

Ich weiß, dass ich gerade Schritte unternahm, ja, schon unternommen hatte, die man nicht wird nachvollziehen können. Ich sage: »Wie waren der Name und die Nummer?«

Sie schiebt ein Stück Papier über den Tisch zu mir rüber. Eine Nummer in Orban. Der Name ist Smith. Ich glaubte nicht, dass er richtig ist.

»Oh«, sagt sie, »und ich habe meinen alten Computer mitgebracht. Der ist besser als deiner, und ich benutze ihn nicht mehr. Ich habe dein Zeug draufgeladen. Es ist schon WLAN-bereit und all das.«

»Danke«, sage ich wie ein Ertrinkender, dem man einen Rettungsring zugeworfen hat. Sie schüttelt ihren Kopf und lächelt liebevoll. Ich gebe ihr einen fetten Umschlag, um ihn zur Bank zu bringen, und fort ist sie.

Mein innerer Friede hat sich mit ihr verabschiedet. Ich sitze da und versuche ruhig zu bleiben. Gavin Chance Marine ist an der Südküste registriert und bietet weltweit Boote an. Wie Maureen sagt:

Niemand würde mich in Achnabuie finden, es sei denn, man weiß, wo man suchen muss.

Aber ich kann nicht für immer in Achnabuie bleiben. Wenn ich mich nicht um diesen Smith kümmer, wird sich Georgie um mich kümmern. Ich fühle mich von diesen gelierten halbmondförmigen Augäpfeln beobachtet. Wie Georgie sagt: »Es ist Zeit, wieder ein Polizist zu sein.«

Aber Polizisten haben andere Polizisten, die ihnen helfen. Und sie werden vom Gesetz unterstützt, das bösen Menschen sagt, dass es sehr, sehr illegal ist, sie zu erschießen. Ich bin kein Polizist. Und es gibt keinen Grund anzunehmen, dass wer auch immer Johnny getötet hat, es als große Sache ansehen würde, auch mich zu töten. Ich gehe rüber und schalte Maureens Computer an.

70 E-Mails warten. Ich greife zum Telefon. Auch hier: viele Nachrichten. Ich beginne sie durchzugehen. Einige Leute wollen ein paar Boote ansehen; sie können warten. Und da ist Mister Smith. Einmal und zur Sicherheit noch einmal. *Wir müssen uns treffen*, sagt die Stimme. Jetzt verstehe ich Maureens Beschreibung des Akzents. Die Vokale klingen gequetscht, vielleicht ein wenig Walisisch. *Sie werden die Gründe kennen. Sie sollten vorbereitet kommen, um ihre Verpflichtungen zu erfüllen.* Mit anderen Worten: Gib mir mein Fischgeld, und gib mir mein Boot.

Das ist beunruhigend, weil ich beides nicht habe.

Ich muss beim Anfang anfangen. Also wende ich mich dem Computer zu und googel Tony Greely.

Es gibt reichlich Stoff über Nachhaltigkeit und den Planeten und ein Bild von ihm, auf dem er lächelt, wahrscheinlich, weil er in sein eigenes Spiegelbild in der Kameralinse schaut. »Wie man Fischer in aller Welt vor Augen hat, so trägt auch Tony einen Ohrring in seinem rechten Ohr«, heißt es im Lobgesang. »Er sagt: ›Es ist für den Fall, dass ich von einem meiner nachhaltig gebauten Holzboote über Bord gehe, die mit gefiltertem Bratfett angetrieben werden. Meine Kumpel werden dann etwas haben, in das sie den Bootshaken stecken können, wenn sie mich wieder an Bord ziehen. Ich mag die Vorstellung, dass meine Greely-Restaurants ein Ohrring für die Weltmeere sind und meine Kunden die Bootshaken, die sie retten werden.›«

»Nimm den anderen Ohrring, Tony«, denke ich. »Der hat Glöckchen dran. Ich googel weiter.«

Und halte inne.

Ich bin auf einer Seite angekommen, auf der die Einweihung von Greely's in Poole zu sehen ist. Es sind sehr viele Leute zu sehen, die auf dem Stadtkai stehen und einen am Kran hängenden schmutzigen zünftigen Heilbutt bewundern. Und Fischerjunge Greely posiert daneben mit einer Bratpfanne in der einen und einer Zitrone in der anderen Hand. Jeder hat ein Champagnerglas in der Hand. Da sind einige Soap-Stars mit warmem Lächeln und Augen, die Kasse wittern. Miranda ist natürlich auch da, strahlt in ihren schicken Jeans und dem tief ausgeschnittenen Top und schaut ihren Fischerjungen bewundernd an.

Doch da steht noch eine Person neben ihr und Greely, die ich ganz sicher erkenne. Der Mann zieht die Aufmerksamkeit auf sich mit seiner Schirmmütze unter dem Arm, sein Gesichtsausdruck milde und leer. Er trägt die Polizeiuniform eines Sergeanten. Ich erkenne ihn deshalb, weil er das Auto gefahren hat, das die Entladung der GLEANER am Dock von Swansea beobachtet hat.

Ich vergrößere das Bild, doch es löst sich in Pixel auf, bevor ich die Nummer erkennen kann. Egal, ich hatte mir ja auch keine Mühe gemacht, die Nummer zu bekommen, als wir am Kai in Swansea waren.

Dennoch ist es derselbe Typ.

Egal, Polizisten spielen keine Rolle. Das hier ist eine informelle Ein-Mann-Mordermittlung. Es geht um Mittel, Motive und Möglichkeiten.

Mittel also. Eine Kugel im Hinterkopf (hier zittere ich, als ich an die hässliche kleine schwarze Delle im geronnenen Haar denke).

22er-Kaliber wahrscheinlich. Schnell, effizient, wenig Sauerei. Die Art von Ding, das man eher in Serbien als in Swansea bekommt. Wer immer das getan hatte, hat schon vorher Menschen getötet.

Und würde es wieder tun.

Dieser miese Gedanke schon wieder. Weitermachen.

Motiv. Ziemlich einfach. Johnny war umhergezogen, hatte die meisten Menschen betrogen und den Rest beraubt. Sein Geschäftsstil war ganz sicher dazu angetan, dass Leute ihm den Tod wünschten. Und die Typen an der Milford-Schleuse sahen so aus, als lägen Wunsch und Wirklichkeit für sie sehr nah beieinander.

Möglichkeiten. Das war tatsächlich der springende Punkt. Gott weiß, wo Johnny die letzten Tage seines Lebens verbracht hat. Ich werde das mit Miranda klären müssen. Guten Tag, Miranda. Du kennst ja deinen Bruder. Den, den ich angeblich mobbe, während er stiehlt. Nun, er ist tot. Aber erzähl das niemandem.

Puh, da sind einige Hürden zu nehmen.

Draußen ist ein Motor zu hören. Nicht das übliche Keuchen und Knattern, sondern ein dunkles und diszipliniertes Schnurren, das gute Wartung und einen regelmäßigen Service verrät. Ich hebe meinen Kopf auf Fensterhöhe und erblicke einen weiteren Polizeiwagen mit Vierradantrieb. Ein Constable in einer reflektierenden Jacke lässt sein Kartoffelgesicht über den Hafen gleiten. Seine Augen treffen meine. Er kommt näher.

Für einen Moment habe ich das Gefühl, dass meine Innereien mir in die Stiefel sacken. Aber, Moment mal. Das hier ist ja nur ein Constable. Und er ist allein. Ich bin nur ein besorgter Bürger, den das Gesetz besucht. Also öffne ich die Tür, nehme den Ausdruck verdutzter Unschuld an und sage: »Guten Tag.«

Das Kartoffelgesicht fixiert mich weiter, obwohl sich die Augen hin und her bewegen. »Guten Tag, Mister Chance«, sagt der Mund. Sie wissen alle Bescheid. Natürlich wissen sie es.

»Kommen Sie an Bord«, sage ich, während ich lässig an der Reling lehne.

»Nicht nötig«, sagt der Constable, als hätte ich ihm einen Schlangenbiss angeboten. »Ich nehme an, dass Mister John Orkney Bonneville-Clark Ihr Geschäftspartner ist?«

Alles Blut entweicht aus meinem Kopf. Ich sage: »Was hat er denn jetzt wieder angestellt?«, um eine direkte Antwort zu vermeiden.

»Es liegt uns eine Anfrage bezüglich seines Aufenthaltsortes vor.«

»Fügen Sie meine gern hinzu«, sage ich.

»Wann haben Sie Mister Bonneville-Clark zuletzt gesehen?«

»Vor zehn Tagen? Ich könnte es in meinem Terminkalender nachsehen.«

»Ja, bitte.«

Ich gehe los, hole den Kalender und zeige ihn dem Constable. »Auf der Southampton Boat Show. Mister Bonneville-Clark kümmerte sich um den Stand, den wir dort hatten.« Jedenfalls für ein paar Stunden … Danach betrank er sich im Joe Coral in der St. Mary Street und fiel um.

»Danke, Sir«, sagt der Constable, macht sich eine Notiz und schließt sein Buch. Er tritt vor und händigt mir einen dieser hässlich gedruckten kleinen Flyer aus, die von der Polizei anstelle von Visitenkarten verteilt werden. »Sollten Sie zufällig von Mister Bonneville-Clark hören, wäre es nett, Sie würden mich unter dieser Nummer kontaktieren.«

Ich bin also kein Mordverdächtiger. Ich empfinde eine gefährliche Begeisterung darüber. Ich sage: »Er bewegt sich auf mysteriöse Weise.«

»Wie bitte, Sir?«

»Ich meine, dass man es bei ihm nie so genau weiß.«

»Aha.«

Der Polizist steigt wieder in seinen Wagen und fährt durch die düsteren Reihen verhüllter Boote fort. Ich gehe zurück in die Kabine. Das ist der Beginn des Prozesses, in dessen Verlauf Details für den Fall zusammengetragen werden, dass eine Leiche auftaucht. Dann würden die Details ein Bild von Johnnys letzten Lebensstationen zeichnen. Der Prozess ist dumm wie eine Maschine, aber er würde gründlich sein und am Ende zur Kugel in Johnnys Hinterkopf führen. Und zu mir, dem Mann, der sie höchstwahrscheinlich dort versenkt hat.

Es sei denn, ich finde heraus, wer sie wirklich dort hineinbefördert hatte. Britische Polizisten sind wie Sandkörner. Und ich bin ein Mann mit einem rostigen Computer. Aufmunternd lächle ich mein Spiegelbild auf dem Bildschirm an. Ein rostiger Computer ist besser als keiner.

Das Telefon klingelt. Ich nehme ab. Es ist eine junge Stimme, die sich nach einem Boot erkundigt. Captain Maxwells Boot. Ich nehme das als gutes Omen. »LORNE LADY«, sage ich und schaue zum Fenster heraus, um zu prüfen, ob das Ding noch schwimmt. »Es gibt kein aktuelles Gutachten, aber sie ist wie ein Möbelstück.« Der Vergleich war für den Fall korrekt, dass das Möbelstück 30 Jahre im Regen gestanden hat und von Beginn an nicht sehr komfortabel war. Die junge Stimme sagt mir, dass sie zu Henry Heap gehört, und vereinbart mit mir eine Besichtigung des Bootes für den übernächsten Tag. Ich gehe also los, um es zu reinigen.

Ich rudere hinaus zum Kahn an der Mooring, klettere an seiner Seite hoch und ins Cockpit. Die Pumpe legt es in drei Zügen trocken. Es ist so ziemlich das, was man von einem der frühen, fast drei Zentimeter dicken Kunststoffrümpfe erwarten würde. Der Motor startet beim zweiten Versuch und spuckt Kühlwasser aus, das einen Hauch von Öl auf dem Wasser hinterlässt. Wenn du kein Öl in Perkins Kühlwasser findest, wäre das ein Zeichen dafür, dass auch keins im Motor ist.

Ich hole den Eimer und die Bürste und beginne mit dem Möwendreck, von dem alle horizontalen Oberflächen übersät sind. Und während ich mich auf dem blassblauen rutschfesten Deck vorwärtsarbeite, mache ich mir meine Vorstellung von den Ereignissen, die zum Ableben von Johnny Bonny geführt haben.

Johnny hatte ein Boot von einem Mitspieler gestohlen und an

Klein Georgie verkauft. Der ursprüngliche Eigner hatte es zurückgestohlen. Als es Drummie verlassen hatte, war es leer gewesen. Nachdem wir es wieder in unseren Besitz genommen hatten, hatte es schwarzen Fisch in Greenreap-Kisten an Bord – zur Auslieferung an den Repräsentanten von Greelys Restaurants in Swansea. Und außerdem die Leiche von Johnny Bonneville-Clark mit einer Kugel im Kopf.

Ich hacke auf dem letzten hartnäckigen Fleck Möwendreck herum. Vieles an der ganzen Geschichte ist sehr schwer zu verstehen: beispielsweise der Zufall, dass der Fisch auf der GLEANER für den Freund meiner Ex-Frau bestimmt war. Aber (sagt das Phantom von Sergeant Moulton, mein Ausbilder an der Polizeischule) du musst priorisieren, Gavin. Du musst an einer Ecke anfangen und rausfinden, was zur Hölle passiert ist. Dazu musst du dich zuerst für eine Ecke entscheiden.

Ich widme dem Deck einen letzten Schwall Meerwasser und ziehe die Segel hoch, um nach Schimmel und Vogelnestern zu schauen. Dann mache ich das Boot von der Boje los, lege den Gang ein und fahre es unter Motor zum Ponton, sodass Henry Heap es nicht aus der Entfernung und damit auch alle seine Dellen und Kratzer sehen würde. Ich plane, die LADY direkt vom Ponton zu verkaufen. Falls das ambitioniert klingt: ist es nicht. Sie würden erstaunt sein, mit welcher Lässigkeit diese Zocker im Yachtgeschäft 25 Tausender hinblättern. Was die Summe ist, die Kapitän Maxwell im Sinn hat. Aber Kapitän Maxwell hat so seine Fantasien.

Als die LADY im bestmöglichen Zustand festgemacht ist, gehe ich zurück zum Schlepper, schalte den Computer ein und beginne Greenreap zu überprüfen.

Die Website des Unternehmens ist charmant gestaltet, zeigt glückliche und symmetrisch um ein Logo arrangierte Lachse. Das Logo kombiniert die Vornehmheit von Harrods mit dem rustikalen Charme von Balmoral. »Nachhaltiger Fisch für ein neues Zeitalter«, steht dort geschrieben.

»Greenreap versorgt die Welt des Einzelhandels und der Restaurants mit Bio-Lachs. Bei den meisten Zuchtfischen handelt es sich um das Dreifache ihres Eigengewichts, erzeugt durch Fütterung mit Sandaalen und anderen industriell hergestellten Rohstoffen. Greenreap dagegen setzt nur ein Minimum von aus Fisch gewonnenen Futtermitteln ein, dafür ein Maximum an pflanzlichen Mitteln. Unser Fisch ist hochwertig bei gleichzeitig minimaler Belastung. Er wird auf unseren Farmen in wunderschönen Gegenden Großbritanniens produziert, wo die von uns angebotenen Jobs der weniger begünstigten Bevölkerung echte Vorteile bringen. Greenreap – und alle gewinnen.«

Ein üblicher Fischzuchtbetrieb also. Mit leichter Grünfärbung. Der illegale schwarze Kabeljau ist nicht erwähnt.

Auf einer anderen Seite ist die Karte der Westküste Schottlands mit einigen grünen Klecksen für die Standorte der Fischfarmen abgebildet. Der südlichste von ihnen befindet sich inmitten einer Felsgruppierung im Norden von Islay.

Es wird Zeit, etwas tiefer zu graben. Ich ziehe das Telefon zu mir heran und wähle.

»Hallo?«, sagt eine Stimme.

»Gavin«, sage ich, »Chance.«

»Aha«, sagt die Stimme jetzt wachsamer. Edwin Bentley arbeitet in der Fischzuchtabteilung an der Universität von Bristol. Netter Typ, riesengroß, sehr freundlich zu Kindern und Tieren, zu Recht argwöhnisch gegenüber Yachtmaklern.

Ich sage: »Was wissen Sie über Greenreap?«

»Fischzüchter«, sagt er, »warum?«

Ich sage: »Sie behaupten, dass sie bio oder vegan oder so etwas sind.«

»Daran zweifle ich. Man kann Lachs mit nichts außer Fisch füttern. Wenn du sie mit Schweinefutter fütterst, dann schmecken sie auch wie Schweinefutter. Das würde den Käufern nicht gefallen.«

»Und Kabeljau beispielsweise kann man nicht züchten?«

»Noch nicht. Warum fragen Sie?«

»Sie wollen ein Boot kaufen«, sage ich improvisierend.

»Hmh.« Sein Interesse sinkt. Wir setzen die Unterhaltung etwas unbeholfen für eine weitere Minute fort, bevor wir uns verabschieden. Ich sitze da und denke: »Wenn es ein Fischzuchtunternehmen ist, würde ich dann meine Gewinnspanne durch das Waschen von schwarzem Fisch erhöhen?« Das erscheint mir etwas drastisch.

Himmel, bin ich müde. Jedes Mal, wenn ich meine Augen schließe, drifte ich weg. Und jedes Mal, wenn ich wegdrifte, sehe ich diese gelierten Halbmonde in Johnnys kollabiertem Gesicht.

Whisky könnte helfen.

Aber ich habe das Whiskytrinken aufgegeben.

Doch das hier ist ein Notfall.

Im Schrank ist noch eine Flasche. Ich öffne die Tür und schaue sie an. Ein Teacher's, halb voll, mit klebrigem Staub auf seinen Schultern. Ich strecke meine Hand aus, nehme die Flasche hoch und kippe etwas in ein Glas. Dazu gebe ich etwas Wasser und spüle es durch die Luke runter. Ich spüre, wie sich das wohlig-feurige Gefühl in meiner Kehle ausbreitet. Einer aber reicht nicht ganz. Also nehme ich einen weiteren mit zum Sofa. Als ich jetzt meine Augen schließe, ist da nur noch eine tiefe tröstliche Röte. Besser. Natürlich gibt es dabei einiges, das weniger gut ist. Whisky ist nicht gut, und die Tatsache, dass ich nicht an Leichen denke, bedeutet nicht, dass es keine gibt. Aber immerhin sind da keine Augen mehr. Keine Augen sind gut. Ich trinke noch etwas mehr Whisky.

Ich gehe schlafen. Es ist ein tiefer Schlaf, der mit Erschöpfung beginnt und von Whisky verstärkt wird. Einige Zeit später finde ich mich dabei wieder, wie ich mit geröteten heißen Augäpfeln in die Dunkelheit starre und dem Puls lausche, der in meinem Kopf schlägt.

Ich weiß, was jetzt zu tun ist. Die übliche Praxis. Eine Handvoll Aspirin und ein Glas Wasser. Dann zu Bett und auf Schlaf hoffen.

Eine Bewegung. Irgendwo in der Dunkelheit, eine Bewegung. Der Schlepper ist dieser Tage ein Hausboot. Aber er schwimmt und ist keiner dieser üblichen neuen gigantischen Schlepper. Er ist klein, jedoch groß genug, um auch auf See gehen zu können. Bei Ebbe und Flut muss man die Festmacher regelmäßig nachjustieren. Ich habe die Art und Weise seiner Bewegungen inzwischen verstanden. In diesem Moment kann ich beispielsweise sagen, dass das Wasser gerade zur Hälfte aufgelaufen ist.

Und dass jemand das Boot betreten hat.

7

Mein Herz setzt beinahe aus. Ich atme einmal tief ein und halte die Luft an. Ich kenne niemanden, der den Schlepper betreten würde, ohne vorher zu rufen. Um genau zu sein, niemanden, von dem ich mir vorstellen kann, dass ich ihn sehen will. Ich rolle mich vom Sofa auf den Teppich. Meine Gedanken rasen. Mein Schädel hämmert, mein Mund ist trocken. Wenn das die Johnny-Typen sind, dann sind sie gut. Sie würden die Ausgänge bewachen. Dann würden sie den Mann mit der Kaliber-.22-Zielpistole schicken, um das zu tun, was er schon einmal getan hatte. Ich bin schon auf dem Weg, den Niedergang hinunter, barfuß, auf Händen und Knien. Der Adrenalinpegel fegt den Whisky fort. Ich krieche durch den schmalen Gang zwischen den Kabinen. Hinter mir bricht Glas. Jemand keucht, und es gelingt mir, dieses Keuchen in einen Mann von der Statur einer Familienlimousine zu übersetzen. Das Geräusch könnte das letzte gewesen sein, das Johnny gehört hat, bevor die Kugel in seinem Kopf eingeschlagen war.

Die Tür. Ich habe die Tür am achteren Ende des Ganges erreicht. Der Schlepper ist mit dem Bug in Richtung Binnenland festgemacht. Ich drücke den großen Stahlgriff nach oben – zum Glück habe ich ihn erst letzte Woche geölt. In Achnabuie muss man die Dinge ölen, oder sie zerbröseln zu rotem Staub. Gesegnet sei Achnabuie. Die Tür schwingt auf: eine wasserdichte Tür, die in den Kriechraum unter dem Schleppdeck führt, wo die Propellerwellen rotieren. Es ist dunkel hier, dunkel wie im Inneren einer Kuh, glitschig von Schmiere und Öl, ein stinkender ranziger Teil der Bilge. Ich ziehe die Tür zu. Zu heftig. Bäng. Ein Schrei auf der anderen Seite.

Ich drücke mich mit meinen schmierigen Fingern an der Luke vorbei, um mich an der Propellerwelle hinabgleiten zu lassen. Gerade mit genügend Reibung am öligen Metall, um dahin zu rutschen, wo ich hinmuss.

Dann befinde ich mich am achtersten Ende. Dem Platz, wo ich eine der Winschen rausgenommen hatte. Nicht, um sie zu warten, sondern um sie zu verkaufen. Das Loch hatte ich gestopft, um zu verhindern, dass es reinregnet. Jetzt schiebe ich das Dichtungsmittel, Heu in einem Beutel für Düngemittel, beiseite und mich durch das Loch und bäuchlings auf das Schleppdeck. Unter mir höre ich ein Hämmern. Ich stopfe den Düngemittelbeutel wieder in das Loch und lasse mich ganz leise übers Heck nach unten gleiten. Das Wasser ist stechend kalt. Ich beiße die Zähne zusammen und versuche nicht wie ein Seehund zu schnaufen, während das eiskalte Nass meine Brust erreicht. Ich lasse mich fast bis auf den Grund sinken und mit der Flut forttreiben. Der Schlepper schrumpft. Auf dem Boot sind dunkle Umrisse von Leuten auf dem Deck zu erkennen. Schnell tauche ich wieder ab.

Vor mir erkenne ich, was ich brauche: den Ponton und die Silhouette der LORNE LADY, deren Schattenbild sich dunkel gegen den bewölkten Himmel abzeichnet. Gesegnet sei ihr fettes altes Herz. Ich drifte mit der Flut auf sie zu, schwimme unter dem Ponton hindurch, halte für eine unfassbar lange Zeit die Luft an und sehe den blassen Rumpf im Wasser. Ich tauche auf der nicht einsehbaren Seite auf. Übers Wasser dringen Worte einer Unterhaltung zu mir herüber, während ich nach einer Klampe greife und mich auf die beschissenen Decksbretter ziehe. Ich behalte den Kopf unten, während ich zuerst die Knoten am Bug löse, der stromabwärts zeigt. Dann mache ich das Heck los. Ich klettere ins Cockpit, während die Ketsch sanft vom Ponton ablegt und den Hafen mit der Strömung verlässt. Wir driften weiter in Richtung Dogleg, dessen bewaldete Spitze die Enge namens Caol Ban kennzeichnet. Ich liege auf dem Cockpitboden außer Sicht und schaue hoch zu den Sternen, die natürlich dick in Wolken eingepackt sind.

Dort oben beginnt ein rötlicher Schimmer zu tanzen, den ich mir nicht erklären kann. Dann drehen sich die Masten unter dem bewölkten Himmel. Schon runden wir im wirbelnden Tidengewässer die Ecke, und ich weiß, dass der Rumpf des Bootes nun von Land aus nicht mehr in Sicht ist. Also stehe ich auf und schaue zurück. Ich sehe, dass der rote Schein am Himmel von Flammen verursacht wird. Vielen Flammen, die aus einer bösen orangfarbenen Glut emporspringen. Das Zentrum der Glut ist mein Schlepper.

Ich nehme meinen Kopf in beide Hände, um ihn vor der Explosion zu bewahren. Ich bin ohne Zuhause, ohne Job und bis auf ein paar Cents und eine nasse Kreditkarte auch ohne Geld. Dazu habe ich noch ein ausgiebig mariniertes Mobiltelefon. Darüber hinaus sieht es so aus, als würde mich jemand ermorden wollen. Kein tröstliches Gefühl. Tatsächlich ist es extrem nervig.

»Also gut«, denke ich. »Wir werden das als Botschaft Gottes verstehen. Ich werde Loch Mor ansteuern, die Praktiken von Greenreap unter die Lupe nehmen und mir die Details ihrer Beziehungen zu Mördern und Tony Greely beschaffen. Und dann werde ich diese Bastarde zerstören.«

Sie werden verstehen, dass es sich hierbei nicht um natürlichen Mut handelt. Es ist nur so, dass mir eine Sache sehr klar ist: Wenn ich sie nicht töte, werden sie mich töten. Und natürlich spielt der Whisky eine gewisse Rolle.

Heimlich setze ich einen kleinen Teil des Vorsegels. Die leichte Brise weht aus südlicher Richtung. Ich kann fühlen, wie sie in die Genua drückt, wie sich das Deck unter meinen Füßen neigt, wie mehr Druck auf dem Steuer in meinen Händen liegt, während das Wasser über das Ruder fließt. Das Heckwasser beginnt zu gurgeln. Jupiter scheint groß und gelb durch ein Loch in den Wolken. Die dunklen Schatten der Küste verlieren sich achtern. Wir gleiten in die große dunkle Glätte des Jura-Sunds. Der Sker Vuile blitzt uns von jenseits des Steuerbordbugs an.

Irgendwo über dem Wasser erheben sich die drei Berge der Paps of Jura in den Himmel. Irgendwo im Nordwesten hinter dem Leuchtturm tosen die Gezeiten in den Whirlpools des Golfs von Corryvreckan. Doch hier draußen segle ich die LORNE LADY in ruhiger schwarzer See, begleitet vom Echo des Whiskys in meinen Gedanken. Für den Augenblick ist diese Nacht von Frieden erfüllt.

Wie der Frieden, der sich kurz vor dem Aufprall einstellt, wenn du aus einem Fenster im 17. Stockwerk gesprungen bist. Kein wirklich friedlicher Frieden. Aber besser, als bei lebendigem Leib verbrannt zu werden oder eine Kugel vom Kaliber .22 in den Hinterkopf zu bekommen.

Es ist einiges zu erledigen.

Weiter geht es mit dem Autopiloten. Runter in die Kabine. Zeit für eine Inventur. Die Taschen – leer. In die Kombüse, die SIM-Karte mit Süßwasser abspülen und über dem Herd trocknen. Runter zur modrigen Bilge, drei Dosen von Kapitän Maxwells gebackenen Bohnen. Eine Dose von Kapitän Maxwells Bier der Marke Theakston. Zwei Dosen Sardinen. Eine halbe Handvoll Teebeutel. Ein Spind voller leicht angeschimmelter Decken. Genügend Treibstoff. Etwas Wasser.

Als ich wieder ins Cockpit komme, reihen sich voraus die Lichter von Craighouse am Horizont entlang. Hinter uns hellt sich der Himmel auf, während ich die Ansteuerungstonne des Hafens passiere, die Genua einrolle und mein Lasso auf eine der Mooringbojen zu Füßen der Brennerei werfe. Und plötzlich hat sich alles Adrenalin verflüchtigt. Es ist jetzt 5 Uhr morgens. Ich bin fast die ganze Nacht wach gewesen und habe meine Klamotten auf dem Leib trockengetragen, während ich vor jemandem flüchtete, der mir eine Kugel in den Hinterkopf jagen wollte.

Ich bin kaputt.

Also gehe ich runter, rolle mich in ein paar Decken und schließe als Gavin Chance, der Flüchtling, die Augen – um später als Fahrtensegler Gavin Chance wieder aufzuwachen.

Der Wecker klingelt um 8 Uhr. Ich stolpere in die Kombüse und mache einen Tee, natürlich ohne Milch. Es ist etwa 9 Uhr, als ich mein proteinreiches Frühstück mit Bohnen und Sardinen beendet habe. Also lege ich das Boot an den Betonkai, ziehe mir meine Kapuze tief ins Gesicht und laufe rüber zu den Geschäften von Jura, wo ich ein paar Tüten voll mit Lebensmitteln erstehe. Der Whisky im Regal schreit mich geradezu an, dass er doch in der vergangenen Nacht ganz sicher mein Leben gerettet hat. Ich ignoriere ihn in geübter Weise, bezahle mit der inzwischen getrockneten, aber ihrem Limit gefährlich nahen Kreditkarte und kehre zum Boot zurück.

Der Morgen ist auf charmante Art malerisch. Hinter der Häuserreihe ragen die roségoldenen Berge der Insel Jura in einen Himmel, dessen reines Blau nur einige hochstehende Zirruswolken zieren. Das Barometer fällt. Ich schüttle meinen Kopf in der Manier von Fahrtenseglern und falte ostentativ die Seekarten von Loch Linnhe auf, damit möglicherweise interessierte Personen sehen können, dass ich Kurs auf Fort William nehmen werde. Dann verstaue ich die Lebensmittel und stöbere in den Schapps, um zu sehen, was an Ausrüstung da ist.

Es gibt eine Angel, ein geflicktes aufblasbares Beiboot und ein Paar klappbarer Ruder. Das sieht nach der soliden Ausrüstung an Bord der GLEANER alles ein bisschen dünn aus. Aber es ist besser als nichts. Etwa auf halber Höhe der Flut schmeiße ich die Mooringleine los. Ein kleines rotes Fischerboot tuckert durch den Hafen in unsere Richtung. Es scheint zu beschleunigen, als es mich sieht. Aus dem Steuerhaus streckt sich ein Arm, der mir zuwinkt. Ich kenne das Boot. Und den Arm. Ich ziehe meine Kapuze hoch, setze mich auf den Kajütaufbau und warte. Das Fischerboot schmeißt seine Fender raus und positioniert sich sauber längsseits. Maureens roter

Schopf schaut aus dem Steuerhaus heraus. Sie wirft mir eine Vorleine rüber. »Guten Morgen«, ruft sie.

»Komm an Bord«, sage ich. »Nach unten.« Ich habe eine Sterbensangst davor, erkannt zu werden, und Maureens Boot zählt zu den bekannteren im Sund-Revier.

Wir gehen runter. Maureen sitzt auf einem von Kapitän Maxwells taupefarbenen Samtstühlen, sieht mich an und sagt: »Geht's dir gut?« Dann bricht sie in Tränen aus.

Ich gehe zu ihr und setze mich neben sie. Sie nimmt meine Hand in ihre beiden, legt ihren Kopf auf meine Schulter und schluchzt: »Ich hab mir solche Sorgen gemacht.«

»Ich auch«, sage ich und fühle mich unbeholfen.

»Ich dachte, dass du tot bist«, sagt sie.

»Bin ich nicht.«

Sie schnieft. Ich gebe ihr eins von Kapitän Maxwells Geschirrhandtüchern. »Sie kamen letzte Nacht. Sie erzählten mir, dass dein Boot verbrannt ist.«

»Wer kam?«

»Die Polizei.«

»Sehr aufmerksam«, sage ich, »da muss ich den Service loben. Was also hast du ihnen erzählt?«

Maureen schnaubt ins Küchenhandtuch. »Ich habe ihnen gesagt, dass du vielleicht den Gashahn offen gelassen hast«, sagt sie, »ich habe ihnen erzählt, dass du nicht gerade ein sehr ordentlicher Mensch warst. Dann habe ich mich im Hafen umgeschaut und gesehen, dass die LADY weg war. Dann habe ich die Läden abtelefoniert, und die haben mir gesagt, dass sie hier ist.« Sie runzelt die Stirn. »Du weißt schon, dass morgen jemand kommt, um sie zu besichtigen?« In der Tat«, sage ich, »kannst du ihnen absagen?«

»Klar.« Ihre Stirn bleibt gekräuselt. Die hübschen grünen Augen haben einen besorgten Blick. »Wirst du mir jetzt endlich erzählen, was hier eigentlich los ist.«

»Nein«, sage ich.

»Ja, gut.« Sie sitzt da und sieht traurig aus.

»Hast du irgendjemandem davon erzählt, dass ich mit dem Boot abgehauen bin?«

Ihre Augen flackern wieder. »Natürlich nicht«, sagt sie. »Ich habe dem Polizisten gesagt, dass ich nicht einmal wüsste, ob du da gewesen bist. Ich habe ihm nicht gesagt, dass dieser walisische Smith-Typ gestern zur Teezeit angerufen und nachgefragt hat, ob du in Achnabuie bist. Ich sagte, dass du nicht …«

»Scheiße.«

»Ja. Und ich habe der Polizei auch nicht gesagt, dass die LADY im Hafen fehlt, obwohl sie am Tag davor da gewesen ist und es Kapitän Maxwell ja nicht sehr gut geht, er selbst also wohl kaum mit ihr unterwegs sein kann. Also werden sie nun denken, dass du entweder nicht da warst oder bis auf die Knochen im Feuer verbrannt bist.«

»Scheiße«, sage ich wieder.

»Ich hasse das Wort. Also habe ich versucht, dich anzurufen, aber da war nur der Anrufbeantworter …«

»Klatschnass«, sage ich.

»Genau. Also dachte ich, er wird ein Telefon brauchen. Also habe ich eins mitgebracht. Und wohin fährst du jetzt?«

»Oh, nicht weit«, sage ich.

»Gavin Chance, du wirst eines Tages vielleicht feststellen, dass du so nicht weitermachen kannst«, sagt sie. »Du hinterlässt eine Schneise der Verwüstung.«

Ich nicke. Die Unterhaltung schlägt einen bekannten Kurs ein. Aber ich kann den Augen nicht ausweichen, die inzwischen eine Temperatur angenommen haben, die für Schweißarbeiten ausreichen würde. Sie sagt: »Wann wirst du lernen, dass sich Menschen um dich sorgen?«

Ich öffne meinen Mund, um zu antworten, aber mir fällt nichts ein, das ich sagen könnte.

»Also«, sagt sie und wühlt in ihrer Tasche. »Telefon und Ladegerät. Und ein Kuchen.«

»Ein Kuchen?«

»Du wirst einen Kuchen brauchen.« Ihre Augen füllen sich wieder mit Tränen. Wir testen die SIM-Karte im Telefon. Das funktioniert. Sie tupft sich die Augen und lächelt angespannt. »Bitte verletz dich nicht. Was sollten wir ohne dich machen?«

»Friedliches Leben, glückliches Leben frei von Schulden und Angst«, denke ich. Doch bevor ich etwas sagen kann, hat sie die Kajüte und das Boot schon verlassen. Als ich an Deck komme, ist sie schon fort. Ein Bündel Ölzeug und ein paar Fleeceteile liegen dort, wo sie sie auf den Cockpitboden geworfen hat. Ich winke ihr. Sie winkt nicht zurück.

Also schmeiße ich die Mooringleine los und fühle mich inmitten dieses Shitstorms seltsam glücklich. Ich war aus heiterem Himmel über Maureen gestolpert, und nun ist sie zur Freundin geworden.

Ich verlasse den Hafen, fahre an der Reihe kleiner Inseln vorbei, drehe das Steuer in meinen Händen, bis die Peilung des Vorstags in Richtung Osten von Islay steht. Zuerst benutze ich den Motor. Aber ich soll ja ein Fahrtensegler sein, und der Wind kommt immer noch aus Südsüdwest. Also ziehe ich das Großsegel hoch und nehme es ordentlich dicht. Auf der Steuerbordseite öffnet sich der Eingang zum Islay-Sund . Ein breiter Streifen dunklen Wassers, der sich zu einem schmalen Viertelmeilenband verengt, das Jura und Islay voneinander trennt. Die Flut läuft auf und schiebt das Boot in den Trichter. Ich rolle die Genua aus. Das Segel kommt mit einem Schlag aus der Rollvorrichtung. Die LORNE LADY steckt ihre starke Schulter ins Meer und setzt ihre Fahrt mit kraftvollem, aber plumpem Drang fort.

Die Tonne von Black Rock gleitet mit ihrem gurgelnden Tidentrog im Schlepptau an uns vorbei. Die Flut wäscht uns weiter nordwärts. Der Wind brist von achtern auf. Ich trimme Großsegel und Vorsegel so, dass wir nach Informationen des antiken grauen GPS-Bildschirms 10 Knoten Fahrt über Grund machen.

Der Himmel hat sich wieder bewölkt. Schmutziger Nieselregen zieht die Fahrrinne des Islay-Sunds hoch und löscht die Hügel von Kintyre aus.

Ich klettere in das Ölzeug, das Maureen gebracht hat.

Als ich gut verpackt bin, signalisiert mir mein Telefon eine Nachricht. Ich grabe es aus den unteren Schichten aus. Der Bildschirm sagt CHECKE DEN ANRUFBEANTWORTER. MO. Der Anrufbeantworter befindet sich irgendwo in der Zentrale und war vom Schlepperfeuer nicht in Mitleidenschaft gezogen worden. Ich wähle mich ein und drücke die Geheimkombination. Ich habe eine neue Nachricht. *Nur für den Fall, dass du am Leben bist*, sagt eine monotone irische Stimme, *gewöhn dich nicht daran. Es wird nicht lange so bleiben.*

Ich stecke das Telefon mit zitternder Hand zurück in die Tasche. Der Tag hat sein Licht verloren. Mir ist kalt und dumm und ängstlich zumute. Die Flut trägt uns an der Brennerei von Bunnahabhain vorbei. Als die Ufer des Sunds sich weiten, weht der Wind stumpf und löchrig. Böen kommen dazu. Bald schon fällt der Regen gleichmäßig vom grimmigen dunklen Himmel.

Da sind Fischerboote auf dem Meer vor uns, die ihre Schleppnetze für den Fall über die Tarbert Bank ziehen, das da noch irgendetwas am Leben sein sollte. Loch Mor und die Greenreap-Fischzucht befinden sich gleich um die Ecke im Südwesten. Oder auch links. Doch ich bin ein Fahrtensegler, der eine späte Pause in der Ferienregion der Highlands einlegt. Habe nichts zu tun mit den Fischzuchten. Also nehme ich das Steuer in die Hand und biege nach steuerbord ab, folge der Jura-Küstenrunde, verlasse bald das große weite Meer und nehme Kurs auf das dunkle Interieur von West Loch Tarbert, einem langen und schmalen See an der Westseite der Halbinsel Kintyre.

Loch Tarbert ist ein Labyrinth aus Pools und Kanälen, das Jura etwa in zwei Hälften teilt. Ich schleiche mich, einer Reihe Felsen ausweichend, an seiner Südküste entlang, bis ich eine Bucht finde, die mir Windschutz bietet. Hier gehe ich vor Anker. Als ich den Motor ausmache, überflutet mich die Stille: eine enorme, tiefe und einsame Stille, die sich aus den Bergen ergießt und sich bei den Inselchen der Loch-Mündung mit dem Brausen des Meeres vereint. Es gibt hier Höhlen, in denen die alten Schotten ihre Toten auf dem Weg zur Bestattung auf den heiligen Inseln Oronsay und Iona geparkt haben. Und es gibt eine Mulde in meinem Kopf, in welcher der arme und verdammt tote Johnny liegt. Und eine Grube in meinem Magen, weil ich heute Nacht losziehen und eine Kommandoaktion durchführen werde. Früher habe ich solche Sachen genossen. Heute nicht mehr.

Ich schiebe es so lange wie möglich auf. Am Ende aber bin ich es doch leid, das Jahrbuch aus dem Vorjahr zu studieren, und hole die Seekarten raus, von denen der Kapitän praktisch eine enzyklopädische Sammlung besitzt. Ich studiere Loch Mor und seine Umgebung. Als ich den Eingang zum Loch klar vor Augen habe, lehne ich mich auf dem Sofa zurück. Ein echter Kommandotrupp hätte zweifellos noch einige Liegestütze absolviert, energiespendende Nahrung zu sich genommen und sich mental aufs Blutvergießen vorbereitet. Meine eigenen Vorbereitungen beschränken sich auf den Wunsch, dass Whisky an Bord wär und eine Art widerwillige Freude darüber, dass es keinen gibt, weil ich das Gefühl habe, dass eiskalte Nüchternheit unerlässlich sein wird. Ich habe schon eine von einem Mordversuch unterbrochene Nacht hinter mir. Und einen Tag mit einem sehr schlimmen Anruf. Solche Sachen können einen umbringen. Also nicke ich weg.

Als ich aufwache, verblasst das Tageslicht schon, und die Tide ist bereits gekippt. Ich bereite mir einen reichhaltigen Snack mit Speck, Eiern und Bohnen und versuche einen Wetterbericht zu bekommen, doch es gibt keinen UKW-Empfang. Also ziehe ich mir so viele Klamotten an, wie ich habe, gehe an Deck, blase das Schlauchboot auf und binde es an den Griffen auf dem Kajütdach an. Dann starte ich den Motor, lasse die Ankerwinde den Anker hochholen und verlasse den Loch. Ich zähle Felsen und gehe auf den Kurs, von dem ich hoffe, dass er mich sauber an den Landzungen vorbeiführt.

Es ist jetzt richtig dunkel. Hinter der Loch-Mündung ist die Welt schwarz wie ein Keller. Der Bug hebt sich und fällt dann wieder krachend in die See. Gischt kommt sowohl von Backbord wie auch von Steuerbord übers Deck. Ich bemerke, dass schwere See herrscht und ich eine Melodie pfeife. Schnell höre ich damit auf. Pfeifen bringt mehr Wind. Und davon haben wir ja schon reichlich.

Das GPS ist ein trübes graues Rechteck. Ich wünsche mir einen modernen Kartenplotter. Denn wünschen kann man sich ja alles. Aber ich checke auch weiterhin meine Position zum Leuchtturm auf der Islay-Seite des nördlichen Eingangs zum Sund und gleiche sie mit GPS-Längen- und -Breitengrad ab, während ich den Kurs auf den Wegpunkt beibehalte, den ich vor dem Eingang von Loch Mor gesetzt habe.

Der Wind hat südlich gedreht und zugenommen. Es ist auf dem ganzen Weg zur Loch-Mündung schlimm, weil die Ebbe schon eingesetzt hat und der trichternde Wind darüber bläst. Er lässt die Wellen wachsen und drückt sie so zusammen, dass die LADY sich darin auf fürchterliche Weise wie ein Korken auf und ab bewegt und ihre Püttinge in jedes Wellental bohrt.

Nach etwa fünf Seemeilen beginnt der Wind zu flattern, als würde er von den Hügeln gekämmt. Die Bewegungen der LADY sind jetzt weniger heftig. Das sollte eigentlich tröstlich sein. Aber ich weiß, dass es die Inseln sind, die rund um die Mündung von Loch Mor Schutz gewähren. Also ist es schwer, echte Fröhlichkeit zu empfinden.

Das GPS piept. Ich bin dem Wegpunkt bis auf eine Meile nahe gekommen. Das Land ist ein dunkler Klumpen auf der Backbordseite. Seewärts vermittelt die Nacht ein Gefühl der Leere. Während meiner Beobachtungen muss eine Bö durchgegangen sein, denn ich sehe rubinrotes Licht. Und ein bisschen Smaragdgrün: die Schleppnetzfischer, die immer noch über die Bänke stampfen, während hinter ihnen der gelbe Schein der Lichter des Piers von Colonsay zu sehen ist.

Doch ich genieße den seewärtigen Blick nicht. Ich schaue nach vorn. Blasse Streifen kommen und gehen auf der Backbordseite. Das müssen die an den Untiefen von Loch Mor brechenden Wellen sein.

Ich schlucke ein wenig und hoffe, dass ich die Wegpunkte korrekt gesetzt habe.

Die Tide trägt mich nach Süden. Ich korrigiere und habe meinen Wegpunkt wieder voraus, der auf der Karte als blitzendes rotes Licht verzeichnet ist. Da sind einige verstreute Felsen an Backbord, Riffe, die vom Loch-Eingang ins Meer ragen wie die Zangen einer Krabbe, und ein Fahrwasser mittendurch. Der erste Wegpunkt befindet sich deutlich seewärts von allen Gefahren. Der nächste aber liegt schon weit in der Mündung selbst. Und dann gibt es noch einen im Inneren des Lochs, eine Kabellänge entfernt von den gepunkteten Fischfarm-Symbolen.

Das See schlägt wieder zu, während ich mich dem Wegpunkt nähere. Ich steuere das Boot nach Backbord. Das Deck rollt heftig, als der Bug rumkommt. Ich spüre den Wind jetzt an meinem rechten Ohr. Er vermischt sich mit dem Stampfen und Brechen der Wellen in den Schären auf der Steuerbordseite. Das Deck beruhigt sich. Da sind Lichter jenseits der Wanten zu sehen, die im Wasser glitzern, das jetzt nur noch leicht gekräuselt ist. Gelbe Lichter; möglicherweise die Arbeitslichter der Fischfarmer. Ich nehme so lange Gas zurück, bis der Motor nur noch leise wummert.

Beim nächsten Wegpunkt biege ich mit 45° aus dem Fahrwasser ab und zeige dabei jedem meine Seite, der uns vielleicht gerade von der Fischzucht aus beobachtet.

Das Echolot signalisiert, dass sich der Grund aus der Tiefe erhebt. Wir haben bei fortschreitender Ebbe bereits fast die Hälfte des insgesamt etwas über drei Meter hohen Tidenhubs erreicht. Ich warte, bis das Echolot drei Meter über Grund anzeigt, drehe das Boot in den Wind, kupple den Motor aus und warte, bis das Boot achteraus driftet, bevor ich den Anker werfe.

Nun ist es wieder an der Zeit, den guten Fahrtensegler zu geben. Ich schalte die Ankerlichter ein und hole das Dingi vom Kajütdach, lasse es über die Seite ins Wasser und binde die Festmachleine an eine Relingstütze. Danach nehme ich das Fernglas des Kapitäns und richte es auf die Farm. Kapitän Maxwell war in Sachen Fernglas nicht knauserig gewesen. Es handelt sich um Monk Commanders, die über das Talent verfügen, alles nur vorhandene Licht aufzusaugen. Die Gläser zeigen eine ganz normale Fischzucht: einen runden Käfig aus Netzen, umgeben von einer Art Stegbühne mit Zaun, der kurz vor dem fernen Ufer des Lochs vor Anker lag. An der Küste befinden sich ein paar Hütten und etwas, das ein Kühlhaus darstellen könnte. Da ist ein Arbeitsboot an einer Mooringboje festgemacht. Und eine Mole, an der ein Trawler längsseits liegt. An Deck des Trawlers sind Lichter zu sehen und Männer, die sich bewegen. Ich sehe einen Ladebaum Kisten hochziehen.

In diesem Moment höre ich die quakende Stimme der Küstenwache von Oban über Funk. Südwestliche Winde der Stärke 7, nach Westen drehend und bald auf Sturmstärke 8 zunehmend, sagen sie. Regen. Schlechte Sicht. Sehr schlechte Sicht bei Regen.

»Gesegnet sei Schottland«, denke ich. Es ist der einzige Ort auf der Welt, wo man die Wetteraussichten gar nicht notieren muss. Eine Bö fegt über den Loch und löscht den Trawler am Steg und die Männer aus meinem Blickfeld. Was für eine hübsche Nacht für eine lange Ruderpartie. Aber es wäre ungleich schlechter auf glatter See und im Schein des Vollmondes.

Ich gehe runter und schalte die Kabinenlichter ein. Ich mache mir einen Tee ohne Whisky darin, esse ein wenig von Maureens Kuchen und warte.

Nach einer halben Stunde höre ich einen Außenborder. Der Motor wird gedrosselt. Etwas schlägt an meinen Rumpf. »Jemand da?«, sagt eine Stimme.

Ich ziehe die Kapuze meiner Jacke tief in mein Gesicht und gehe ins Cockpit. Der Strahl einer Taschenlampe trifft meine Augen. Ich antworte mit meiner. Ein rundgesichtiger Jugendlicher sitzt in dem Arbeitsboot aus Aluminium. »Hallooo«, sagt er, »wie geht's?«

»Ich bin auf dem Weg nach Colonsay«, sage ich, »aber als ich hörte, dass der Wind zunehmen wird, dachte ich, dass es besser ist, die Wetterentwicklung hier abzuwarten.«

»Alles klar«, sagt der Junge. Die weiße Scheibe seiner Taschenlampe wandert über das Boot. »Sie sind also auf einem Törn unterwegs, ja?«

»So ist es«, sage ich.

»Lieber Sie als ich«, sagt der Junge. »Die Jungs fragen sich, ob Sie Lust auf Fisch haben?« Er hält einen Lachs hoch: knapp drei Kilogramm schwer, von Kopf bis Schwanzflosse ein schmaler Zuchtfisch.

»Das ist sehr freundlich«, sage ich und wühle in meiner Tasche.

»Geht aufs Haus«, sagt er und wirft den Fisch ins Cockpit.

»Dann haben Sie eine gute Nacht. Es werden Boote ein- und auslaufen, aber Sie liegen hier nicht im Weg.« Und schon röhrt er davon, nachdem er den Fahrtensegler davon überzeugt hat, dass er ein ehrlicher und von der Gastfreundlichkeit der Highlands erfüllter Fischfarmer ist. Was wahrscheinlich auch der Fall ist.

Ich gehe wieder unter Deck und schneide ein Filetstück aus dem Fisch. Es hat den authentischen chemischen Geschmack von direkt aus dem Käfig geholtem Zuchtlachs. Ich esse es trotzdem. Die Uhr am Schott geht auf Mitternacht zu. Der Wind heult im Rigg, mit jeder Bö einen Halbton höher als zuvor. Das Arbeitsboot donnert durchs Fahrwasser zurück. Ich schalte die Kabinenlichter aus. Jeder Beobachter an der Küste würde denken, dass der Fahrtensegler nun schlafen gegangen ist, gesegnet sei sein närrisches Herz. Ich krieche raus ins Cockpit und richte das Fernglas vom Kapitän wieder auf die Fischfarm.

Der Trawler ist verschwunden. Nichts bewegt sich. Die Männer sind heimgegangen. Ganz normale Abläufe in einem Fischzuchtbetrieb.

Doch wenn die Fracht, die wir in Swansea angelandet hatten, von irgendeiner Bedeutung war, dann ist das hier keine normale Fischfarm.

Jetzt ist die Stunde null angebrochen. Ich habe ernsthafte Angst. Ich beginne mit mir selbst zu diskutieren. Es ist absolut möglich, dass die SIRIUS GLEANER nur zufällig in den Besitz der Greenreap-Kisten gekommen war. Fischboxen verbreiten sich in der Welt wie Gerüchte, werden an Kais abgegriffen und so lange von Hafen zu Hafen vermischt, bis es keine große Überraschung mehr darstellt, wenn eine Kiste aus Wladiwostok in Newlyn auftaucht.

»Halt die Klappe«, Chance, sage ich zu mir selbst. »Du versuchst doch nur, dich dieser kleinen Erkundung zu entziehen. Mach's einfach.«

Und schon kletterte ich über Bord und stecke die Ruder ins Dingi. Ich löse die Festmachleine und ziehe durch. Der Wind trägt mich davon. Die LADY wird zu einer verblassenden Linie, bis sie ganz verschwindet und nur noch das Ankerlicht in der Mastspitze zu sehen ist – wie ein einzelner goldener Stern am Himmel voller rasender Wolken. Als ich über die Schulter schaue, kommt schon der Kai auf mich zu. Ich bin ziemlich sicher, dass ich diesen Ort für mich allein habe.

Doch ziemlich sicher ist nicht das Gleiche wie todsicher. Ich war mit der Army bei Dunkelheit in felsigen Gegenden von Bosnien herumgeschlichen. Auch in Bournemouth, als ich dort noch Polizist war. Aber es hatte immer die Army oder die Polizei im Hintergrund gegeben, auf die man im Notfall hatte zurückgreifen können.

Nicht heute Nacht.

Der Kai kommt schnell. Ich rudere weiter bis dahin, wo er an einem unebenen Strand voller Felsbrocken endet. Hier binde ich das Dingi an einen Stein und klettere den Strand hoch.

Es ist dunkel. Obwohl sich meine Augen inzwischen daran gewöhnt haben, ist immer noch schwer zu erkennen, wo sich was befindet. Der Schein im Schuppenfenster ist verschwunden. Es gießt wie aus Kübeln. Der Regen kommt vom Wind angetrieben schräg. Ich finde den Kai. Soweit ich mich erinnere, führt seine Außenmauer zu einem der Schuppen. Der Regen prasselt auf mein Ölzeug, während ich mich vorwärtsbewege. Als ich den Schuppen sehe, kann ich schon fast meinen Arm ausstrecken und ihn berühren.

Es ist mehr eine Box als ein Haus, fensterlos, entstanden aus einer einfachen Überfälzung rauer Planken. Der Schuppen sieht aus wie ein Ort, an dem man Werkzeug aufbewahrt. Ich bewege mich seitlich weiter. Mein Fuß stößt an etwas, und ich falle auf den nassen Steinen auf mein Gesicht. Das Ding, über das ich gestolpert bin, ist weich, aber fest. Es hätte eine Leiche sein können. In Panik winde ich mich davon weg. Dann befehle ich mir selbst, den Mund zu halten, und leuchte das Ding mit dem Strahl der roten Taschenlampe an. WASSERSTOFFPEROXYD 50 % ANWENDUNG ZUR BEKÄMPFUNG VON SEELÄUSEN IM WASSER steht dort auf der großen Plastiktasche geschrieben. So weit, so legitim. Als ich endlich die Tür finde, ist der Bolzen nicht mit einem Vorhängeschloss gesichert. Das Licht der Taschenlampe zeigt Netze, Chemikalien, einige Ersatzstücke Winkeleisen. Ich schließe die Tür und bewege mich weiter, bin jetzt zuversichtlicher und lasse die Taschenlampe immer wieder einmal kurz aufblinken, um zu sehen, wo ich bin.

Um die Baracke mit den Fenstern mache ich einen größeren Bogen – nur für den Fall, dass sie einen Wachmann dagelassen haben, der bezüglich meiner vorbereiteten Ausrede, nämlich, dass ich rübergerudert bin, um mich bei allen für den Lachs zu bedanken, vielleicht skeptisch sein würde. Wie auch immer, ich war viel mehr an dem Kühlhaus interessiert: ein gedrungenes Metallgebäude, aus dessen Niederungen das Schnurren eines Generators und das Brummen eines Kühlaggregats zu hören sind. Sogar in

Wind und Regen riecht es nach Fisch. Frischer Fisch, gerade gefangen. Ich blinke mir den Weg um das Gebäude zur Tür, drücke die Klinke runter und lasse mich selbst ein.

Das Lager ist voll mit den schon bekannten grünen Kisten. In der Mitte steht ein ganzer Stapel von ihnen, ein weiterer lehnt an der Wand auf der rechten Seite. Ich spähe hinein. Ein gut zwei Kilogramm schwerer Lachs blickt zurück. Wie auch eine Gruppe seiner Freunde mit identischem Aussehen von Kopf bis Schwanz. Legitimer Fischfarmbestand. Ich lenke die rote Scheibe der Taschenlampe auf den Kistenstapel in der Mitte. Er ist größer als der andere Stapel. Viel größer. Ich steige auf eine Box, um von oben reinzuschauen.

Dieses Mal ist es kein Lachs, der mit entgegenblickt. Es ist ein Fisch von der Größe eines quadratischen Tennisschlägers mit zwei kleinen Augen in der Mitte des flachen Bereichs. Ein Rochen. Rochen sind in den meisten britischen Gewässern weitgehend ausgestorben. Nur idiotische und gewissenlose Kriminelle fischen noch nach ihnen.

Ich gehe die Kisten weiter durch. Da sind Kabeljau, Schellfisch und Wittlinge. Alle vermutlich außerhalb der Quote gefangen. Ich setze mich und denke in der Kälte und im Geruch des frischen Fisches darüber nach. Es gibt nur eine Erklärung: Die Boote entladen hier ihren Beifang. Wobei es um den Fisch geht, den sie aus Versehen fangen, wenn sie hinter etwas Legalem wie beispielsweise Krabben her sind. Dann kommt jemand und holt sie ab und verschifft sie an einen anderen Ort, um sie dort an Tony Greely oder seinesgleichen zu verkaufen.

An diesem Punkt verspüre ich einen unangenehmen Stich im Herzen. Fisch ist eine schnell verderbliche Ware. Jemand würde diese Ladung so schnell wie möglich auf den Markt bringen wollen. Was bedeuten würde, sie hier heute Nacht rauszuholen.

Ich bemerke, dass ich mich schon von den Kisten wegbewegt habe. Ich gehe zur Tür raus, schließe sie vorsichtig und leise, während der Regen auf meine Kapuze trommelt, und bewege mich so gut wie möglich auf die Stelle zu, wo ich das Dingi zurückgelassen habe. Was, wie sich herausstellt, keine besonders gute Idee ist. Weil ich mit einem Fuß gegen einen Felsen stoße und erneut hinfalle, wodurch ich mir selbst einen Schlag auf den Wangenknochen verpasse, der mich Sterne sehen und wimmern lässt, bis ich mir befehle, damit aufzuhören.

Ich rolle mich auf die Seite und beginne aufzustehen.

Dann wird die Welt gleißend weiß. Jemand hat die Lichter am Kai angeschaltet.

Ich liege da und lasse meine Augen sich anpassen.

Draußen im Hafen hinter den Lampen sehe ich das Hafenlicht und den weißen Dampf eines großen einkommenden Schiffes. Zum roten Licht gesellt sich ein grünes an seiner linken Seite. Das Boot nimmt Kurs auf den Kai. Es kommt längsseits. Aus einer der Hütten kommt ein Mann und zieht den Reißverschluss seiner Jacke zu. Ich höre ihn fluchen, als ihn der Regen trifft. Dann erreicht das Boot den Schein der Arbeitslichter. Unter seinem Heck brodelt das Wasser, und der Mann aus der Hütte nimmt die Achterleine entgegen.

Doch ich beobachte nicht den Mann aus der Unterkunft, ich versuche mich in den Boden einzugraben. Als das scheitert, weil sich der Boden als Granit erweist, bewege ich mich seitlich auf dem Bauch in den dunklen Schatten eines großen Felsbrockens, kann meine Augen dabei aber nicht vom Boot lassen.

Denn dieses Boot ist die SIRIUS GLEANER.

8

Ich liege mit dem Kopf an den Felsen gelehnt und mache mir eine Menge Sorgen. Mein Dingi habe ich an einen Felsen angebunden. Die Arbeitslichter werfen einen harten schwarzen Schatten über das Ufer, und niemand wird das Dingi entdecken, wenn man nicht gerade danach sucht. Es gibt in einer Nacht wie dieser bessere Dinge zu tun, als die schöne Landschaft zu genießen. Vielleicht also geht es gut. Was mir aber wirklich Sorgen macht, ist die GLEANER. Wenn dieses Boot schwarzen Fisch in seinen Kisten an Bord nimmt, dann könnte das bedeuten, dass die Milford-Crew wieder die Kontrolle übernommen hat. Für den Fall stellt sich die Frage, was sie mit Georgie und seinen Jungs gemacht haben.

Die Ladebäume beginnen sich zu bewegen. Ein Gabelstapler fährt aus einem der Schuppen in den Kühlraum und beginnt die Fischboxen zum Kai runterzubringen. Der Gabelstapler hebt sie in den glitzernden Regen, dann sinken sie hinab in den Laderaum. Einige Gestalten bewegen sich auf steife Weise hin und her, das gelbe Ölzeug glänzt im Licht. Es scheinen drei zu sein. Eine ist von enormer Statur, die beiden anderen einfach nur riesig. Ist Johnny noch im Laderaum? Oder haben sie ihn mit abgelaufenen Giftgasbehältern und nukleare Abfalltonnen in ein tiefes dunkles Loch im Nordkanal versenkt? Dazu würde er gut passen.

Ich sitze hinter meinem Felsen und beginne zu zittern, während der Wind und der Regen auf mich einprügeln. Ich habe keine Ahnung, wie lange das schon so geht. Es fühlt sich wie Stunden an, aber es sind wahrscheinlich etwa 20 Minuten. Endlich beendet der Gabelstapler sein Tun und rollt zurück in den Schuppen. Ich höre Schreie vom Kai, dann gehen die Lichter aus, und die GLEANER entschwindet in die Nacht.

Ich renne runter zum Dingi und zerre es in den beißenden Wind. Nach zehn Minuten harten Ruderns mit viel grünem Wasser über Deck bin ich zurück an Bord der LADY. Der Motor läuft schon, als ich an der ratternden Ankerwinde stehe und es mir egal ist, ob jemand zuschaut. Der Anker kommt hoch, und die LADY neigt sich um 30°, als eine Bö ihre blanken Bäume erfasst. Ich drücke den Gashebel nach vorn, schalte das GPS ein und nehme Kurs auf den Wegpunkt im Eingang des Lochs. Der Regen schlägt währenddessen weiter unablässig in mein Gesicht.

Sogar im Loch sind die Wellen steil und unangenehm. Ich will gar nicht darüber nachdenken, wie sie draußen auf der offenen See sein werden, doch ich finde es schnell heraus. Zu meiner Linken ein Brüllen und Donnern. Weiße Gischt springt sechs Meter hoch in die Luft, weht mit schwerem Wind über das Cockpit und läuft über die Lenzventile ab. Der nächste Windangriff erfolgt übers Heck. Der nächste trifft uns ungeschützt von Felsen und Schären. Die Steuerbordreling der LADY taucht ins Wasser, bevor sie sich auf die andere Seite legt. Ich falle hart ab, sodass der Bug rumkommt und in einen Trog eintaucht. Das hintere Ende der Yacht erhebt sich hoch über meinen Kopf, und ich bin sicher, Hölle und Verdammnis, das Ding wird auf den Grund der tiefen schwarzen See sinken.

Doch die Welle rollt unter uns durch, der Bug kommt wieder hoch, und das Heck senkt sich. Für einen Moment nimmt der Wind ab. Als wäre er angesichts der nächsten Welle verdutzt. Dann hebt sich das Heck erneut, und ich fühle, wie sich das Boot seitwärts bewegt. Ich steuere gegen. In Zeiten wie diesen bedeutet ein Sonnenschuss die größte Gefahr. Falls Sie das noch nie erlebt haben: Es bedeutet, dass man seitlich zur Welle gerät, sodass sie über das

Boot rollt, ihm die Masten ausreißt und weitere wenig wünschenswerte Aktionen auslösen kann. Ich fiere die Vorsegelleine für die Rolleinrichtung ein wenig auf, dann gebe ich ihr einen Ruck. Der Lumpen von Segel entfaltet sich mit einem Knall. Es klingt wie das Runterfallen einer Gitarre. Als wir das nächste Mal von einer Welle hochgehoben werden, sehe ich ein weißes Hecklicht vor uns und den grünlichen Schimmer eines Heckspiegels. Ich verfolge die SIRIUS GLEANER. Was am Ende genau das ist, was ich mir vorgenommen habe. Ich schlucke mit trockener Kehle und schaue möglichst nicht auf die Anzeige für die Windgeschwindigkeit, die 38 Knoten Wind über Deck anzeigt. Es ist ein echter Sturm. Okay für ein Fischerboot wie die GLEANER; aber eine Fahrtenyacht – auch wenn sie ein kräftiger Kunststoffbrocken wie die LORNE LADY ist – sucht sich in Bedingungen wie diesen im Allgemeinen lieber einen netten geschützten Ankerplatz.

Doch es scheint wichtig zu sein herauszufinden, wohin die GLEANER fährt. Die einzige Möglichkeit dazu liegt in ihrer Verfolgung.

Also folge ich nass und frierend, manchmal bis zu den Knien im Wasser, das mit den brechenden Wellenkämmen immer wieder ins Cockpit schießt. Die Wellen rollen wie Gebirge unter uns durch. Dabei schwebt das Hecklicht der GLEANER wie ein weißer Stern in der Ferne vor uns her.

Es gibt natürlich reichlich zu tun. Wir fahren vor einem Sturm her entlang der Westküste von Jura. Am nördlichen Ende von Jura befindet sich der schreckliche Golf von Corryvreckan. Bei Flut entsteht dort ein Strom, vor dem das *Handbuch der Admiralität* als Gefahr für kleinere Fahrzeuge warnt. In Augen der Admiralität sind Zerstörer kleinere Fahrzeuge. Zum Glück ist die Tide gekippt, und wir müssen uns um Corryvreckan keine Sorgen machen. Was mir Raum lässt, mir wegen der Felsen und Inseln da oben Sorgen zu machen. Die meisten von ihnen sind beleuchtet, doch in einer Schwerwetternacht wie dieser könnte sogar der Blackpool Tower auf ihnen stehen, und man wäre trotzdem kein bisschen schlauer. Danach kommt Loch

Linnhe, der nach Fort William führt. Fort William ist hier schon ein Synonym für Zivilisation, und es wäre wenig weise, dort schwarzen Fisch anzulanden. Also werden wir einen einsameren Hafen anlaufen. Das denke ich, während das Licht der GLEANER in der Schwärze jenseits der blassen Fock schwimmt. Es muss ein hübscher stiller Ort sein, vielleicht mit einem Kai zur Anlandung des Fisches und einem Stück Straße für einen Kühltransporter.

Ich schiele auf das GPS und die Karte und verfluche Kapitän Maxwell zum 50. Mal in dieser Nacht, weil er zu geizig gewesen ist, einen Kartenplotter einzubauen.

So geht es über Stunden und Stunden weiter. Ich denke nicht über schwarzen Fisch oder Leichen auf Eis nach. Ich beschäftige mich damit, das Heck der LORNE LADY seewärts zu halten, die fiesen felsigen Garvellachs im Nordosten und meine Augen auf dem gräulichen Licht des GPS-Bildschirms, auf dem magische Zahlen aufflackern …

Das GPS erlischt.

Ich haue mit der flachen Hand darauf. Nichts. Schwärze. Ich drücke den Knopf für den Autopiloten. Nichts passiert. Ich hole die Taschenlampe aus der Halterung und lasse ihren Schein über die Anzeige gleiten. Die Batterieanzeige sagt sieben Volt. Nicht gut, nicht gut. Es müsste aber eine weitere Batterie zum Starten des Motors geben.

Dann erinnere ich mich: Die gibt es nicht! Der Grund dafür ist, dass Gavin Chance, Gottes Geschenk an den Yachthandel, diese Startbatterie von der LORNE LADY geholt und in den Land Rover gesteckt hat, als die Land-Rover-Batterie nicht mehr funktionierte. Was bedeutet, dass sie inzwischen Teil eines säurehaltigen Plastikklumpens inmitten der Ruinen eines walisischen Schrottplatzes ist. Sie ist nicht mehr hier, wo sie gebraucht wird.

Kein Strom. Kein GPS. Keine Chance, den Motor zu starten. Kein verdammtes Nichts. Ich starre in die Dunkelheit und verfluche mich selbst.

Voraus sehe ich das weiße Licht aufblitzen.

In der Dunkelheit zähle ich 21, 22 ... bis 26. Dann wieder das Blitzen. Hoch voraus. Scheiße. Scheiße. Das wird das Leuchtfeuer am südlichen Ende der Garvellachs sein. Es sind garstige, lange, felsige, steile Inseln, diese Garvellachs. Aber es ist auch eine gute Positionsbestimmung. Ich fühle mich besser. Westlich der Garvellachs befindet sich offenes Gewässer ohne die Gefahren auf dem Weg hoch zum Loch Linnhe. Die GLEANER wird dorthin fahren. Ich beobachte das Hecklicht und rolle das Vorsegel noch ein wenig weiter aus, um sicherzustellen, dass ich sie nicht verliere. Wieder trifft uns eine Bö, eine seltsam ringelartige Bö, die Regen bringt. Sie blendet die Garvellachs aus und drückt die LADY auf ihre Steuerbordseite. Ich bringe sie wieder auf Kurs, folge dem Hecklicht und warte auf ihre Kurve nach Backbord, nach links, in sicheres Gewässer.

Das Licht bewegt sich auf die Steuerbordseite des Vorstags.

Ich überprüfe meinen Kurs. Der ist konstant. Die LADY sackt in ein Wellental. Als sie das nächste Mal wieder hochkommt, sehe ich das Hecklicht der GLEANER noch weiter rechts.

»Nein«, denke ich, während mir das Herz in die Hose rutscht. »Stoppt das. Es ist unmöglich. Er nimmt Kurs auf die östliche Seite der Inseln.«

Auf der Ostseite der Garvellachs befindet sich kein freies Gewässer. Es ist ein Trichter zwischen zwei Satz unbeleuchteter Felsen. Bei Tageslicht kein Problem. Auch in einer klaren Nacht kein Problem – ob man nun ein GPS hat oder nicht. Doch in einem heulenden Sturm mit Regenwänden und ohne Instrumente, in dem das Loslassen des Steuers schon die tödliche Gefahr eines Sonnenschusses bedeuten kann, ein großes, ein sehr großes Problem.

Es gibt nur eins zu tun. Wer immer die GLEANER steuert, sitzt in einem hübsch warmen Steuerhaus und schaut sich auf dem Plotter an, wie er sachte die Förde runterfährt. Er weiß, wohin er fährt und wie er da ohne Kollisionen hinkommt. Alles, was ich tun muss, ist, ihm zu folgen. Was ohnehin der Plan ist. Ich grinse ein kaltes Lächeln im Regen. Na, dann.

Das Hecklicht verblasst in einer Regenbö. Die LADY taucht seitlich ins Wasser, und ich drehe am Steuer.

Ich lasse noch einen Meter Reffleine aus, lege die Vorsegelschot auf die Winsch und kurble. Ich fühle, wie das Boot vorwärtszieht. »Bleib an ihm dran«, sage ich mir. Wenn es dort, wo er seine Kisten mit schwarzem Fisch anlanden will, genügend Schutz für ihn gibt, dann wird es auch für mich einen geschützten Ankerplatz geben.

Inzwischen hat der Wind ein wenig nördlich gedreht. Genügend, um uns auf Steuerbordbug segeln zu lassen. Ich konzentriere mich darauf, das Licht links vom Vorstag auf Sichtdistanz zu behalten. Und los geht es: Die Bugspitze fällt nach unten. Das Licht verschwindet hinter einem schwarzen Wasserberg. Windstille, weil die nachfolgende Welle den Wind abdeckt. Dann kommt die Bugspitze wieder hoch, das Licht ist zurück. Brüllen und Donnern, als die Segel Druck bekommen, dazu Getrommel vom Regen auf die Rückseite meiner Kapuze, und schon geht es wieder abwärts.

Eine Stunde lang geht es so. Eineinhalb Stunden. Mir ist inzwischen ernsthaft kalt. Dann, plötzlich, ist das Licht verschwunden.

Ich denke vor lauter Kälte so langsam, dass ich eine Weile brauche, bis ich verstehe, dass es hinter das Segel gerückt ist. Ich falle ab, und da ist es wieder. Jetzt dichter. Zu dicht, sodass ich seine Reflexion im grün lackierten Heckspiegel sehen kann. Dann hat der Wind einen Aussetzer. Ich sehe hoch oben zu meiner Rechten etwas Dunkles und Massives, an dessen Fundament das Wasser weiß explodiert. Mein Herz hämmert wie wild. Die nächste Welle kommt. Kurz vor dem Bug verwandelt sie sich, wird weiß und harsch. Ich weiß, dass das etwas sehr Bedrohliches bedeutet. Aber mir ist zu kalt, und ich bin zu müde, um herauszufinden, was. Dann flattert und braust das Segel, verliert den Druck. Es folgt tosendes Gebrüll von Wassermassen, die nur noch weiß sind. Unter meinen Füßen sackt das Boot für eine gefühlte Ewigkeit in die Tiefe.

Während es immer noch abwärts geht, kollidieren wir am Ende des Falls mit etwas – ein enormer Crash. Dann höre ich ein Geläut wie von Glocken, und etwas peitscht auf mein Ohr. Eine gigantische glänzende Flut Sprudelwasser kommt aus der Richtung, wo zuvor der Niedergang war. In meinem erstarrten Halbkoma denke ich: »Ich habe ein Boot auf einen Felsen gesetzt und werde nun ertrinken.«

Dann kippt die Welt. Ich befinde mich im eisigen Salzwasser und kann nicht atmen.

Wenn du ertrinkst, so sagt man, läuft das Leben noch einmal vor deinen Augen ab. Wie immer erledige ich den Job offenbar nicht, wie es sich gehört. Nichts leuchtet vor meinen Augen auf. Da ist nur schmerzhafte Dunkelheit. Statt Visionen nur panische Angst. Natürlich trage ich keine Rettungsweste. Natürlich trage ich industriell gefertigtes Ölzeug und Stiefel, die eher für die Landwirtschaft als zum Segeln gemacht sind. Sie haben Stahlkappen, die in überzeugender Weise suggerieren, dass sie mich auf den Grund der See zu ziehen wünschen. Ich öffne meinen Mund, will um Hilfe rufen. Sofort dringt noch mehr Wasser ein. Ich versuche Luft zu holen, um vernünftig zu husten, doch dabei atme ich Wasser statt Luft ein. Ich würge also, bekomme Panik, kämpfe, höre das Blut in meinen Ohren rauschen und kann es hinter meinen Augen sehen, rot und leuchtend zum strahlenden Weiß des Todes.

Kein Tod. Der Strahl einer Taschenlampe. Mein Handgelenk wird von etwas festgehalten. Ich bewege auch die andere Hand dorthin. Es ist etwas Dickes, in Plastik Eingehülltes. Ein menschlicher Arm, der mein Handgelenk greift.

Ich merke, wie ich hochgezogen werde. Ich fühle, dass ich über etwas Rundes aus Gummi gezerrt werde, und lande mit dem Gesicht zuerst auf Brettern. Etwas schlägt mir heftig in den Bauch. Ich spucke Wasser und habe beim Einatmen das Gefühl, einen Haufen Glasscherben zu schlucken. Ich kapiere jetzt, dass ich mit dem Gesicht auf dem Boden eines Bootes liege. Ich huste und pruste, bis ich stark genug bin, um zu bemerken, dass ich vor Kälte und Nässe zittere. Dann sage ich: »Wo ist mein Boot?«

»Gesunken«, sagt eine Stimme, »hast Glück gehabt, dass du nicht mit ihm abgesoffen bist.«

Irgendetwas kommt mir an der Stimme bekannt vor. Ich schaffe es, mich umzudrehen. Der Himmel ist dunkel, dunkelgrau und dreht sich. Zwischen ihm und mir befinden sich ein Kopf und ein mächtiges Paar Schultern, die an den Rudern ziehen. Ein vertrauter Kopf. Ich beginne mich noch kränker zu fühlen. »Georgie?«

Die Kapuze bewegte sich. Die Stimme sagt: »Kenne ich dich?« Es ist definitiv die Stimme von Klein Georgie Strother. Meine Ohren sind voll mit Wasser, und einiges davon scheint mir auch ins Hirn gelaufen zu sein, weil nichts mehr Sinn ergibt.

Er hört auf zu rudern und starrt mir ins Gesicht. Das Dingi hat in der Welle Schlagseite. »Gavin?«

»Ja«, sage ich. »Und mir ist verdammt kalt.«

»Gavin«, sagt er. »Gavin Chance. Was zur Hölle machst du hier, Gavin Chance? Warst du das auf dem Boot? Das auf den Felsen gelaufen und gesunken ist? Warst du …«

»Das war ich«, sage ich, um seinen Redeschwall zu unterbrechen. »Hier bin ich. Und jetzt rudere.«

Die Arme beginnen wieder zu rudern. Ich kann das Schwappen des Wassers hören, das Rauschen der Wellen. Und noch ein Geräusch. Eine Art von Schniefen. Dann sagt er mit dünner schluckender Stimme: »Jesus, Gavin, dem Himmel sei Dank, dass du gekommen bist.« Dann merke ich, dass dieses schniefende Geräusch der Klang von Klein Georgie ist. Der Härteste aller Harten weint.

Ich sage: »Was ist denn schief gelaufen?«

Er sagt: »Was nicht?«

An diesem Punkt bin ich nicht mehr aufnahmefähig. Alles beginnt sich zu drehen. Ich übergebe mich und falle in eine Art Halbkoma. Ich bin nur bei schwachem Bewusstsein, als mich jemand über die Seite eines Bootes zieht und ich mir eigentlich die größten Sorgen über etwas machen sollte. Ich kann aber nicht ausmachen, was das sein soll. Dann wird die Luft wärmer und riecht mieser. Wer immer es ist, zieht mir die Klamotten aus. Ich falle in eine Koje und in eine tiefe Ohnmacht.

Als ich die Augen öffne, weiß ich nicht, wo ich bin. Dann erkenne ich den Hintern einer Frau an der Wand. Es ist die Kabine der SIRIUS GLEANER. Langsam tröpfeln die Ereignisse wieder in meinen Kopf.

Ich stelle die Füße aufs Deck und warte, dass mein Kopf aufhört, sich zu drehen. Durch eine Ritze kann ich draußen Tageslicht erkennen. Und eine von Wellen aufgewühlte Bucht, einen felsigen Strand mit einem Bungalow und einigen Hütten. Und dann noch etwas am Strand. Das Etwas könnte ein toter Wal sein, wenn der Wal dunkelblau und früher einmal eine Ketsch gewesen wäre. Das Etwas ist definitiv das Wrack von Kapitän Maxwells charmanter Fahrtenyacht LORNE LADY. Ich bin nicht gerade ein großer Versicherungsexperte, aber es ist kaum möglich, sie als etwas anderes als einen Totalschaden zu betrachten. Momentan allerdings steht die LORNE LADY trotzdem gerade sehr weit unten auf der Liste meiner Sorgen.

Vorsichtig stehe ich auf, humple durch die Kabine und schaffe es, die Tür mit beiden Händen zu öffnen.

Georgie sitzt zusammengesunken im Skipperstuhl im Steuerhaus. Als er die Tür aufgehen hört, dreht er sich um. Unter seinen Augen haben sich dicke schwarze Taschen gebildet. Er sieht 20 Jahre älter aus als beim letzten Mal. Ich sage: »Danke, dass du mich aus der See gefischt hast.«

Er sagt: »Ich habe dich in die Bucht kommen sehen. Ich habe dich reinfahren sehen.« Er zeigt auf einen Felsvorsprung, der beim Ankerplatz Gischt in den Himmel schickt. »Ich wusste, dass du auflaufen wirst. Was zur Hölle hast du da gemacht?«

»Ich bin einer Ladung mit schwarzem Fisch gefolgt und hatte keine Elektronik. Und was genau war dein Vorhaben?«

Sein Gesicht verdüstert sich. Der Reflex lässt ihn den Mund öffnen, um mir zu sagen, dass ich mich um meine eigenen Angelegenheiten kümmern soll oder er mir die Arme brechen wird. Es ist schwer, sich vorzustellen, wie das noch mehr Schmerzen versuchen könnte, als ich ohnehin schon habe. Dann seufzt er, schaut elend aus, legt seine Hände auf die Knie und sagt: »Ich brauche das Geld.«

»Du warst das.«

»Ich meine«, sagt er, »dass da all dieses Geld in Swansea war. Und wir waren dann draußen vor dem Mull fischen, haben aber nichts hochgeholt. Dann tauchte dieses kleine Boot von weiß Gott woher auf und ein Mann kam an Bord. Ein großer Mann. Und der fragte, ob ich ne Ahnung hätte, wem das Boot gehört. Ich sagte, mir. Und er sagte, falsch. Er zeigte mir die Papiere mit seinem Namen drauf. Und er sagte, dass wir eine Chartervereinbarung treffen sollten. Ich sollte das noch heute abholen.«

Ich werde nervös. Ich sage: »Das kann ich erklären.«

»Nicht nötig«, sagt Georgie dumpf. »Er fragte, ob ich echten Ärger haben will. Ich sagte, Nein. Und er sagte, dass darüber ein paar Jungs in Irland entscheiden würden, es aber, wenn ich tue, was er sagt, dazu gar nicht kommen müsste.«

»Irland?« Sein Erzählstil ist schwer nachvollziehbar, wie immer. Doch dieses Mal scheint der Bericht immerhin aktuelle Informationen zu beinhalten.

»Irland, sagte er. Und, dass ich also nun für ihn arbeiten würde. Und ich sagte, also dann. Dabei dachte ich die ganze Zeit an diese Leiche im Kühlraum und daran, dass ich so nicht enden wollte.«

»Ist sie immer noch im Kühlraum?«

»Jo«, nickt Georgie mit einem leichten Anflug seines alten Feuers. »Wie du es gesagt hast: Sie hat jemands Kugel im Kopf. Deine vielleicht.«

»Nicht meine.«

»Das sagst du. Aber egal«, sagt Georgie. »Vor zwei Tagen war ich noch ein freier Mann. Jetzt arbeite ich für irgend so einen Scheißkerl, der die Jungs, die für mich arbeiten, in Angst und Schrecken versetzt hat. Die sind nach Hause gegangen. Und ich habe eine Art Komiker an Bord und erledige die Abholung und den Transport, und das ist verfickt noch einmal nicht sicher.«

»Warum nicht?« Ich nehme Maureens Telefon auseinander. Es ist innen nass. Ich spüle die SIM-Karte im Waschbecken in der Kombüse ab und trockne sie.

»Weil es ihnen egal ist, wen sie töten. Und sie sind alle mit den Bullen verbandelt. Jesus«, sagt Georgie, »wie zur Hölle bin ich hier reingeraten?«

»Indem du gierig warst und den Fisch in Swansea verkauft hast«, sage ich, was nur teilweise korrekt ist. »Du kannst dir nur selbst die Schuld geben.«

»Schwarzer Fisch ist nur Beifang«, sagt Georgie schniefend. »Wenn wir ihn nicht angelandet hätten, dann hätten wir ihn tot ins Meer geworfen. Es sind die Politiker, die diesen Schwachsinn verzapfen, nicht die Fischer.« Er macht eine Pause, um über die Ungerechtigkeit der Situation nachzudenken. Schließlich sagt er: »Was sollen wir denn jetzt machen?«

»Herausfinden, was hier geschieht«, sage ich. »Und dir dein Boot zurückholen.«

»Jo«, sagt Georgie und klopft mit seiner Faust in der Größe eines Ölfasses auf die Armlehne des Stuhls. »Jo, das werden wir verdammt noch einmal tun.« Dann sieht er wieder besorgt aus. »Aber die sind echt hart, diese Typen.«

»Nicht so hart wie ich«, sage ich, obwohl wir beide wissen, dass es erbärmlich klingt. »Du brauchst also eine Deckshand, richtig?«

»Nein.«

»Oh, doch. Brauchst du. Das werde ich sein, okay?«

Er schaut mich an. Sein Mund öffnet sich. Und schließt sich wieder.

»Also gut«, nickt er.

»Okay«, sage ich, »wie genau lautet dein Auftrag?«

»Den Fisch an einem bestimmten Ort abholen«, sagt Georgie. »Und entsprechend den Anweisungen abliefern. Die variieren werden.«

»Und was ist … damit?« Ich zeige in Richtung Kühlraum und der Überreste von Johnny.

Er zuckt mit den Schultern. »Wie ich es gesagt habe. Er ist noch da. Und keiner weiß davon.«

Ich nicke und denke: »Das will ich doch verdammt noch einmal stark hoffen.«

»Da ist noch eine Sache«, sagt Georgie. »Der Boss schien ein bisschen neugierig bezüglich deiner Person. Er würde dich wirklich gern treffen.«

»Wer ist er?«

»Heißt Smith.«

»Walisischer Akzent?«

»Jo, spricht ein bisschen komisch.«

»Ich habe darauf gewartet, ihn zu treffen.« Was streng genommen nicht der Wahrheit entspricht.

»Jo.« Seine Besorgnis ist wieder da. Alles klar, dieser Smith hatte also Eindruck gemacht.

»Du wirst deine Klamotten brauchen. Ich habe sie in den Maschinenraum gelegt.« Er zottelt los und kommt mit einem Stapel zurück. Die Sachen sind steif vom Salz und riechen heftig nach Diesel. Während ich mich hineinzwänge, sondern sie feinen weißen Staub ab. Die Socken sind geschrumpft. Also ziehe ich die Seestiefel ohne Socken an.

»Gut«, sagt Georgie.

Die GLEANER ist längsseits an einem Betonkai festgemacht. Der Regen hat aufgehört, aber der Wind braust in meinen Ohren, während ich mich auf die Kaimauer hieve. Georgie stapft voraus und führt uns zu einem weißen Bungalow, der auf einer Asphaltfläche in Lee eines Felsvorsprungs steht.

Es ist ein charmanter Ort für ein Ferien-Cottage; doch der Bungalow hat wenig Charmantes. Sein Garten besteht aus Asphalt, die

Fenster aus Plastik, der Hinterhof aus Beton. Alles so sauber und ordentlich, wie es bei einem Bestattungsunternehmen wäre. Mit einem großen Schuppen, der wie eine Leichenhalle summt. Georgie führt mich zur Hintertür und klopft. Ungewöhnlich für ihn. Die Tür öffnet sich umgehend. Eine Frau um die 50 versperrt uns den Weg. Sie hat schmale Augen, das Gesicht zeichnen harte vertikale Linien. Sie sieht so grimmig und aufgeräumt aus wie der Bungalow selbst. »Ich bin Georgie, Misses Smith«, sagt Georgie. Hätte er eine Kappe, dann würde er sie jetzt in seinen Händen drehen. »Mit Gavin.«

Die Frau sieht mich an. Ich erwidere ihren Blick. Ich habe das Gefühl, abgewogen und für mangelhaft befunden zu werden. Sie sagt: »Ziehen Sie die Stiefel aus.«

Ich lasse meine Stiefel neben denen von Georgie bei der Fußmatte stehen. Die Frau sieht, dass ich keine Socken trage. Sie sieht mich erneut prüfend an und befindet mich für noch weniger wert als zuvor. Sie sagt: »Ist Ihnen klar, wen Sie treffen werden?«

»Ich weiß nicht einmal seinen richtigen Namen.«

Ihre Kieferpartie verhärtet sich.

Sie sagt: »Strother, gehen Sie rein.« Sie dreht sich zu mir um und sagt: »Ich nehme an, dass Sie lesen können?«

»Gerade so.«

Sie gibt mir ein Fotoalbum.

»Machen Sie schon«, sagt sie. Ich schlage den braunen Plastikdeckel auf. Da sind Zeitungsausschnitte drin, leicht vergilbt hinter den Plastikfolien. Einer davon ist eine Titelseite des *Observer*-Magazins. Mit dem Porträt eines Mannes, dessen Hände gefaltet auf einem Tisch liegen. Er dürfte etwa 45 Jahre alt sein. Seine Augen sind blassblau. Das Haar ist kurz geschnitten. Das Gesicht ist flächig, breitet sich von der schmalen langen Nase weg in alle Richtungen aus. Der Mund ist klein und pinkfarben. Die Hände sind enorm, tragen einen Ehering am üblichen Finger. Ich schaue hoch zur Bulldoggenfrau. Der Ring passt zum Goldband an ihrer Hand.

Ich blättere weiter durch das Album. Meine Erinnerung regt sich wieder und wächst. Der Mann auf dem Foto war einst berühmt. Er ist Major Horace Davies, der Mann ohne Nerven. Er war Soldat bei den Royal Logistic Corps, die eigenwillige Beziehungen zu den strafverfolgenden Behörden in Nordirland unterhielten. Seinen wahren Namen hat er von seinen Eltern bekommen, die stolze Waliser waren. Die Boulevardblätter hatten ihm seinen Namen gegeben, nachdem er in den letzten Tagen vor Stormont zu ein paar bewaffneten irischen Terroristen gegangen war und die Iren aufgrund seiner schieren Größe und seines allgemeinen Verhaltens so unter Schock gestanden hatten, dass sie das Feuer nicht eröffnet hatten. Die Festnahme hatte ihn für kurze Zeit sehr berühmt gemacht. Ich und meine Polizeikollegen waren überrascht, dass er sich nicht den erstbesten Unterschlupf zum Abtauchen gesucht hatte. Was um Himmels willen macht dieser Nationalheld bei einer Truppe, die sich der Wäsche von schwarzem Fisch verschrieben hat?

»Das ist der, den Sie treffen werden«, sagt die Frau. »Sorgen Sie also dafür, dass Sie ihm ein wenig Respekt erweisen.« Sie spricht, als wäre er erkrankt oder hätte seit der Zeit seiner Heldentaten auf andere Weise nachgelassen. »Jetzt. Gehen Sie rein.«

Das mache ich.

9

Ich betrete ein großes Wohnzimmer mit einem Bilderbuchfenster, das den Blick über die Bucht freigibt. Auf dem beigefarbenen Teppich sind braune Wirbel, auf einem groben Kaminsims aus Stein stehen Porzellanbambis, darunter brennt das Feuer des Elektrokamins. Georgie steht mit gequältem Gesichtsausdruck in der Mitte des Teppichs. Ich stelle mich neben ihn. Im weiter entfernten Lehnstuhl der dreiteiligen Polstergarnitur sitzt ein großer Mann in einem braunen Anzug, der stirnrunzelnd in eine Ausgabe des *Daily Telegraph* schaut. Ich sage: »Guten Tag.«

Major Davies schaut mit blassen Augen zu mir hoch und antwortet nicht. Wenn er derjenige ist, der meinen Truck abgefackelt hat, dann sollte er überrascht sein, dass ich noch am Leben bin. Aber er zeigt keinerlei Emotionen. Er hat eine Präsenz, die von ihm ausstrahlt wie Kälte von Eis. Er so wartet lange, dass ich schon denke, er würde das von mir begonnene Gespräch nicht fortführen wollen, und sagt dann: »Erklären Sie sich.«

Ich sage: »Was meinen Sie damit?« Neben mir erstarrt Georgie. Ich weiß, dass er der Meinung ist, dass man die Fragen dieses Mannes lieber beantwortet, ohne selbst welche zu stellen.

Davies sagt: »Sie kommen im Sturm in diese Bucht und versenken ihr Boot vor meinem Strand. Und jetzt sagt Mister Strother, dass er Sie einstellen will. Wie ist Ihr Name?«

Ich lasse meine Augen auf seinen ruhen. Es ist kein Problem, ihnen eine Art nervösen Ausdruck zu verleihen. Ich sage: »Gavin.«

»Gavin«, sagt er und starrt mich an. Die riesigen weißen Finger tippen auf das Magazin. »Gavin Chance, der frühere Inspektor. Heute Yacht- und Bootsmakler.«

Ich nicke, um das flaue Gefühl in meinem Magen zu überspielen. Wie zur Hölle kann er das wissen?

»Offensichtlich waren Sie einmal ein fähiger Polizist.«

»Das ist sehr schön zu hören«, sage ich.

Er schaut mich mit eisigem Blick an, der Georgie gefrieren lässt, mich aber nicht. Er sagt: »Es gibt nichts Schlimmeres als einen gescheiterten Polizisten.« »Außer vielleicht einen Nationalhelden, der mit schwarzem Fisch handelt«, denke ich. »Wollen Sie arbeiten? Es geht darum, Ladungen von Fischfarmen abzuholen. Ist nicht schwer.«

»Nein«, sage ich. »Ich meine ja. Ich nehme den Job.«

Der kleine Mund wird zum Rechteck voller Zähne. Es ist nicht wirklich ein Lächeln. Er sagt: »Kann ich Ihnen trauen?«

»Versuchen Sie's.«

»Vielleicht einigermaßen«, sinniert er. Er blickt aus dem Fenster, wo das Wrack von Kapitän Maxwells Boot am Strand auf der Kante liegt. »Sie haben meinen Strand ruiniert.«

»Die Versicherung wird sich damit befassen.«

»Vielleicht tut sie das«, sagt er. »Wenn ich befinde, dass ich Ihnen trauen kann. Ist das nicht der Fall, dann werde ich genötigt sein, denen meine Meinung dazu mitzuteilen, nämlich dass Ihr Missgeschick die Folge grober Fahrlässigkeit war.«

Es herrscht wieder Stille. Und wieder erschauert Georgie. Das ist ein Mensch zum Fürchten, keine Frage. Aber mich macht er mit seiner Überheblichkeit wütend. Ich versuche den Ärger zu verdrängen, aber das klappt nicht ganz. »Eine Sache«, insistiere ich.

»Was?« Dabei schaut er mich nicht an.

»Warum haben Sie mein Boot verbrannt?«

»Verbrannt?«, sagt er. »Boot?« Er runzelt die Stirn, als ob er verwirrt ist. Es ist der erste Ausdruck, den ich auf dieser großen

Ackerfläche von Gesicht sehe. Und er ist auf seltsame Weise überzeugend.

»Ihre Leute haben mein Boot angezündet«, erläutere ich.

Er sagt: »Das waren nicht meine Leute. Aber ich kann verstehen, warum jemand das Gefühl hatte, dass es notwendig war.« Seine kalten Augen halten meinen stand. Ich bemerke, dass er mit mir so böse ist wie ich mit ihm. Und obwohl das kaum möglich erscheint, stimmt mich das zufrieden.

Er holt tief Luft. Der Ärger verzieht sich, und sein Gesicht ist wieder ausdruckslos. »Warum schauen Sie sich nicht ein bisschen um?«

»Umschauen?«

»Sie wollen sicher sehen, womit Sie es zu tun bekommen. Vielleicht schauen Sie sich einmal die Fischlager an?«

Ich sage: »Ja. Vielleicht.« Wie um Himmels willen hat Johnny denken können, dass er mit diesem Reptil Poker spielen kann?«

»Dann mal los.« Er widmet sich wieder dem *Telegraph*. Die Audienz ist beendet. Georgie verlässt den Raum zuerst, wie ein Kaninchen, das einer Schlange entkommt. Die Frau wendet ihre Augen ab, als ich durch die Küche gehe. Hinter mir höre ich, wie sie die Tür verriegelt.

Georgie und ich stehen in unseren Stiefeln im Hof und schauen uns an. »Er mag dich«, sagt er und schüttelt den Kopf.

»Wie meinst du das?«

»Er hat dich nicht umgebracht.« Und dann geht er zurück zum Boot.

Zutiefst verwirrt bleibe ich noch im Hof. Was mich so verwirrt, ist Folgendes: Major Davies mag sich zu Geschäftszwecken leicht Mister Smith nennen. Er mag nebenbei lässig das Geschäft eines Fischhändlers betreiben und über einen gezähmten Polizisten verfügen, der die Anlandungen für ihn überwacht. Aber ich kann mir nicht vorstellen, dass er seine Investitionen mit Kaliber-.22-Kugeln in Hinterköpfen oder dem Verbrennen von Booten schützen würde. Doch vor allem irritiert mich, dass die Stimme, die auf meinem Anrufbeantworter im Sund von Islay Drohungen hinterlassen hatte, nicht seine ist.

»Vielleicht«, so denke ich, »wird Major Davies von einem oder mehreren Geschäftspartnern hereingelegt, die ich bislang noch nicht kennengelernt habe.«

Vielleicht hätte ich ihn das fragen sollen.

Doch das wäre eine dumme Idee gewesen. Wenn Johnnys Leiche wegen ihm dort liegt, dann sollte ich die Klappe halten. In der Zwischenzeit bin ich in einer hervorragenden Position, um meine Erkundungen zum Greenreap-Geschäftsmodell fortzusetzen.

Der Betonboden im Hof sieht aus, als wäre er geschrubbt worden. Vermutlich mit einer Zahnbürste. Mussorgskys *Bilder einer Ausstellung* dringt durchs Fenster zu mir herüber. Misses Smith wäscht dort ab und hört dazu eine Klassik-CD. Ich mache mich auf zu einem Erkundungsgang über das Gelände und atme tief ein, um meine Gedanken vom Interview zu bereinigen. Eine aufgeräumte Garage für den Gabelstapler. Ein geordneter Stapel mit Greenreap-Fischkisten. Ein weiß gewaschenes windgeschütztes Gebäude ohne Fenster, in dem es summt und das über einen nackten Betonweg mit dem Kai verbunden ist. Eine große isolierte Tür inmitten der Wand. Ein Kühlraum. Das Fischlager.

Ich öffne die Tür und schaue hinein, wie es der Major angewiesen hat. Es gibt nicht viel zu sehen außer, dass es hier weniger sauber ist als auf dem restlichen Gelände. Da stehen die Greenreap-Boxen, ein kleiner Stapel mit Lachs und ein weiterer großer Stapel. Schwarzer Fisch. Und ein riesiger unordentlicher Haufen aus Kisten und Planen in einer Ecke, dort aufgestapelt, um die Luftmenge zu reduzieren, die gekühlt werden muss. Vielleicht macht sich der Major ja Gedanken über seinen CO_2-Fußabdruck. Und da liegt noch etwas auf dem Boden, auf einer eigenen Palette. Mein Herz schlägt heftig. Ich glaube, dass es Johnny ist. Aber er ist es nicht. Es ist ein enormer Fisch: ein Thunfisch. Ich wusste gar nicht, dass es in Schottland Thunfisch gibt. Ich gehe rüber zu den Kisten und entdecke einigen Schellfisch. Lachs auf der einen, schwarzer Fisch auf der anderen Seite. Sie warten auf den Lieferwagen. Es ist kalt hier drinnen. Und die Luft ist vom Brummen der Kühlgeräte erfüllt. Hinter mir ist ein Geräusch zu hören. Ich drehe mich zur Tür um, die als helles Viereck in der düsteren grauen Mauer zu erkennen ist. Im Lichtstrahl erscheinen die Umrisse einer Gestalt. Ich sage: »Hey!« Das Viereck wird schmaler, zum Spalt und verschwindet dann ganz.

Mit klopfendem Herz und offenem Mund warte ich. Ich habe Schlafmangel, bin ausgebrannt, schiffbrüchig, halb ertrunken und stocksauer. Jetzt bin ich in einen Kühlraum marschiert, und jemand hat die Tür geschlossen. Ich höre das Klingen eines kräftigen Hakens. Ich Vollidiot. Ich kann mir kaum vorstellen, dass sich die Dinge noch schlechter entwickeln.

Bis die Lichter ausgehen.

Ich ertaste den Weg um die Kisten herum bis zur Tür. Es ist dunkel wie im Inneren einer Kuh. Einfach stockfinster. Ich finde die Tür und taste sie ab. Die Klinke ist außen. Wie auch der Lichtschalter.

Es ist kalt hier drinnen.

Natürlich nicht eiskalt, denn Frost ist nicht gut für Fisch, was immer der verstorbene Clarence Birdseye dazu gesagt haben mag. Um Fisch im besten Zustand aufzubewahren, muss er bei eben über 0 °C gelagert werden. Einen Menschen kann man allerdings umbringen, wenn man ihn bei etwas über dem Gefrierpunkt lagert. Auch wenn das ein oder zwei Tage dauern kann.

Meine Finger werden schon kalt.

Ich taste mich in der tiefen Dunkelheit dahin zurück, wo die Thunfischkisten stehen. Ich setze mich darauf und durchdenke die Lage. Mein Mathelehrer hat mir einmal erklärt, dass das menschliche Gehirn bei knapp 3 °C am besten funktioniert. Meines arbeitet gerade definitiv zügig. Teilweise, weil ich denke, dass der Major Johnny am Ende doch umgebracht hat und er mit mir dasselbe machen wird. Und teilweise, weil ich denke, dass es verdammt dämlich ist, erst einen Schiffbruch in einem schweren Sturm zu überleben, um dann in einem kleinen Raum zu erfrieren. Am meisten aber konzentriere ich mich darauf, Angst zu haben.

»Körperwärme bewahren«, denke ich. Und mehr erzeugen. Doch nirgendwo liegen Deckenstapel nichtsnutzig in einer Ecke herum. Da sind nur ein paar Kisten und Paletten und Plastiktüten sowie 90 Boxen mit schwarzem Fisch und der Thunfisch auf seiner Platte.

Ich beginne den Riesenrespekt zu begreifen, den Georgie gegenüber Major Davies empfindet.

Jesus, ist das kalt.

Ich steh wieder auf und gehe auf und ab. Ich laufe auf der Stelle. Ich versuche Gedanken zu entwickeln, die mich warm halten. Aber sie drehen sich alle ums Erfrieren.

Ich versuche positive Aspekte der Situation zu finden. Der Major scheint ein Mensch zu sein, der den Wert eines Pfunds zu schätzen weiß. Also wird er die Temperatur vielleicht nicht weiter herunterdrehen, weil das seinen Fisch gefrieren lassen und dessen Wert halbieren würde. Er wird den Raum einfach kühl halten. Und obwohl mich die bloße Kälte irgendwann umbringen wird, wird es doch eine lange Zeit dauern, in der sich der Zustand des Fisches ebenso verschlechtern wird wie meiner. Vielleicht sogar noch stärker, denn ich bin Sashimi nicht abgeneigt, auch wenn ich es von den Gräten abknabbern muss. Also gehe ich zur Tür und rufe: »Sojasauce?«

Stille.

»Wasabi«, schreie ich. »Ich habe ein Messer. Ich schneide jetzt euren Fisch auf.«

Anhaltende Stille. Ich gehe zurück zum Thunfisch. Ich habe irgendwo gelesen, dass Thunfische warmblütig sind. Ich frage mich, ob ich reinsteigen soll wie die Inuit in ihre Karibus. Ich hole mein Schweizer Armeemesser heraus, schneide ein kleines Loch in den Thunfisch und stecke meine Hand in seine Eingeweide. Sie sind kalt. Also stehe ich auf und denke darüber nach, ob ich wirklich hungrig genug bin, um rohen Lachs zu essen. Ich entscheide, dass ich das nicht bin. Noch nicht. Dann stelle ich fest, dass der Inuit-Brauch tatsächlich eine Möglichkeit bietet. Also jogge ich zur Tür und schreie: »Ich lege mich jetzt in den Thunfisch rein.«

Weiter Stille. Dann hustet jemand. »Bleib vom Thunfisch weg«, sagt eine durch die Tür gedämpft klingende Stimme.

»Wenn ich hier drinbleibe, gehe ich in den Thunfisch rein«, sage ich.

Es entsteht eine Pause. Vielleicht für eine Diskussion. Dann öffnet sich die Tür einen Spalt, durch den gleißendes Tageslicht eindringt. Die Lampen gehen an. Ein Mann kommt herein. Es ist nicht der Major, sondern ein Kerl mit Stoppelgesicht und einer Wollmütze. »Ich will hier raus«, sage ich.

»Jo«, sagt er, als wäre das Einschließen von Leuten in Kühlhäusern seine einzige Tagesaufgabe. »Der Boss sagt, dass er dich bei der nächsten Äußerung aus deinem Mund für eine Woche hier einschließen wird.« Ich empfinde trotzdem eine manische Freude. Ich habe ihn getäuscht, und er hat mich rausgelassen. Guter Pokerspieler.

Das angenehme Gefühl lässt schnell nach. Die Chance war groß, dass sie mich ohnehin rausgelassen hätten. Es sollte nur ein kleiner Klaps auf die Finger sein. Als ich das Gelände verlasse, bin ich wieder stocksauer. Was denkt dieser Major eigentlich, wer er mit seinen Klapsen ist?

Ich finde mich am Kai längsseits der GLEANER wieder. Georgie steckt seinen Kopf aus dem Fenster. »Wo warst du?«, fragt er.

»Im Kühlhaus, danke der Nachfrage.«

»Oh, okay«, sagt Georgie, der nicht gerade an überschwänglicher Neugier leidet. »Kommste mit auf See?«

»Sobald wie möglich.«

»Du willst noch einmal mit dem großen Mann sprechen?«

»Nein, ich will genau herausfinden, was er macht, und das alles hier hochgehen lassen. Und ihn auch. Verstanden?«

»Klingt gut«, sagt Georgie. »Heckleine.«

Und ich humple den Kai runter und nehme die Heckleine ab.

Als ich an Bord komme, stecke ich meine SIM-Karte in Georgies Telefon. Sie funktioniert noch, obwohl sie für erstaunliches Knistern in der Leistung sorgt. Ich hinterlasse eine lange Nachricht auf dem Anrufbeantworter der Versicherer von Kapitän Maxwell und berichte ihnen von den Unannehmlichkeiten mit dem Boot des Kapitäns. Dann wende ich mich den Notizen zu, die der Major Georgie gegeben hat.

Vorgesehen ist eine Abholung von der Fischfarm im Loch Mor. Darauf folgt eine Auslieferung. Dieses Mal nach Holyhead und für 8.000 £ in bar. Ich gehe zurück zum Steuerhaus. Die GLEANER prügelt sich durch den Kanal. An Steuerbord erheben sich die Garvellachs wie das Rückgrat eines Stegosauriers aus der glänzenden blauen See. Jura erstreckt sich an Backbord. Der Himmel ist von einem puren tiefen Blau. Es ist sogar möglich, sich darüber zu freuen, am Leben zu sein wenn man die Gedanken an Ex-Frauen, Leichen auf Eis und Kühlhäuser verbannt. Ich sage: »Können wir kurz nach Achnabuie reinfahren?«

»Auf keinen Fall«, protestiert Georgie. »Er wird das auf seinem Plotter sehen. Er checkt den Plotter, hat er mir gesagt. Damit er verfolgen kann, wo wir sind. Er sagt, er will keine Vermischung von Geschäftlichem und Privatem. Er …«

»Okay«, sage ich, um den Schwall auszubremsen. »Wie oft bist du schon den Jura-Sund auf und ab gefahren?«

»1.000 mal?«, sagt Georgie. »1.500? Lass mich überlegen …«

»Nein«, sage ich. Ich lehne mich nach vorn und schalte den Plotter aus.

»Er ist ein Soldat. Er glaubt nicht, dass man irgendetwas ohne Maschinen machen kann. Es ist ein schöner, klarer Abend. Kommst du ohne Radar und Satnav durch den Luing-Sund und weiter runter?«

»Mit geschlossenen Augen«, sagt Georgie. »Wie jeder andere auch.«

»Also fahren wir nach Achnabuie und dann weiter. Das wird er niemals herausfinden. Oder wolltest du etwa bei Tageslicht Ladung aufnehmen?«

»Sicher nicht«, sagt Georgie. »Die Abholung findet um 4 Uhr morgens statt.«

»Na, dann.«

»Jo.« Er schaut mich auf seine spezielle Weise an. Und ich bemerke wieder, dass ich in Bezug auf Georgie der Mann bin, der weiß, wie er reagiert, wenn die Welt kompliziert wird. Er sagt: »Würdest du hier einen Blick drauf werfen?«, und reicht mir einen geöffneten Umschlag.

Ich ziehe die darin befindlichen Papiere heraus. Es ist eine Chartervereinbarung zwischen dem Major und Georgie, ordnungsgemäß von beiden Parteien unterschrieben und auf die letzte Woche datiert. »Es ist, wie er gesagt hat. Du charterst das Boot.«

»Jo«, sagt Georgie. »Eine Formalität, sagte er. Wobei die Beilegung des Disputs noch offen sei. Ich verstehe das nicht ganz.«

»Der Teil mit der Beilegung des Disputs ist Quatsch. Der Rest ist so, wie es ist. Wenn dich ein Fischereikontrollboot mit einer Ladung schwarzem Fisch erwischt, dann werden sie dich mit einer Strafe von einer halben Million Pfund belegen und dir dein Haus wegnehmen. Er will einfach nur sicherstellen, dass sie es mit dir und nicht mit ihm machen.«

»Aha«, sagt Georgie. »Das dachte ich mir.« Er klingt fast erleichtert. Ich erkläre ihm die Dinge, und er hat ein Boot. In seinen Gedanken kommt es einer Partnerschaft gleich.

Ich nehme eine Dusche, die dank der überschüssigen Wärme der Kühlaggregate, die Johnnys Eis kühlen, herrlich heiß ausfällt. Dann rufe ich Maureen an. Sie scheint sehr erfreut, meine Stimme zu hören. Und auch ich freue mich, ihre zu hören.

Mit dem Sonnenuntergang tuckern wir in den Hafen von Achnabuie. Und da steht sie schon am Kai, bereit, die Leinen anzunehmen. Sie überreicht mir eine Tüte voller Lebensmittel und sagt: »Der Whisky ist auch da drin«, garniert mit diesem Blick von Leuten für Leute, die unter Verdacht stehen, allzu begeistert von Whisky zu sein.

Ich sage: »Der ist für Georgie.«

Ihr Gesicht hellt sich auf, und sie schenkt mir ihr schönes Lächeln. Dann gehe ich mit ihr den Anleger runter und werfe einen Blick auf den Schlepper. Ich habe den Schlepper selbst ausgebaut, die Stühle persönlich aus der Stadthalle mitgehen lassen und auch die Rohre aus den verlassenen Klassenzimmern der Schule von Achnabuie. Es ist nicht viel gewesen, aber es war mein Zuhause.

Maureen steht neben mir. Ihr Handrücken berührt meinen. Sie sagt: »Ich wollte dir das nicht sagen, aber es war ein Mann von der Versicherung da. Er hat gesagt, dass es Benzin war und sie nicht bezahlen werden.« Sie strahlt jetzt die Aura eines rothaarigen Bären aus, der sein Junges verteidigt. »Also habe ich ihm gesagt, wie ich darüber denke, aber ich glaube nicht, dass es geholfen hat. Du hättest getötet werden können!« Sie scheint gleich in Tränen auszubrechen. Dann wird sie knallrot und sagt: »So bin ich eben.« Und geht zu ihrem Auto zurück.

Ich schaue ihr nach und schreie: »Ich rufe dich an.«

Sie sagt: »Wie du magst.« Über ihre Schulter schickt sie mir noch ein Lächeln, das mich fast umhaut.

»Jesus«, sagt Georgie hinter mir. »Da könntest du aber Glück haben.« Ich entziehe mich seiner peinlichen Vermutung und inspiziere das Wrack.

Das Polizeiabsperrband flattert im Nieselregen. Das Dach vom Steuerhaus hängt durch wie ein Pfannkuchen. Der Computer ist ein Skelett aus verrußtem Metall. Ich gehe weiter. Die hitzegeschädigten Bodenbretter fühlen sich unter meinen Füßen ölig an. Die Hitze hat die Farbe von den Wänden gebrannt. Die Feuerwehr hat den Rumpf halb voll mit Wasser gefüllt. Dort, wo einst Schotten die Kabinen voneinander getrennt haben, sehe ich es schwarz und böse schwappen.

Ich halte inne.

Auf dem Samson-Ständer liegt etwas Weißes. Ich gehe schnell darauf zu, wobei meine Füße Flocken verbrannter Wandfarbe zertreten. Das weiße Objekt ist eine Rosette in der Art, mit der Ponys bei der New-Forest-Show ausgezeichnet werden, zu der mich Miranda während unserer Ehe hingeschleppt hatte.

Wie hatte sie es geschafft, inmitten von Ruß und Asche so weiß zu bleiben?

Ich bücke mich und hebe sie auf. Ich muss sie vom Ständer abkratzen. Sie ist dem Pfefferminzgeruch nach mit einem Kaugummi daran festgeklebt worden. Ich stopfe sie in meine Tasche und springe zurück auf den Steg. Ich rufe Maureens Mobiltelefon an. Ich sage: »War hier heute irgendjemand beim Boot?«

»Nicht mehr als 50 Leute«, sagt sie. »Feuerwehrleute, Polizisten, Reporter, was du willst. Warum?«

»Egal«, sage ich. »Danke, Maureen.«

»Nicht der Rede wert«, sagt sie und legt auf. Zu schnell, als wäre sie enttäuscht vom Inhalt des Gesprächs.

Wer steckt Rosetten in die Asche meines Bootes? Seltsam. Ich fühle mich leicht bedroht. Aber das ist nur normal, wenn gerade jemand dein Zuhause bis auf die Wasserlinie verbrannt hat. Ich gehe zurück zur GLEANER, springe an Bord und sage: »Los geht's.«

Und es geht los.

10

Wir fahren rüber nach Craighouse, rudern mit dem Dingi an Land und gehen zum Ausschank der Brennerei. Ich will eigentlich nichts trinken. Doch ich sehe, wie Georgie zulangt, und denke an meine bedrückenden Ängste. Ich überzeuge mich selbst davon, dass ich nur ein Heilmittel suche, und bestelle uns eine Runde. Die 80 Shilling sind ebenso okay wie der Whisky. Nach dem dritten Glas schaut mich Georgie finster an und sagt: »Weißt du was?«

Ich schiele zurück und sage: »Was?«

»Du bist okay«, sagt er.

»Ich weiß«, sage ich, weil der Whisky mich glauben lässt, dass es so ist. Außerdem mag er es, wenn er Zuspruch aus den Reihen seiner Teammitglieder erhält. Wir essen beide Steak und Pommes und rudern dann zurück zur GLEANER. Vermutlich steige ich an Bord und stelle den Wecker. Genau weiß ich das nicht mehr. Was ich weiß, ist, dass ich als Nächstes in voller Bekleidung in meiner Koje aufwache, ein Blechwecker in meinem Ohr scheppert und mir mitteilt, dass es halb drei ist. Ich springe aus der Koje und stapfe an Deck, um das Boot von der Mooringboje loszumachen.

Und schon fahren wir mit der Flut den Sund von Islay hoch. An Backbord blinken rot die Tonnen. Wir biegen ab in den Loch Mor, öffnen die Luken, aus denen das weiße Licht der Bonneville-Clark-Gruft hochstrahlt, und schon wird die hübsche Sammlung Schwarzfisch vom Ladebaum hineinversenkt.

Dieses Mal schaue ich mir den Mann etwas genauer an, der

aus der Hütte kommt und bei der Verladung hilft. Er hat ein quadratisches Gesicht mit gebrochener Nase und strahlt einen leicht ängstlichen Gemütszustand aus, der allen bekannt ist, die für den Major arbeiten. Wir beenden den Job, legen wieder ab und nehmen Kurs auf die offenere See.

»Jo«, grunzt Georgie, während wir hinter der äußersten Kanalboje nach Westen abbiegen. »Donnie. Harter Typ. Also, ich bin erledigt.« Er geht zu seiner Koje.

Ich lasse mich in den Steuerstuhl fallen und versuche die Augen offen zu halten, während Islay an Backbord an uns vorbeizieht. Wir haben die Tide gegenan, weshalb der Bug in der Strömung vor Oa fürchterlich in die Wellen schlägt – wenn auch nicht ganz so fürchterlich, wie Georgie schnarcht. Ich singe *God Save the Queen,* um mich wachzuhalten, bis wir auf Kurs Mull sind. Dann schalte ich den Autopiloten ein, stelle den Wecker, schicke ein Stoßgebet gen Himmel und falle in einen tiefen, einer guten Seemannschaft völlig unwürdigen Schlaf.

Wieder holt mich der Wecker aus dem Schlaf. Das Tageslicht ist bereits angebrochen, und das Mull of Kintyre liegt fünf Seemeilen Backbord voraus. Ich taumle in die Kombüse, gebe Instantkaffee in die Becher und fülle sie mit heißem Wasser aus dem Hahn. Einen bringe ich Georgie. Er grunzt, streckt eine Pfote aus und nimmt einen Schluck. »Ach«, sagt er in vollkommen vernünftiger Weise.

»Kurs 170«, sage ich. »Noch zwei Stunden Ebbe. Ich gehe mal ein Nickerchen machen.« »Wie bei Jack Hawkins«, denke ich. Ich habe den Eindruck, dass Georgie drauf und dran ist, seinen Hut zu ziehen. Doch er hält sich zurück, und ich gehe zu meiner Koje und lege mich hin.

Es tut gut, in der Koje zu liegen, auch wenn sie stinkt. Und es ist schön, sich in Decken zu hüllen, auch wenn sie verkrustet sind. Wahrscheinlich strömt gerade Rathlin Island an Steuerbord vorbei. Mein auf dem Kissen ruhender Kopf fühlt einen Schlag, vermutlich von der Strömung, die das Mull of Galloway verursacht. Von der Isle of Man weht ein Hauch von Geld herüber. Davon aber bekomme ich nur sehr wenig mit. Ich liege im Tiefschlaf, in dem mich Miranda besucht. Ihre Zähne sind unnatürlich spitz, während sie über Tony Greelys Witze lacht, der ein scharfes Messer zum Ausnehmen von Fischen dabei hat. Allerdings stellt sich der Fisch, den er ausnehmen will, als Johnny Bonny heraus …

Diesmal weckt mich das Telefon. Es dauert einen Moment, bis ich weiß, wo ich bin. Doch wie immer helfen mir bei der Orientierung die Pin-ups am Schott. Ich drücke auf den grünen Knopf, ohne auf die Anruferidentität zu achten. Eine scharfe Stimme sagt: »Gavin?«

»Miranda«, sage ich. »Ich habe gerade von dir geträumt.«

»Schön für dich.« Sie klingt nicht sonderlich interessiert. »Hör zu. Johnny ist verschwunden.«

»Das sagtest du schon.« Das sorgt für Stille.

»Wir können ihn nicht finden. Niemand hat ihn gesehen. Schon eine ganze Woche lang.«

»Ich auch nicht«, sage ich.

»Bist du sicher?«, fragt sie.

Mein Magen rebelliert. »Um Gottes willen«, sage ich, »warum sollte ich sagen, dass ich ihn nicht gesehen habe, wenn es doch so wäre.« Eine offene Frage, keine Antwort auf das zentrale Problem.

»Ich habe überall herumgefragt. Er war letzte Woche in Cowes. Er sagte, dass er dich in Schottland besuchen wollte. Dann hat er sich auf den Weg gemacht. In seinem Auto. Seitdem hat ihn niemand mehr gesehen.«

Ich sage: »Er war mein Geschäftspartner, der dabei war, seine Sachen zu packen.« Vergangenheit. Vorsicht. »Ich bin nicht für ihn verantwortlich.«

»Oh, ja. Er ist ein Idiot. Aber wir machen uns Sorgen um ihn.« Ihre Stimme klingt jetzt klein und traurig. Das ist Miranda in ihrem gefährlichsten Zustand. »Und du bist verantwortlich«, sagt sie, sich langsam wiederfindend. »Zumindest denke ich das. Und Daddy ist der gleichen Meinung. Deswegen haben wir euch ja miteinander ins Geschäft gebracht. Damit du dich um ihn kümmern kannst.«

»Warte mal kurz …«

»Wie auch immer«, sagt sie. »Wenn du Johnny siehst, dann sag ihm, dass er ein Scheißkerl ist, weil er sich nicht meldet.«

»Mache ich.«

»Du klingst müde.« Ihre Stimme hat jetzt einen stählernen Klang.

»Bin ich auch.« Ich lege auf, bevor sie mir wieder unter die Haut geht, steige aus der Koje und mache noch mehr widerlichen Kaffee.

Georgie nickt über dem Steuer. Es ist dämmrig. Die Lichter von Holyhead bilden eine Kette von schmutzigen orangefarbenen Juwelen an Backbordbug, und die Fähre aus Dublin pflügt vor unserem Bug durchs Fahrwasser. Georgie sagt: »Wohin fahren wir?«

Die korrekte Antwort wäre »Holyhead«. Doch ich habe genug davon, mich im Fahrwasser anderer Leute zu verfransen. Also sage ich: »Aberystwyth.«

»Fürchterlicher Ort«, sagt Georgie.

»In jedem Leben gibt's auch Regen«, sage ich und rufe die Auskunft an, von der ich Tony Greelys Telefonnummer erhalte.

Als Miranda begonnen hatte, mit Tony Greely zu schlafen, hatte ich meine Taschen gepackt, das Haus verlassen und war in eine Wohnung in Bournemouth gezogen. Die Wohnung war geschmackvoll in helle Magnolienfarbe gekleidet, was nicht ganz zu meiner Stimmung passte. Also verbrachte ich zu viel Zeit im Pub. Dort fasste ich eines Abends den Entschluss, die Wohnung umzugestalten. Am nächsten Tag hielt ich auf dem Weg zur Arbeit an einem Baumarkt an und kaufte zehn Liter einer Farbe, die der Farbe von Blut so nahe kam, wie es vernünftigerweise möglich war. Die Eimer verstaute ich im Kofferraum meines Peugeot-Busses, den ich in jener Zeit fuhr, und ging zur Arbeit.

Die hätte seinerzeit die Aufdeckung von Verbrechen mit sich bringen müssen. Doch tatsächlich bedeutete es endloses Tippen und die Beantwortung sinnloser Fragen von Kollegen aus anderen Abteilungen, deren Job es war, Gehälter einzustreichen und geschäftig zu wirken. Nach ein paar Stunden wusste ich, dass ich verrückt werden würde. Also loggte ich mich aus und fuhr nach Bournemouth.

Es war ein heißer Sommertag, und die Straßen waren voller Menschen. Mir stand der Sinn nicht nach Menschen, also verließ ich das Stadtzentrum und fuhr durch die Straßen, die hinter den Hotels an der Promenade liegen. Dort gibt es eine Schule, ein schöner Ort, der zu Bildungszwecken von den Kindern der Leute besucht wird, die in den Hotels arbeiten. Die Schule ist voller guter Lehrer und Schüler aus 30 verschiedenen Ländern. Ich musste mich einfach selbst daran erinnern, dass es auch Menschen auf der Welt gibt, die nicht nur ihr Monatsgehalt kassieren und darauf warten zu sterben.

Ich spazierte die Straße hinunter. Doch statt Kinderstimmen hörte ich männliches britisches Fluchen. Als ich um die Ecke ging, bot sich mir ein hässliches Bild.

Ich sah fünf große weiße Typen und zwei kleine schwarze Männer. Die weißen Typen hatten die schwarzen Männer in eine Ecke gedrängt. Die schwarzen Männer sahen zu Recht nervös aus, weil einer der weißen Männer einen Baseballschläger in der Hand hatte und einer der anderen ein Brecheisen. »Verpisst euch nach Hause«, sagte einer der weißen Typen.

»Das hier ist unser Zuhause«, sagte einer der schwarzen Männer. »Wir sind nur gekommen, um unsere Kinder von der Schule abzuholen.«

»Ich sagte, dass ihr euch nach Hause verpissen sollt«, wiederholte ein weißer Typ, der vermutlich nicht besonders helle war. »Oder wir schicken euch in einer verdammten Scheißkiste dahin.«

Mich beschlich ein deprimierendes Gefühl. Teilweise, weil es nicht schön ist zu sehen, wie sich weiße Rüpel in so stereotyper

Weise benehmen. Vor allem aber, weil es sich um einen rassistischen Vorfall handelte. Was für den Fall, dass das hier jemand überleben würde, Monate an Papierkram bedeuten würde. Ich sagte: »Hey!«

Einer der weißen Typen schaute sich um. »Verpiss dich«, sagte er und wendete sich wieder den schwarzen Männern zu, die inzwischen grau geworden waren.

Ich bin kein Aufschneider, aber es gibt Momente, in denen ich es nicht mag, wenn ich ignoriert werde. Das hier war so einer. Neben mir befand sich ein Haufen Bauschutt. Ich zog ein Teil raus, das etwa einen halben mal einen Meter maß. Und sagte dann: »Ich bin Polizist.«

Sie hörten mir nicht zu. Ich hätte die Situation durchdenken und nach dem Durchzählen darauf kommen können, dass ich in der Unterzahl war, mich etwas zurückziehen und Verstärkung herbeirufen sollen. Und einige Notizen machen, bis die Unterstützung eingetroffen war. Aber ich hatte schon den ganzen Tag im Büro gesessen und mich auf alle erdenklichen Arten nutzlos gefühlt. Noch während mir diese polizeilichen Gedanken durch den Kopf gingen, hatte ich dem Typen mit dem Baseballschläger bereits einen über den Schädel gezogen, dem anderen einen so starken Schlag in die Niere versetzt, dass mein Handgelenk schmerzte, und einen weiteren mit einem aus dem Brett hervorstehenden Nagel getroffen. Die verbliebenen beiden drehten sich zu mir um, und ich sagte: »Sie sind festgenommen.« Ich griff nach meinem Ausweis, aber sie rannten schon davon. Glücklicherweise in entgegengesetzter Richtung von den beiden schwarzen Männern. Die Rüpel am Boden bewegten sich stöhnend. Jetzt waren auch Sirenen zu hören. Ich warf das Brett zurück auf den Schutthaufen. »Wenn jemand fragt, dann habt ihr gekämpft«, sagte ich. »Was habt ihr gemacht?«

»Gekämpft.«

Ein kleiner Polizeiwagen bog um die Ecke. Zwei Uniformierte stiegen aus und griffen nach ihren Schlagstöcken. Als sie mich sahen, warteten sie einen Augenblick.

»Gekämpft«, sagte ich. »Klar, Leute?«

»Komisch«, sagte der Sergeant. »Wenn du in der Nähe bist, dann fangen sie immer alle an, sich gegenseitig zu verprügeln.«

»Das ist ein Geschenk«, sagte ich.

»Natürlich ist es das«, bestätigte der Sergeant.

Dann ging ich in den Pub und trank das erste Glas. Ich musste es mit beiden Händen halten, so stark zitterte ich. Denn eigentlich bin ich kein gewalttätiger Mensch. Ich finde es einfach nur mühsam, den weiten Weg zu gehen, wenn es auch die Abkürzung tut.

Dem ersten Halben folgte ein zweiter. Dann war es 8 Uhr abends, und ich verließ den Pub. Ich manövrierte mich erfolgreich durch die vor der Tür trinkenden Gäste, öffnete die Autotür im dritten Versuch und fuhr los. Doch die Drinks hatten mich in eine Art Traumzustand versetzt, und die Macht der Gewohnheit ließ mich nicht zur Magnolien-Wohnung, sondern nach Lymington fahren. Ich hatte den New Forest bereits halb durchfahren, als ich realisierte, was ich tat. Der schnelle Schluck aus einer Flasche im Handschuhfach überzeugte mich davon, die Gelegenheit zu nutzen und die Stätte meines größten Glücks zu inspizieren.

Also fuhr ich hoch zum Cottage. Und da stand er diskret draußen vor dem Tor geparkt: der schwarze Porsche Boxter von Tony Greely, dem Herrn der Fische. Ich griff noch einmal zur Flasche, diesmal hoffend, dass sie zu meiner Beruhigung beitragen könnte. Was sie nicht tat. Tatsächlich bewirkte sie eher das Gegenteil.

Ich habe wirklich keine Ahnung, was als Nächstes geschah. Doch als ich wieder zu mir kam, stand ich neben einem Boxter, den jemand rot angemalt hatte. Und da ich einen 15 Zentimeter langen tropfenden Pinsel in der Hand und Farbe auf meinen Jeans hatte, muss dieser jemand ich gewesen sein.

Ich legte den Pinsel in den Laderaum meines Transporters. Als ich die Tür zuschlug, hörte ich, wie sich ein Fenster öffnete. Und da sah ich im ersten Stockwerk und von Rosen eingerahmt das nussbraune Gesicht von Tony Greely, der dort splitternackt und mit offenem Mund stand. Ich zeigte ihm meinen ausgestreckten Mittelfinger und fuhr davon.

Ich war noch nicht fertig mit Greely.

Vor der Küste von Anglesey drücke ich die Anruftaste auf meinem Telefon.

Einen Moment lang bin ich besorgt, dass er meinen Anruf nicht annehmen wird. Doch dann sagt eine Stimme: »Hopely Manor Hotel?«

Ich sage so tief und ausdruckslos wie möglich: »Mister Greely?«

»Worum geht es?«

»Fisch.«

Das verschafft mir Gehör.

»Ja?« Die Stimme klingt leicht gedämpft und jungenhaft. »Wer spricht?«

Ich sage: »Ich habe Ihre Leute letzte Woche in Swansea getroffen.«

»Wie bitte?«

»Ich kann Ihnen die Nummer des Kühlwagens geben«, sage ich.

»Mister Smith?«, fragt Greely.

»An wen haben Sie denn gedacht?«

»Oh.« Er lacht; ein nervöses Lachen. Seine Stimme klingt nun im eifrigen Bemühen um Gefälligkeit ängstlicher. »Was können wir für Sie tun?«

»Ich habe noch eine Ladung. Fangfrisch. Exzellenter Preis.«

»Oh?« Jetzt klingt er vorsichtig.

»Zehn Kilo«, sage ich. »Frei vom Schiff am Stadtkai von Aberystwyth. 4 Uhr morgens.«

»Das ist sehr bald.«

»Wenn Sie nicht interessiert sind …«

»Bin ich, bin ich«, beeilt er sich zu versichern. »Der Wagen ist nicht das Problem. Es ist eher die … äh …«

»Finanzierung.«

»Ja.«

Ich bemerke, dass sich auf meinem Gesicht ein breites strahlendes Lächeln entfaltet, obwohl die Reflexion vom Steuerhausfenster eher wie ein Totenkopf aussieht. »Ich komme es holen.«

»Also«, sagt er, jetzt unsicher.

»Oh, dann lassen Sie es wohl besser«, sage ich.

»Nein«, sagt Greely. »Das wird, äh, kein Problem sein.«

»Schön«, sage ich, »wir sehen uns.« Und lege auf.

Als wir in Aberystwyth längsseits gehen, regnet es. Die Gebäude der Stadt glänzen schwarz unter den Lichtern und sehen irgendwie stachelig aus. Am Kai wartet ein Lastwagen. Wir öffnen die Abdeckung der Luke und setzen den Ladebaum in Bewegung. Die Paletten mit den Kisten kommen aus dem Laderaum hoch. Der Lkw-Fahrer verlädt sie mit einem Miniaturgabelstapler. Ich schaue mich um. Kein Polizeiwagen zu entdecken. Aber es ist trotzdem nicht besonders angenehm, Fisch in der totesten Stunde der Nacht anzulanden und zu wissen, dass diese nassen gotischen Fenster voller Augen sein könnten, die gemeine Schlussfolgerungen ziehen. Auch die tiefgefrorene Leiche von Johnny Bonny im Kühlraum verursacht mir Unbehagen.

Als wir die letzten Kisten ausladen, bemüht sich doch ein Polizeiwagen. Ein Wachtmeister steigt aus dem Auto und kommt rüber. Er ist von der Wache in Aberystwyth. Ich habe ihn noch nie gesehen; ein wilder Polizist, kein zahmer. Ich denke, »oh, zum Teufel, jetzt geht es aber los.« Der Wachtmeister sagt: »Was haben Sie in den Kisten?«

»Fisch.«

Er bückt sich über eine Kiste, macht seine Taschenlampe an und sieht Zuchtlachs. Er sagt: »Lassen Sie uns in eine der anderen schauen.«

Aus dem Augenwinkel bemerke ich Georgie, der eine Latte in der Hand hält und den Griff justiert. Ich kann schon die Flammen über den Rand der heißen Pfanne züngeln sehen. »Diese da«, sagt er und tippt auf eine Kiste weit unten im Stapel.

Ich wuchte die Boxen von oben runter. Der Polizist schaut in die Kiste. Die Taschenlampe scheint ins Auge eines schönen frischen und extrem illegalen Kabeljaus aus einer Region weit jenseits der Fangquote. Georgie festigt seinen Griff. Der Polizist sagt: »Also noch mehr Fisch.«

Ich schiele stirnrunzelnd zu Georgie rüber, doch der bemerkt das gar nicht. Und sage, während ich das Zittern aus meiner Stimme verbanne: »Was dachten Sie denn, was das ist?«

»Cannabis. Kokain.« Der Polizist schüttelt den Kopf, und mich durchströmt das erwärmende Gefühl der Erkenntnis, dass er offenbar keine Ausgabe von *Collins Feldführer für Meeresfische in Großbritannien und Nordwest-Europa* in seinem Bücheregal hat. »Ich hasse Fisch.« Es ist 4 Uhr morgens, und er ist gelangweilt. Er will sich unterhalten. Ich nicht. Also schweigen wir ihn tot, bis er schmollend davonfährt. Georgie stellt die Latte vorsichtig an die Wand, an der ich aufgrund meiner wackligen Knie bereits lehne.

»War's das?«, sagt der Fahrer und wirft den Stummel seiner Kippe in den Hafen.

»Das war's«, sage ich. »Ich komme mit Ihnen.«

Er ist ein kleiner ältlich wirkender Mann mit dem geschlagenen Blick eines Menschen, für den das Herumfahren mit Kühlwagen kein selbst gewähltes Vergnügen ist. »Okay«, sagt er. »Springen Sie rein.«

Das tue ich. Während der Lkw davonzieht, sehe ich im Rückspiegel, wie sich die SIRIUS GLEANER auf Kurs Caernarfon vom Kai entfernt. Dort würde sie einen diplomatischen Motorschaden erleiden, bis ich okay und wieder bereit bin.

Die A44 spult sich im Licht der Scheinwerfer ab. In der Fahrerkabine ist es warm und riecht entfernt nach Politur. Ich schlafe wieder ein.

»Guten Morgen«, sagt der Fahrer, als ich aufwache. Es ist hell. Wir passieren eine hügelige Landschaft mit großem Baumbestand. Ich sage: »Wohin liefern Sie das Zeug?«

Er zieht ein Klemmbrett aus der Sonnenblende hervor und sagt: »Hopley Manor Hotel.«

»Schon mal da gewesen?«

»Ich bin nur der Fahrer, nicht wahr?«

»Kurzfristiger Job?«

»Das sind sie alle.«

»Jemals von einem Typen namens Tony Greely gehört?«

»Nein«, sagt er stirnrunzelnd. »Ist das der Boss für diese Lieferung?«

»Wahrscheinlich.«

»Oh.« Er schaltet Radio 2 ein. Gespräche mit Anhaltern gehören nicht zu seinem Job. Und ich sinniere über den kontinuierlichen Aufstieg des Tony Greely. Der Fernsehempfang in Achnabuie ist nicht besonders gut. Ich habe noch nie von Hopley Manor gehört. Ich freue mich darauf, mehr zu erfahren.

Nach einer weiteren Stunde erinnert die zunehmende Grimmigkeit der Landschaft daran, dass wir die Midlands erreicht haben. Es beginnt zu regnen. Wir fahren an einer roten Ziegelmauer entlang, hinter der sich ein großes Gebäude mit vielen aufragenden Türmchen befindet. Auf einem dezent beschrifteten Schild steht HOPLEY MANOR COUNTRY HOUSE HOTEL. Auf dem unteren Rand des Schildes ist eine reproduzierte Unterschrift zu erkennen. Es scheint die von Tony Greely zu sein. Alles deutet auf Ruhm und Ehre hin. Gut gemacht, Tony.

Der Fahrer studiert sein Klemmbrett, während er mit den Knien steuert. »Die Ställe«, sagt er.

Also fahren wir um die Ställe herum, die einst das Zuhause einiger Dutzend Pferde gewesen sind.

Jetzt aber sind die Pferde fort und bestehen die Türen aus gefrosteten Glasplatten, hinter denen hübsch aussehende Frauen auf Computertastaturen trommeln. Was vormals der Heuschober gewesen sein mag, ist jetzt ein Kühlraum. Davor stehen ein halbes Dutzend Kühlwagen. Hier geht es ums ganz große Geld. Und um eine Organisation höchsten Kalibers.

Ein Mann in einem Wachhäuschen dirigiert den Lkw zum Kühlhaus. Die Türen öffnen sich. Ein Gabelstapler beginnt umherzuschwirren. Ich verlasse die Szenerie und stecke meinen Kopf durch die Bürotür. »Wo ist Tony?«, frage ich die dunkelhäutige Frau mit dem perfekten Haar hinter dem Empfangstresen.

»Sie meinen Mister Greely?«, verbessert sie mich, wobei sie den Namen des großen Mannes wie Wein in ihrem Mund schwenkt. »Mister Greely ist gerade für Filmaufnahmen in der Golden Ball Bar.«

»Auf den Scillys?«

»Im Hotel«, berichtigt mich die Frau. »Aber...«

Den Rest ihrer Worte höre ich nicht mehr, denn die Tür hat sich bereits hinter mir geschlossen. Ich gehe hinter dem Lkw entlang durch ein Tor in der Mauer und betrete eine große grüne Rasenfläche. Auf der anderen Seite des Rasens stehen Tische mit Sonnenschirmen. Die Tische sind leer. Was bis auf das glamouröse Mädchen hinter dem Tresen auch für die Rezeption gilt.

Ich sehe, wie ihre Augen mich von meiner Schirmmütze bis runter zu meinen speckigen Stiefeln mustern, und vermute, dass ich nicht dem Typus ihrer üblichen Klientel entspreche. »Die Golden Ball Bar?«, frage ich.

Ihre Augen wandern zu einem Korridor. »Der Dresscode ist sportlich-elegant«, versucht sie, mich zu stoppen, aber da bin ich schon weg, marschiere über die Läufer aus Seegras davon. Das Hotel ist in etwa so betriebsam wie ein durchschnittliches Grab, aber aus der Golden Ball Ball dringen Stimmen herüber. Ich gehe rein.

Ich sehe Tische, einen geschrubbten Holzfußboden, die typischen Greely-Fischkabinette und auf einer schwarzen Tafel eine Menükarte mit Preisen zum Weinen. Tony Greely steht an einem Herd und brät etwas für die Fernsehkameras. Seine Locken drängeln sich unter der Krempe der Kochmütze, die ein wenig abenteuerlich nach hinten geneigt ist. Seine Augen funkeln, seine Zähne blitzen, und sein goldener Ohrring glänzt wie ein Piratenschatz, der gleichzeitig die Magie seiner Persönlichkeit widerspiegelt.

»Und Schnitt«, bestimmt die Regisseurin. »Wundervoll, Darling.« Sie beginnt ihm zu erklären, was sie als Nächstes möchte, während er nach einer spiegelnden Oberfläche Ausschau hält, um sich selbst zu bewundern. Ich sehe, wie er meine Reflexion im Spiegel einer Jameson-Werbung auffängt. Ich sehe, wie sich seine Augen weiterbewegen – und zurückkehren. Dann sehe ich, wie ihm die Kinnlade runterfällt.

»Guten Morgen«, sage ich mit der Stimme von Mister Smith.

»Tony«, sagt die Stimme der Regisseurin und ruft ihn zur Ordnung. Doch vorher dreht sie sich um und faucht: »Wir sind beschäftigt.«

»Ich schaue nur zu«, beschwichtige ich.

»Oh.« Sie schaut Greely an, aber Greely hat die Augen einer Brillenschlange, einen offenen Mund und aschfahle Haut, ganz wie ein toter Kabeljau.

»Wann bist du fertig?«, frage ich ihn, »ich denke, wir sollten uns unterhalten. Aber beende doch erst das Dinner, na, los.«

Die Regisseurin schaut Greely an. Dann schaut sie mich an. Dann sagt sie: »Derek.« Eine große Person ohne Haare auf dem Kopf erhebt sich aus einem Rohrstuhl an einem geschrubbten Holztisch, öffnet und schließt ein großes Paar Hände und kommt auf mich zu. Für einen Moment wünsche ich mir, dass ich Georgie als Rückendeckung mitgebracht hätte. Aber ich habc cine bessere Rückendeckung als Georgie. Ich sage: »Habt ihr schon in den Ställen gedreht?«

Die Regisseurin ignoriert mich. Derek nähert sich wie ein Grizzlybär. Ich sage: »Da gibt es wirklich interessantes Zeug zu sehen.«

»Ah«, sagt Tony mit kränklichem Grinsen. »Das ist Gavin, nicht wahr?« Derek hält inne.

»Das bin ich. Und wir haben gerade eine Auslieferung von …«

»Richtig«, sagt Tony und schneidet mir das Wort ab. »Das ist ja herrlich. Ganz großartig.« Derek geht zu seinem Stuhl zurück.

»Fangfrisch«, sage ich. Die Filmcrew beginnt sich zu entspannen. Der Typ ist also kein zwielichtiges Element aus irgendeinem Drecksloch, das einen lebensgefährlichen Überfall vor laufenden Kameras geplant hat. Er ist ein nobler Hochseefischer, dessen wildes Äußeres von den Gefahren der Tiefe zeugt.

»Wir sollten ein Treffen vereinbaren.«

»Aber…«

»Jetzt«, sage ich. Ich trete mitten ins Scheinwerferlicht, nehme Tony am Arm und sage: »Darling, du siehst fabelhaft aus. Wo?«

»Danke«, sagt er. »In meinem Büro. Zehn Minuten Pause für alle.«

»Aber nicht mehr«, zischt die Regisseurin, deren Lippen jetzt nicht mehr zu sehen sind. Während wir gehen, übernehmen Assistenten die Arbeit und bereiten appetitmachende Nahaufnahmen des Filets von einem mit Schleppnetzen gefangenen Barsch zu, der zur totalen Nachhaltigkeit gewaschen worden ist und nun in Zitronensaft und Fenchel brutzelt.

Wir gehen in ein Büro. Die Tür ist geschlossen. Tony und mich trennt ein Schreibtisch. »Wie kannst du es wagen?«, presst er hervor.

Ich beobachte ihn und denke, wie überraschend es doch ist, dass sich so ein gutaussehender Typ zuerst in einen Kabeljau und dann in eine Ratte mit Ringellocken verwandeln kann. »Wie kann ich was wagen?«, hake ich nach.

Damit hat er nicht gerechnet und sagt: »Reinplatzen.«

»Ach, das«, sage ich. »Es gibt ein paar Dinge, die ich gern klären würde. Und ich denke, dass deine Fans auch daran interessiert wären. Etwa die Frage, warum du Lieferungen schwarzen Fisches kaufst und behauptest, dass amerikanische Ureinwohner sie von

Hand mit selbst gemachten Harpunen gefangen haben. Und warum du bar bezahlst. Auch deine Einnahmen könnten die eine oder andere interessante Frage ergeben. Und um fair zu sein: Du würdest diese Fragen als peinlich empfinden.«

»Das sind nur Vermutungen.«

»Nein, das ist falsch. Ich habe Namen, Nummernschilder und Fotos.«

»Unsinn.«

»Hör zu«, sage ich, weil ich nicht einräumen will, dass ich gar keine Fotos habe und auch die Nummernschilder, selbst wenn ich sie hätte, nicht verfolgen kann, weil ich kein Polizist mehr bin. »Ich habe beobachtet, dass das Hotel nicht gerade gut besucht ist. Und ich nehme an, dass du mit deiner Restaurantkette ziemlich schnell expandiert hast, richtig?«

Seine Unterlippe zuckt. Ich habe recht.

»Ich tippe, dass es den einen oder anderen Gläubiger gibt. Dann schaue ich dich an und sehe einen Mann, der Geld braucht. Und ein Weg, an Geld heranzukommen, ist der, dass jemand anruft und sagt, hallo, ich bin der Bruder deiner Freundin, willst du Fisch für Bares? Stimmt's?«

Er zuckt mit den Schultern. Und schmollt jetzt wirklich. Er wird über einen Ausweg nachdenken. Aber es gibt keinen.

»Die Freundin, mal so nebenbei gefragt. Geht es ihr gut?«

»Miranda geht es sehr gut. Es ging ihr nie besser. Und das muss ich dir auch nicht erklären. Du bist ein Verlierer, Gavin. Sie haben dich bei der Polizei rausgeschmissen. Du hast Johnny vom rechten Weg abgebracht ...«

Das überrascht mich irgendwie. Es ist mir nie in den Sinn gekommen, dass Johnnys Version der Ereignisse mich als einen der Verursacher seiner Probleme darstellt. Ich unterdrücke den Drang, Tony den Tisch auf die Knie zu kippen und ihm den Schädel einzuschlagen. »Das spielt keine Rolle«, sage ich. »Wer hat dich mit Major Davies in Kontakt gebracht?«

»Wer?«

»Du magst ihn Mister Smith nennen.«

Tony schöpft zusehends Selbstvertrauen daraus, dass er hinter dem Tisch sitzt. Er sagt: »Wer in aller Welt glaubst du zu sein?«

Mein Lächeln fällt so gemein aus wie möglich. Sein Blick weicht meinem aus. »Es läuft alles grad nicht so wirklich gut, stimmt's, Tony?«

»Was in aller Welt meinst du?« Er schiebt eine Zeitschrift über den Tisch. Sie ist bei den Fernsehseiten aufgeschlagen. *Die Kunst der Brutzelei – Fischzubereitung mit Tony Greely* ist rot eingekringelt.

»Absolut beeindruckend«, sage ich. »Obwohl 1 Uhr nachts ja wohl kaum als beste Sendezeit zu bezeichnen ist. Und das Hotel ist auch ein bisschen leer, nicht wahr? Und wie viele Leute essen in deinem Restaurant? 50 Prozent der Tische belegt? 60? Uh, das bedeutet Druck. Viel Druck. Und Fisch ist teuer. Also hast du dich für kostengünstigeres Arbeiten entschieden. Oder du bist vielleicht einfach nur gierig. Ist es so?«

»Sei nicht dumm«, sagt er ohne jede Überzeugungskraft in der Stimme.

»Also«, sage ich. »Gier oder Pleite, mir egal. Aber du kaufst schwarzen Fisch für Cash, und ich kann das beweisen. Und an dieser Stelle ist es mit einem Knall um deine Karriere als Mister Naturliebhaber geschehen.«

»Willst du Geld?«, fragt er und streckt die Hand nach einer Schreibtischschublade aus.

»Behalte dein Geld«, sage ich mit einigem Nachdruck. »Erzähle mir nur einfach ganz genau, wer dich mit Mister Smith zusammengebracht hat. Oder ich mache dich auf eine ganz neue Weise berühmt.«

Der Sohn des Meere hat sich aufgelöst wie Eis, das Fisch kühlt. Übrig geblieben ist nur noch die Ratte mit den Ringellocken. Er sagt: »Du kannst mich nicht dazu zwingen.«

»Das glaubst auch nur du.« Ich lehne mich in meinem Stuhl zurück und sehe ihn an. Er vermeidet es, mir in die Augen zu schauen, und wartet darauf, dass ich etwas sage. Gut für mich. Ich hatte diese Art des Schweigens schon in Verhörräumen der Polizei genutzt. Aber Greely ist ein Schwätzer. Und ungeduldig, wieder zu seinem Dreh zurückzukommen. Er würde das Schweigen unterbrechen müssen.

Was er auch tut. Er sagt: »Okay, hast du jemals ein Restaurant geführt?«

»Teures Business, nehme ich an.«

»Am Anfang war alles gut. Dann habe ich expandiert, und nichts war mehr gut. Zu der Zeit hatte ich schon Miranda getroffen, die sich natürlich in mich verliebt hatte.«

Ich schaue ihn an, um mich zu vergewissern, ob er Scherze macht.

Was nicht der Fall ist. Ich sage: »Frauen sind so.«

Er lächelt albern. »Also, Miranda hat mich einigen wirklich tollen Leuten vorgestellt. Ihrem Bruder, ein fabelhafter Kerl.« Diese Art Erkenntnisse der menschlichen Natur können nur dem lebenslangen Anblick von Fisch geschuldet sein. »Und sie weiß, dass die Erschöpfung der Fischbestände heute das größte Problem im Management von Lebensmittelressourcen sind.«

»Tony«, sage ich, »du verkaufst in deinen Restaurants schwarzen Fisch, weil du ihn billig bekommst.«

»Nicht nur das«, sagt er, »die Fangquoten sind total unsinnig. Jenseits der Quoten gefangener Fisch wird tot zurück ins Meer geworfen. Wem soll das nützen?«

»Das tut es nicht«, sage ich. »Doch das ist nicht der Grund, warum du schwarzen Fisch kaufst.« Ich stehe auf. »Du willst mir also nicht erzählen, wie du Davies kennengelernt hast. Okay. Ich schicke dir ein paar Journalisten vorbei, und wir werden sehen, ob sie etwas herausfinden können. Wir beginnen mit deinem Produzenten.«

»Nein«, quietscht er. »Also, gut. Smith, Davies, was immer sein Name ist – er ist ein Spieler. Er hat Geld an Johnny verloren. Hat

Johnny gesagt. Und Miranda fragte, warum ich nicht Geschäfte mit dem Typen machen wolle, weil der dann Johnny seine Schulden zurückzahlen könnte. Sie hat mich irgendwie dazu überredet. Immer alles schön in der Familie halten, weißt du.«

»Ein schönes erwärmendes Gefühl.«

»Eins der Dinge, die Miranda an dir nicht mag, ist dein Sarkasmus«, sagt er. »Sie sagt, dass du dein Polizistendasein zu nah an dich herangelassen hast.«

»Und du hast dein Dasein als Umweltschützer so gar nicht an dich herangelassen.« Er zieht eine grimmige Grimasse. »Schau'«, sage ich, »wenn du schwarzen Fisch kaufen willst, dann ist das deine Angelegenheit. Aber ich stecke da jetzt auch drin, und ich möchte wissen, wie ich hier gelandet bin.«

Er sagt: »Du bist nicht im Spiel.«

Ich sage: »Technisch hast du recht. Das hier ist eine Sache zwischen Johnny, der ... ein ... Idiot ist, und Miranda, die Polizisten liebt, und Mister Smith, mit wirklichem Namen Davies, der das Pokerspielen nicht sein lassen kann, und dir, dem bestaussehendsten und bankrottesten Fernsehkoch Englands. Warum also kommt einer, der für Davies arbeitet, und verbrennt meinen Schlepper bis auf den Wasserpass?«

Er schaut düster: »Deinen Schlepper?«

»Ein Hausboot. Auf dem ich lebe.«

Er lächelt. Es ist ein Lächeln voller Überlegenheit. »Ich nehme an, dass du betrunken warst und im Bett geraucht hast«, sagt er.

Und plötzlich sitze ich nicht mehr im Stuhl und lächle wie ein netter Ex-Polizist im Gewand einer Deckshand. Plötzlich bin ich auf seiner Seites des Tisches, habe ein Knie an seinem Hals und einen Brieföffner an der Haut unter seinem rechten Augapfel. Jetzt verhöre ich einen Menschen, der mir die Freundin ausgespannt und mich verarscht hat. Ich sage: »Mein Boot ist mit Feuer bombardiert worden. Von Leuten, die für Major Davies arbeiten. Also nehme ich an, dass sie auf seinen Befehl gehandelt haben. Wer sind die?«

Er beginnt zu weinen. Er sagt: »Woher soll ich das wissen? Du kannst mir das nicht in meinem eigenen Hotel antun.«

»Und ob ich das kann. Wer?«

»Ich weiß es nicht«, jammert er. »Ich kaufe nur den Fisch von denen.«

»Wie oft?«

»Ein halbes Dutzend Male. Davies war bei der Army. Er steckt nichts in Brand.«

»Und du traust ihm?«

»Ja.«

»Immer noch?«

Er gibt einen mehrdeutigen Laut von sich. Ich stehe auf. Er tastet mit der Hand in seinem Gesicht, um zu prüfen, ob er blutet. »Das Make-up wird es richten«, sage ich. »Wo also hast du den Major kennengelernt?«

»Bei einer Party. Mit Miranda. Sie haben alle im oberen Stockwerk Poker gespielt.«

»Wer hat mitgespielt?«

»Davies. Und Johnny. Und ein paar große Jungs. Iren oder Schotten, das weiß ich nicht so genau.«

»Namen?«

»McSowieso. Hat mich nicht so interessiert.« Er putzt sich die Nase mit einem roten Taschentuch. »Warum fragst du nicht Miranda?«

Ich schaue ihn an. Der Schweiß hat kleine Rillen in seinem Pfannkuchen-Make-up gebildet. Seine Augen signalisieren die Verzweiflung eines kranken Welpen. Fast tut er mir leid. Ich sage: »Das ist eine wirklich brillante Idee.«

Ein Klopfen an der Tür. Die Stimme der Regisseurin sagt: »Ist da drinnen alles okay?« Es mag an der Akustik oder auch meiner Vorstellungskraft liegen, dass ich plötzlich ahne, dass sich dort eine Menge Leute vor der Tür versammelt haben. Tonys Blick nach zu urteilen, denkt er dasselbe. Er erholt sich sichtlich, macht ein finsteres Gesicht wie ein alter Seemann und fragt sich, wie sehr er sich nun traut, entschlossen zu sein.

Ich bin schneller. »Bald schon werde ich dir Kopien aller meiner Urlaubsschnappschüsse und Aufnahmen schicken. Denke jedes Mal daran, wenn du darüber nachdenkst, Spielchen mit mir zu spielen. Also?«

»Also was?«

»Das Geld, das du mir für den Fisch schuldest.«

»Oh.« Er öffnet eine Schublade. Flüchtig überlege ich, ob er eine Waffe darin liegen hat. Doch alles, was ich sehen kann, ist eine Dose Tic Tac und 50er-Bündel, eingewickelt in Bankbanderolen. Er zählt zehn von den Bündeln ab und überreicht sie mir. Ich danke ihm freundlich und stopfe sie in meine Taschen. Dann klettere ich aus dem Fenster, marschiere durchs Blumenbeet und gehe Richtung Stallungen.

Der Truck fährt gerade ab. Er nimmt mich bis zur nächsten Stadt mit: Lymington Spa. Den Rest des Tages verbringe ich mit Zugfahren. Und während wir so durch die frühherbstliche Landschaft schleichen, reflektiere ich. Dass Tony keine Waffe in seiner Schublade hat, ist nicht verwunderlich, denn wir sind ja in England. Die Kugel in Johnny Bonnys Kopf allerdings ist verwunderlich – aus dem gleichen Grund.

Alles läuft immer wieder auf dieselbe Geschichte hinaus: Mochte Major Davies als Mensch und Soldat auch noch so unangenehm sein und daher möglicherweise auch fähig zu töten, so habe ich doch noch nie von einem Major des Royal Logistics Corps gehört, der Exekutionen durchführt, um seine Spielergebnisse auszugleichen.

Es ist an der Zeit, ein paar Sportsfreunde zu treffen.

11

Ich steige in Lymington aus dem Zug, finde ein Taxi und sage dem Fahrer, dass wir nach Sawley Pond fahren. Die Ruinen im Heideland ziehen draußen vor dem Fenster ebenso vorbei wie sandige Felder und Millionärsbungalows. Ich lege mir einen Plan zurecht, wie ich das Gespräch mit Miranda führe. Obwohl es natürlich Miranda sein wird, die das Gespräch führt, weil man genauso gut versuchen könnte einen ausgerissenen Elefanten zu lenken wie ein Gespräch mit Miranda.

Das Taxi fährt weg, und ich mache mich auf den Weg runter zum Bridle Cottage, habe wieder eine trockene Kehle und dieses hohle Gefühl im Magen. Das hier ist mit ziemlicher Sicherheit ein Fehler. Und es wäre nicht der erste, den ich in Bezug auf Miranda mache.

Ich höre das Zischen des Spatens aus dem Küchengarten. Also hole ich tief Luft und gehe seitlich ums Haus herum. Und da ist sie, mit dem Rücken zu mir, hat ein altes blaues Hemd, eine Jeans und Gummistiefel mit Leopardenmuster an. Ihr Haar trägt sie zurückgebunden, während sie ein Beet umgräbt, das ich einst angelegt und in dem ich Pastinaken gezogen hatte.

»Miranda?«, sage ich, doch es klingt wie ein Krächzen. Sie dreht sich nicht um. Ich versuche es noch mal, lauter. Sie gräbt weiter. Ich bemerke, dass dieses Ding um ihren Kopf kein Alice-Haarband ist, sondern ein Kopfhörer. Ich trete auf den kleinen Weg neben ihr und winke.

Plötzlich richtet sie sich auf und nimmt die Kopfhörer ab. Ihr

Gesicht ist vom Graben gerötet. »Warum schleichst du dich auf diese Weise an mich heran?«, faucht sie. »Hau ab, bevor ich die Polizei rufe.«

Ich sage: »Ich war die Polizei.«

Sie öffnet den Mund, sicher um mir zu sagen, dass ich nicht so erbärmlich sein soll. Doch das verärgerte Gesicht verzieht sich plötzlich zu einem Grinsen. Und sie fängt an zu lachen, was entwaffnend ist. »Ich nehme an, du hättest gern einen Whisky?«

Ja, das wär's jetzt. Aber ich sage: »Tee wäre schön.«

»Bleib hier«, sagt sie, »ich will dich in diesen Klamotten nicht im Haus haben. Was glaubst du eigentlich, wie du aussiehst?«

Sie geht ins Haus und kickt dabei ihre Stiefel an der Türschwelle von den Füßen. Ich ziehe die Forke ein paar Mal durch das Pastinakenbeet. Die Wege in diesem Garten hatte ich angelegt, als Miranda und ich verliebt waren …

Lieber nicht darüber nachdenken.

Mit zwei Bechern in der Hand kommt sie wieder raus. Ich rieche Earl Grey. »Immer noch ein Stück Zucker?«, fragt sie.

»Genau.«

Sie setzt sich auf einen Metallstuhl an einem schmiedeeisernen französischen Tisch. Ich sitze ihr gegenüber. »Fragst du mich gar nicht, wie es mir geht?«

»Du siehst großartig aus.«

Sie nickt. Sie weiß es. »Was also willst du? Wenn es um Geld geht …«

»Nein, es geht nicht um Geld.«

Plötzlich hält sie inne. »Ist es Johnny?«, fragt sie.

»Nein. Nicht direkt.«

»Hast du ihn gesehen?«

»Nicht in jüngster Zeit.« Was stimmt. Immerhin war er dieser Tage in Styropor eingepackt.

Sie nippt an ihrem Tee und sieht erleichtert aus, dass ich ihr keine schlechten Nachrichten überbringe, was mir wiederum nicht unbedingt Wohlbehagen verschafft. »Er ist einfach verschwunden«, seufzt sie.

»Das hat er früher schon gemacht.«

Sie zieht eine Schnute. »Ich mag das nicht.« Sie seufzt. »Er ist ein gedankenloser Idiot. Na ja, er wird zurückkommen.« Ich sehe, wie sich ihre Augen mit Tränen füllen.

Offen gestanden, bin ich kurz davor, es ihr beinahe hier und jetzt freiheraus zu erzählen. Ich habe sogar schon meinen Mund geöffnet, um es zu tun. Aber vielleicht haben die Tränen sie an andere Gelegenheiten erinnert, bei denen sie in meiner Gegenwart geweint hat, denn ihr Blick verfinstert sich und sie sagt: »Heute ist der erste Tag, an dem es nicht regnet. Ich würde gern das Beet weiter umgraben. Warum bist du hier?«

Ich nehme einen meiner speziellen tiefen Atemzüge: »Mir sind in letzter Zeit einige sehr merkwürdige Dinge passiert. Ich habe jemanden namens Horace Davies kennengelernt.«

»Den Major«, konstatiert Miranda, wobei sie mich nicht ansieht.

»Wer ist er?«

»Nur jemand aus der Gegend. Er scheint eine Menge Polizisten zu kennen.«

»Johnny hat mit ihm Karten gespielt, ja?«

»Anscheinend.«

»Und viel Geld gewonnen.«

»Ein Wunder.« Liebevoll schüttelt sie ihren Kopf.

»Du hast sie miteinander bekannt gemacht.«

»Ja.«

»Und du hast den Major auch Tony Greely vorgestellt.«

»Möglich.«

»Wie hätten sie sich sonst kennengelernt?«

Sie zuckt mit den Schultern. »Worum geht es?«

»Johnny hat das Boot des Majors zum Ausgleich für dessen Spielschulden genommen.«

»So?«

»Das ist Diebstahl«, erläutere ich mit viel Geduld. »Nur ein totaler Flachwichser stiehlt etwas von jemandem, der der Polizei so nahe steht wie der Major. Und nachdem Johnny das Boot gestohlen hatte, hat er es an Georgie Strother verkauft.«

»An wen?«

»Spielt keine Rolle. Der Major hat sich das Boot zurückgeholt und jetzt schuldet der Yachthandel, in dem Johnny einer der Partner ist, Georgie den Gegenwert des Bootes. Den der Yachthandel nicht aufbringen kann.«

»Dann sag dem Major, dass er abziehen soll. Der Mann ist ein Arschloch. Ein zockendes Arschloch.«

»Nein«, sage ich. »Weil du den Major Tony Greely vorgestellt hast. Und der Major Tony mit illegalem Fisch versorgt und Georgie und mich dabei als Fassade benutzt. Wenn das in den Zeitungen erscheint, ist nicht nur der Major erledigt, sondern auch Tony. Was mich nicht kümmert, aber dich vermutlich.«

Sie saugt an ihrer Oberlippe, um darauf herumzubeißen. Dann sagt sie: »Du bist ein Scheißkerl, weißt du das?«

»Ich?« Ich bin ehrlich schockiert.

»Du verlässt mich. Und jetzt hast du noch den armen Tony in diese ... *Situation* manövriert.«

Ich beschließe, die Frage, wer hier wen verlassen hat, vorläufig zu ignorieren. »Ich war es nicht, der ihn mit dem Major zusammengebracht hat. Machen du und er es noch miteinander?«

»Was machen?« Ihre Augen funkeln fröhlich, das Gesicht straff auf dem schönen Körper.

»Es.«

»Kümmere dich um deine eigenen Angelegenheiten.«

»Nur am Wochenende, würde ich denken«, sage ich. »Ansonsten ist er in seinen Restaurants.«

»Wie kannst du es wagen«, faucht sie. »Wie kannst du es wagen!« und schüttet mir ihren Tee ins Gesicht. Ich wische mir den Early Grey von der Stirn und sage, während ich ihre Wurfhand vorsichtig beobachte: »Ich sehe keinen Grund, warum ich damit nicht persönlich zu den Zeitungen gehen soll.«

»Erpressung«, sagt Miranda, deren Mund jetzt wie ein Briefkastenschlitz aussieht. »Das hätte ich mir denken sollen. Du willst Geld, um deinen grässlichen Freund vom Haken zu bekommen. Du bist so böse wie Calum Johnson und alle diese anderen Leute, mit denen Johnny abgehangen hat. Hau ab, bevor ich die Polizei rufe.«

Ich stehe auf. Ich habe genug Informationen erhalten, während sie ihren Stolz bewahrt hat. Ich sage: »Es war schön, dich zu sehen.«

»Hau ab.«

Ich verbeuge mich, was mir zugute kommt, weil mich der Teebecher auf diese Weise oben am Kopf und nicht am dem rechten Auge trifft. Als ich um das Haus herumgehe, das einst zur Hälfte mir gehörte, schreit sie: »Wenn irgendetwas davon in den Zeitungen erscheint, wird Tony dich erbarmungslos verklagen. Und jetzt hau ab zu deiner stinkenden Polizeischlampe und halt dich aus meinem Leben raus.«

Ich gehe zur Straße und schreibe den Namen Calum Johnson in mein Notizbuch. Heiter blicke ich auf das Asphaltband, das durch die Bäume führt. Es sind nur acht Kilometer nach Lymington. Wer weiß, ob mich nicht jemand mitnimmt?

Bezüglich der Polizeischlampe irrt sie sich: Die roch gar nicht so übel. Definitiv hatte sie eine persönliche Note, aber es gab bei der Polizei von Hampshire kein Verbot für Chanel-Schwaden. Und hätte es eines gegeben, hätte Karen Ansty es ignoriert.

Damals war ich Inspektor beim CID (= Criminal Investigation Department), Karen war Sergeant bei den Uniformierten. Mein Büro war eine Art offener Schrank am Korridor, den Karen auf dem Weg zu ihrem Schreibtisch durchquerte. Sie bewegte sich mit einem gefälligen Gang; sie war eine gefällige Frau, die Polizistin geworden war, um der Allgemeinheit zu dienen. Schnell hatte sie herausgefunden, dass das nicht wirklich die Grundidee war, blieb aber trotzdem; auch, um ihre Kollegen davon zu überzeugen, dass es eigentlich so sein sollte. Normalerweise empfinde ich Gefälligkeit als etwas dünn. Doch wenn du gerade bei jemandem wie Miranda ausgezogen bist, dann ist Gefälligkeit genau das, was du willst. Außerdem hatte ich viel übrig für den Dienst an der Allgemeinheit. In jenem Jahr lud ich sie zu meinem Weihnachtslunch mit den Pfandleihern ein. Ich denke, sie hat das als eine Art Augenöffner wahrgenommen. Danach landeten wir zusammen im Pub und führten eine gefällige Unterhaltung, während sie mit einigen Gläsern Weißwein spielte und ich mir große Gläser mit Whisky reinschüttete. Nach etwa sechs Gläsern löste ihr Gang zur Bar – wo sie eine weitere Runde bestellte – in mir ganz andere Gedanken aus. Sie war mehr als ein erfreulicher Anblick. Da war dieser Schwung ihrer Hüften, wenn sie ihr Gewicht verlagerte …

Und noch eine Runde Drinks. Runter mit den Drinks. Und noch eine Runde. Ich habe keine Ahnung, worüber wir sprachen, bemerkte aber, dass sich unsere Köpfe dabei sehr nahe kamen. Ich nahm den Duft von Chanel wahr, und dachte, was für eine außergewöhnlich freundliche und verständnisvolle Frau sie doch war. Sie muss ganz ähnlich gedacht haben, denn plötzlich hielten wir Händchen, und ich berührte Körperteile von ihr und sie Körperteile von mir. Dann gab es einen Übergang unter dem Deckmantel der Dunkelheit. Danach fand ich mich in einem Bett wieder, das ich als mein eigenes erkannte. Karen lag neben mir und flüsterte mir etwas ins Ohr. Ich hatte das vage Gefühl, dass die Dinge vielleicht nicht ganz so waren, wie sie sein sollten, doch das schrieb ich meinen Schuldgefühlen zu. Ich konnte sowieso keinen Gedanken zu Ende führen, wenn man bedenkt, was wir da in dem guten alten Bett taten.

Das gute alte Bett …

Um mich herum wurde alles dunkelrot, bis wir schließlich eng umschlungen beieinander lagen. Karen schenkte mir dieses laszive Lächeln, das den sonst üblichen Ausdruck ihrer zurückhaltenden Gefälligkeit verdrängt hatte.

Dann realisierte ich, was es mit dem Bett auf sich hatte.

Das Bett hatte einmal mir gehört, tat es aber nicht mehr. Es befand sich jetzt im Besitz von Miranda, meiner mir entfremdeten Ex-Frau, und stand in einem Schlafzimmer im Bridle Cottage, unserem ehemaligen Ehehafen. Aus Versehen pflegten ich und Sergeant Ansty unsere Beziehung in einem Haus, dem ich mich per gerichtlicher Anordnung nicht nähern durfte.

Ups!

Sergeant Ansty fuhr damit fort, an meiner Unterlippe zu knabbern. »Ich liebe dein Haus«, sagte sie. »Ich liebe dein Gesicht. Ich liebe dein …«

In diesem Moment krachte eine Tür auf und eine Stimme sagte: »Was zur Hölle?« Ich kannte die Stimme. Sie gehörte Miranda.

Ich sprang aus dem Bett und sagte: »Das ist ein Missverständnis.«

Miranda stand in einem ihrer typischen langen Kleider und den Cowboy-Stiefeln im Türrahmen. Hinter ihr stand ein Mann im Dinner-Jacket. Es war, soweit ich sehen konnte, nicht Tony Greely; es war ja auch immerhin ein Wochentag. Ich erhob mich und sagte möglichst würdevoll zu Miranda: »Da ist leider ein Fehler passiert.« Dann stolperte ich über meine Füße, fiel auf den Nachttisch und griff auf dem Weg nach unten nach dem Laken. Was sich von Karen löste, aber mich nicht bedeckte. Miranda und ihr neuer Freund hatten das Privileg, zwei postkoitale Polizeibeamte zu beobachten: Sergeant Ansty mit untertassengroßen Augen, die versuchte, sich mit dem Wecker zu bedecken, und mich, den Inspektor, der stilvoll, aber nicht eben warm bekleidet in den Ruinen des Regency-Nachttisches lag.

Irgendwie sind wir rausgekommen. Karen schluchzte, und Miranda kreischte was von Hausfriedensbruch.

»Die Splitter und die Balken«, versuchte ich zu erklären.

»Sie ist so unerfreulich«, sagte Karen.

Wir rasten, nur mit Handtüchern bedeckt, in die Nacht und vermieden es, von der Polizei angehalten zu werden, bis ich in

Boscombe in einen Laternenmast krachte. »Heiße Verfolgungsjagd«, versuchte ich nochmals eine Erklärung.

»Das denke ich mir«, sagte der Verkehrspolizist, ohne seine Augen von Karen abzuwenden, deren Handtuch sich gelöst hatte.

Wenn damals irgendjemand über den Vorfall gesprochen hätte, wäre das sicher ein Grund für ein Rücktrittsgesuch gewesen. Aber das tat niemand. Karen hielt das allerdings nicht davon ab, die Sache als Grund für ihre Auswanderung zu betrachten. Einen Monat später schrieb sie mir eine Postkarte aus Toronto. »Das war es nicht wert«, stand darauf geschrieben.

Da war ich längst wieder im Revier, wo dieser Tage stets eine Flasche in meinem Aktenschrank stand. Ich verstand genau, wie sie sich fühlte.

Jetzt aber spaziere nach Lymington rein, finde ein Bett in einem B&B, wasche den Earl Grey aus meinen Haaren, esse einen Kebab und fange an, in der Angelegenheit Calum Johnson herumzutelefonieren.

Johnson scheint ein beliebter Typ und ein derart enthusiastischer Spieler zu sein, dass er Glücksspiele für jene organisiert, die sie zu spielen wünschen. Darüber hinaus ist er auch ein enthusiastischer Yachteigner. Ihm gehört der 100-Fuß-Schoner VELMA, einst in glorreichen Zeiten von Alfred Mylne gebaut. Mein letzter Anruf geht an Terence Lyke, einen Freund aus Kindertagen, dessen Firma den Bedürfnissen von Superyachten und ihren Eignern dient.

»VELMA?«, hakt Terence nach, nachdem wir ein paar Höflichkeiten ausgetauscht haben. »Ja. Wir haben den Salontisch letzten Monat mit neuem grünen Tuch bespannt.«

»Grünes Tuch?«

»Sie spielen Karten an Bord. Mit schrecklich hohen Einsätzen. Die Yacht ist unter Deck wie ein marokkanisches Bordell eingerichtet.«

»Ich will mit Calum sprechen.«

»Was du dich fragen solltest«, sagt Terence, »ist, ob Calum mit dir sprechen will. Worum geht's denn?«

»Mein Geschäftspartner hatte die Angewohnheit, bei seinen Spielen mitzumachen. Jetzt ist er verschwunden. Kannst du mich an Bord schleusen?«

Eine Weile herrscht Stille. »Du meinst, als alten Freund«, sagt Terence dann.

»Wenn du es so nennen willst.«

»Wir sind nicht wirklich alte Freunde«, sagt Terence. »Wir sind auf die gleiche Schule gegangen. Das ist alles. Du warst ständig in Schwierigkeiten. Und ich mache meine Geschäfte auf Basis von Diskretion. Darum geht es bei den großen Yachten. Insbesondere auf der von Calum.«

»Oh«, sage ich und eröffne die Polizeipause, in der die arglosen Opfer üblicherweise umfallen und dann den Ausweg wählen, dir alles zu erzählen, wovon sie denken, dass du es hören willst.

Terence ist gut in diesem Spiel, aber nicht so gut wie ich. Er sagt: »Aber du kannst mit dem Skipper sprechen. Dave Scott. Sie nennen ihn Scotto.«

Ich danke ihm und lege auf. Ich kenne Scotto. Er ist ein großer Kiwi, der mit einer schwarzen Frau namens Georgia verheiratet ist. Ihre Kinder sind nett, haben aber die falsche Hautfarbe, wenn es nach den Skinheads von Gosport geht. Ich hatte im Juni einen dunkelhäutigen Jungen um Mitternacht die Hauptstraße von Gosport runterlaufen sehen. Er wurde von ein paar Jungs mit leeren Flaschen in den Händen verfolgt. Der Flascheninhalt kam dem Zustand ihrer Gehirne gleich. Ich hatte den dunkelhäutigen Jungen ins Auto gezogen und ihn zur Erleichterung und zur Freude seiner Eltern nach Hause gebracht – zu Georgia und Scotto.

Also rufe ich Scotto an und erzähle ihm, was ich vorhabe. »Uns fehlt für morgen Abend ein Mann. Komm vorbei, du bist willkommen. Es wird dir aber nicht gefallen.«

»Wunderschönes Boot.«

»Das einem Blödmann gehört.«

Am nächsten Tag tauche ich in Ocean Village auf und gehe an den Plastikbötchen vorbei über den Ponton. Am Kopf des Steges liegt die VELMA: 110 Fuß taubengraues Teak, weiße Lackierung, prächtige Erscheinung. Scotto ist im Cockpit. Er ist ein großer Mann mit blondem Haar, das an den Schläfen schon leicht ergraut ist. Er leiht mir einen Rasierer und ein blaues Shirt mit dem Schriftzug VELMA auf der Brust. Dazu eine weiße Hose mit Gürtel und einem Takelmesser. Ich verwandle mich in der Crewunterkunft in eine Deckshand und gehe aufs Vordeck, wo ich die Messingventilatoren über der Kabine im Vorschiff mit Duraglit auf Hochglanz poliere.

Die VELMA ist in der Tat ein erstaunliches Boot. Das Deck verläuft in einem wirklich hübschen Bogen nach achtern. Die beiden Masten ragen stolz in den blauen Himmel. Für einen Moment bin ich wie besessen von der Pracht eines Werkes wie diesem und empfinde eine tiefe Verachtung für die vermoderten Kunststoffwracks, die ich in Achnabuie verkaufe. Dann beginnen der Eigner und seine Gäste an Bord zu kommen. Und ich werde daran erinnert, dass die großartigen Yachten vergangener Zeiten zwar zu den schönsten Dingen zählen, die je an Land oder zu Wasser zu bewundern waren, dass dies aber nicht automatisch auch für ihre Eigner gilt.

Calum Johnson trifft als Erster ein. Er ist ein kräftiger Mann mit rotem, pickligem Gesicht, der einen Blazer und weiße Chinos trägt. Er geht unter Deck, und ich höre, wie er den Steward Denis wegen eines schmutzigen Glases anschreit. Dann tauchen ein paar Mädchen auf, alle klein und wohlproportioniert. Sie regen sich sichtlich auf, als Scotto sie höflich bittet, ihre Zehn-Zentimeter-Stilettos auszuziehen. Eine Dreiviertelstunde später kommen vier Männer den Steg runter. Sie sehen wohlhabend aus und sind in ihren Vierzigern. Zwei von ihnen sind groß, tragen Jeans und Fleece und scheinen keinerlei Interesse an den wunderschönen Booten um sie herum zu haben. Der dritte ist kleiner. Er hat lockiges Haar und ein hartes kleines Gesicht. Er trägt alte Bootsschuhe und bewegt sich mit diesem federnden Gang eines Menschen, der an das Leben auf Booten gewöhnt ist. Er schaut hoch in VELMAs mächtiges Rigg, schüttelt den Kopf und grinst. Der vierte ist Major Davies.

Das ist keine wirkliche Überraschung. Trotzdem schlägt mein Herz laut, während ich mich über den Ventilator beuge und ihn kräftig poliere, aber nicht so kräftig, als dass ich dadurch Aufmerksamkeit auf mich zöge. Ich will nicht, dass Major Davies denkt, dass ich ihn verfolge. Aus dem Augenwinkel sehe ich noch mehr Männer, die aber weiter hinten auf dem Steg kaugummikauend warten. Sie tragen Lederjacken und strahlen Geschäftsmäßigkeit aus. Einer von ihnen ist von enormer Statur, der andere einfach nur riesig. Der kleinere Mann hat schulterlanges Haar. Er behält seine Hände in den Taschen. Der andere Mann hat einen rasierten Schädel und ein fliehendes Kinn. Er schaut sich nach rechts und nach links und nach hinten um und übergibt dem kleinen Mann in den Bootsschuhen eine Brieftasche. Sie sieht aus wie diese Art von Börsen, die voller Geld sein könnten. Doch Geld interessiert mich gerade nicht so, denn ich habe diesen Glatzkopf mit der Brieftasche schon einmal gesehen. Und seinen Freund auch. Sie hatten mich in der Milford-Schleuse von oben beobachtet und später mein Auto angezündet. Und es ist ziemlich wahrscheinlich, dass sie Johnny Bonneville-Clark in den Hinterkopf geschossen und seinen Abgang über Bord versaut haben.

12

Ich wende meinen Kopf wieder ab und poliere um mein liebes Leben. Ich spüre das Beben, als der Motor gestartet wird. Aus dem Augenwinkel erspähe ich unten den Kopf des Majors. Scottos Stimme erklingt aus einer kleinen quäkenden Lautsprecherbox an Deck. »Wirf die Leine vorn los«, sagt die Stimme.

Ich hole die Vorleine ein, lege sie in Buchten an Deck und laufe dann mit dem Ende nach achtern. Der Blick des Glatzkopfes kreuzt meinen, als er sich umdreht, doch es macht seinerseits nicht Klick: keinerlei Wiedererkennung bei ihm. Beim letzten Mal war ich unrasiert und trug Ölzeug. Dieses Mal bin ich leichtfüßig und hell gekleidet, sauber rasiert und stecke in einer Uniform. Wie hätte er mich erkennen sollen?

Der Bug bewegt sich vom Anleger weg. Die Masten malen Kreise in den Himmel. Die VELMA gleitet rasch aus Ocean Village hinaus und nimmt Kurs auf die Gewässer von Southampton. Die Lautsprecher an Deck beginnen zu murmeln. Ich und einige andere Leute, jünger und bulliger als ich, heißen mit den Fallen Wolken von Groß- und Vorsegeln hoch, während ein weiteres halbes Dutzend Männer vorn auf dem Vorschiff den Flieger, die Fock und das Stagsegel setzen. VELMA neigt sich mit ihrer eleganten weißen Seite ins dreckige Wasser und beginnt südwärts zu gleiten. Der Major taucht nicht mehr auf.

Das Boot hat zwei Cockpits: eines für den Eigner und seine Freunde, das andere befindet sich achtern davon und birgt das

Steuer und die Instrumente für die Crew. Scotto gibt dem Ersten Offizier Anweisungen und wandert rüber zum Heck, von wo ich das Kielwasser beim Vorbeiziehen beobachte und den Cash-Kunden meinen Rücken zugewandt habe. »Was willst du machen?«, fragt er.

»Ich möchte sie gern beim Spielen beobachten.«

»Meinetwegen. Wir fahren nach Newtown Creek rein. Sie werden ein paar Drinks nehmen und etwas zu Abend essen. Und dann kommen die Karten auf den Tisch.« Scottos großes Mahagonigesicht ist ein Abbild neuseeländischer Begeisterung. Aber ich spüre, dass es nicht wirklich so ist. »Wir segeln nur, damit sie sagen können, dass sie gesegelt sind. Und, damit Mister McGown es auch einmal versuchen kann. Dann schmeißen wir den Motor an, damit die Drinks nicht vom Tisch rutschen. Willst du sie mal steuern?«

Ich übernehme. Das Steuer ist groß und mit Messing eingefasst. Das Großsegel ragt über meinem Kopf in den Himmel, und der Fockmast trägt einen anschwellenden Turm aus Vorsegel, Stagsegel, Fock und Flieger. Schoner sind nichts, womit man in britischen Gewässern viel in Berührung kommt. Ich peile über das Vorstag einen Berg hinter Cowes an und schaue auf die Windinstrumente. »Die Großschot dichter«, sage ich. Jemand holt sie dichter. Das Boot schiebt jetzt mehr Lage, und ich kann fühlen, wie der Bug auf der Suche nach Wind hochkommt.

»Vorsegel ein bisschen dichter.«

Das Deck hat jetzt eine Schräglage von 25°, aber der Ruderdruck nimmt ab, und das Rauschen verwandelt sich in ein beständiges Dröhnen. 11,9 Knoten, sagt das Log, 12,0, 12,1. Der Flieger flattert. Ich drücke auf den Knopf der Lautsprecherbox, und schon wird er dichtgenommen. Jetzt feuert der Flieger einen Luftstrom über die konvexe Kurve des oberen Vorsegels. Die Zahlen steigen weiter. 12,3 zeigt das Log. 12,4.

Scotto nickt anerkennend. Ich habe fast vergessen, dass er noch da ist. Ich falle leicht ab, um hinter dem Heck einer Fähre durchzugehen, lasse das Boot durch ihren Windschatten gleiten und bringe es wieder in Schwung.

Ich höre, wie Scotto sich räuspert. Dann eine Stimme: »Nicht schlecht.« Irischer Akzent. Die von McGown. Er steht in Luv von mir, ein bisschen hinter mir, starrt auf die Zahlen. 12,5, sagen sie. 12,6.

Scotto räuspert sich erneut, erinnert mich an meine Pflichten.

»Warum übernehmen Sie sie nicht?«, frage ich.

Ich gebe ihm den zu steuernden Kurs. Er schaut mich aus seinem harten kleinen Gesicht an und dann in die Segel. Und beginnt übergangslos, Anweisungen in die Lautsprecherboxen zu bellen.

Die Segel werden gefiert. Vorlieks wehen aus und straffen sich wieder, während die Segel dichtgenommen werden. Er arbeitet sich durchs gesamte Rigg, während er meinen Trimm auflöst und durch seinen ersetzt. Das Rauschen des Kielwassers wird einen Viertelton leiser. 11,9, sagt die Anzeige. 12,0.

Das Trimmen geht weiter. 11,7 sagt das Log. 11,8.

»Der Wind lässt nach«, meldet sich Scotto zu Wort. Das ist seine taktvolle Art des Umgangs mit der zahlungsfreudigen Klientel, denn die Windanzeige bezeugt beständige 16 Knoten.

Noch mehr Kommandos. Die Segel bewegen sich wie Garben. VELMAs Krängung nimmt zu, und ihre Bugwelle schickt Sprühnebel übers Deck, der vermutlich meine schönen glänzenden Ventilatoren ruiniert.

Doch die Zahlen gehen hoch, 12,0, 12,1. McGown dreht sich um und schaut mich an. Es gefällt ihm nicht, dass er langsamer segelt als ich. Was nicht gut ist. Ich hätte mir das aus diskreter Entfernung ansehen und nicht eines der Objekte meiner Überwachung verärgern sollen.

Offenbar hat dieser Mann gern die Kontrolle. Vielleicht ist das der Grund, warum er ein Spieler ist: um sich selbst in eine Position zu bringen, in der die Dinge unberechenbar sind. Vielleicht wird es irgendwann langweilig, die Kontrolle zu haben.

Ich habe davon keine Ahnung.

Ich schleiche mich nach hinten zum Tresen und stelle mich neben ein taffes Mädel namens Bridget und Hunderte Quadratmeter weißes Großsegel und versuche, keine Aufmerksamkeit zu erregen.

Wir gleiten hinaus in den Solent, passieren die Markierungstonne von Bramble und trimmen die Segel für den Raumschotskurs nach Newton. McGowns Telefon klingelt, und er geht unter Deck. Gegen 20 Uhr schieben wir unseren Bug in den Newton Creek, wo die Yacht vor dem immer noch herrschenden Wind geschützt ist. Eine Wolkenformation schleicht sich dick und dunkel aus Westen an und schaltet mit ihrem Eintreffen die Sterne aus. »Das Dinner wird serviert«, sagt Derek, der Steward.

Also gehen alle unter Deck, während wir die Segel einholen, sie in ihre schützenden Persenninge hüllen und die große Tonne im Fahrwasser anpeilen. Es ist eine ruhige Nacht, die erste im Oktober. Ich zittere.

Vielleicht ist es eine Vorahnung.

Wir schießen das Tauwerk auf und waschen die Decks. Dann ist es an der Zeit für das Abendessen der Mannschaft. Es gibt Pizza aus dem Holzkohleofen in der Kombüse. Ich sitze neben Scotto. Wir reden über seine Familie. Es geht ihm gut. So wie auch Georgia mit ihrer Malerei. Sein Sohn ist jetzt ein Bootsbauer. Es scheint, als macht Scotto mich dafür verantwortlich. Es ist überraschend, zur Abwechslung einmal der gute Junge zu sein. Das gefällt mir. »Und wie geht es dir so?«, fragt er.

»Ich bin nur neugierig«, sage ich und vermeide den Augenkontakt mit ihm.

Scotto nickt. Dieser Superyachtskipper ist ein Muster an Diskretion.

»Eine Sache: Hast du jemals einen Typen namens Johnny Bonneville-Clark auf dem Boot gesehen?«

»John«, sagt Scotto, dessen Hirn nur in nautischen Dingen schnell arbeitet. Dann erhellt sich sein Gesicht. »Du meinst Johnny Bonny. Natürlich habe ich ihn gesehen. Als er das letzte Mal an

Bord war, kam er hier runter zu uns und zeigte uns ein Papier, einen Schuldschein über 60.000. Er ließ uns alle aus seiner Whiskyflasche trinken, um das zu feiern. Hätte ich auch nicht ausgeschlagen.« Er runzelt die Stirn und sagt: »Er war jetzt allerdings lange nicht mehr hier.«

»Vermutlich ausgestiegen«, sagt Bridget, die zu meiner anderen Seite sitzt. »Ich hätte das gemacht.«

Zeit, das Thema zu wechseln. »Und wer ist dieser McGown?«

Scotto zuckt mit seinen scheunenbreiten Schultern. »Eine Art Geschäftsmann aus Irland, Norden, Süden, wer weiß? Er mag Segeln. Und Gewinnen. Oder Verlieren. Schwer zu sagen, was davon.« Seine Stirn kräuselt sich leicht: »Er könnte die Kohle auch die Toilette runterspülen. Er hat reichlich davon. Hast du diese Brieftasche gesehen?«

»Nein«, sage ich vage.

»Voller Bargeld. Geh mal runter, wenn sie mit dem Pokern anfangen. Und dann wirf mal einen Blick durch den Spalt in der Speisekammer der Stewards. Irre Einsätze. Die würden meine Hypothek begleichen, aber egal«, sagt Scotto. Dann, mit lauterer Stimme: »Also, hat jemand Lust auf Kartenspielen?«

Was ein allgemeines Stöhnen auslöst. Die Crew verrichtet den Abwasch, dann schiebt jemand eine DVD rein: *Cliffhanger* mit Sylvester Stallone. Ich sitze in einer Ecke und versuche mir einen Reim auf alles zu machen.

Es scheint, als hätte Johnny die Wahrheit gesagt und tatsächlich eine Menge Geld vom Major gewonnen. Wunder gibt es immer wieder.

»Hey«, sagt einer der Vorschiffsleute und übertönt die DVD. »Scott. Ich hasse diesen Film. Können wir in den Pub gehen?«

»Kacke, oder? Wüsste nicht, warum nicht«, sagt Scotto. »Wenn wir losmüssen, könnt ihr sehen, wie ihr nach Hause kommt. Ohne Bezahlung.«

»Klingt fair.« Drei Männer kommen den Niedergang hoch. Vom

Deck ist das Getrappel der Füße zu hören. Und das Rasseln der Blöcke, während sie das Dingi zu Wasser lassen. Dann verhallen ihre fröhlichen Stimmen in der Ferne. Ich wünschte, ich wäre bei ihnen.

Doch deswegen bin ich nicht hier.

Wir sehen den Rest des Films; besser gesagt: Die anderen machen das. Sie grinsen höhnisch, als Stallone seine Haltungsübungen auf dem Pappfelsen absolviert. Ich habe Dringlicheres im Kopf.

Es ist interessant, dass der Major Teil dieses Kartenspiels ist. Und es ist auch interessant, dass Mister McGown der Arbeitgeber der Männer zu sein scheint, die Georgie die SIRIUS GLEANER gestohlen haben. Es erscheint mir möglich, dass der Major und McGown Partner sind. Ich bin an Bord der VELMA gekommen, um herauszufinden, wer Johnny während der Ereignisse gesehen hat, die zur Kugel in seinem Kopf geführt haben. Jetzt trifft mich die Erkenntnis, dass ich einen Punkt erreicht habe, an dem ich vielleicht schon zu viele Informationen erhalten habe. Insbesondere, wenn der Major mich jetzt sehen würde.

Der Film ist zu Ende. Steward Denis kommt von achtern, setzt sich auf die oberste Stufe des Niedergangs im Crewbereich und raucht eine Selbstgedrehte. Scotto fragt ihn, wie es läuft.

»Haufenweise Geld«, sagt Denis von seinem Thron. »Verrückte Idioten. Zwei gutaussehende Mädchen, Drinks überall. Alles dreht sich ums Hochreizen und Mitgehen. Dieser große Typ schuldet dem Iren bereits 50.000 und sieht sehr unzufrieden aus.«

»Denis wird niemals reich sein«, sagt Scotto in die Crew-Runde. »Aber er hat Spaß an seiner Arbeit.« Zu mir sagt er mit leiserer Stimme: »Wenn du einen Blick in die Runde werfen willst, dann versuch es da drin«, und zeigt auf eine Tür.

Ich gehe durch die Tür und finde mich in der jetzt leeren Kombüse wieder. Hinter ihr befindet sich eine Art Butler-Pantry mit Regalen voller Wein und einer vor sich hin zischelnden Espressomaschine.

Die Pantry wird Gott sei Dank durch eine grün lackierte Tür von der Welt des Adels auf der anderen Seite getrennt. Auf Augenhöhe befindet sich ein kleines Bullauge, durch das ich meinen Blick richte. Ich schaue in den Salon der VELMA. An den Spundwänden hängen in Ölfarben gemalte Akte. Ich sehe einen großen Tisch, ledergepolsterte Chesterfield-Sitzbänke sowie eine Reihe Sessel mit hohen Rücklehnen. In der Kabine ist es dunkel. Nur eine grünlich leuchtende Lampe schickt einen gelben Lichtstrahl über den mit grünem Stoff bezogenen Tisch. Die Gäste sitzen um den Tisch herum. Eines der Mädchen gibt die Karten aus. Das übliche Pokergeschwätz stellt sich ein. Die Männer setzen ihre Chips. Der Major schiebt noch mehr rüber. Ein anderer Mann zieht gleich. Mehr Karten, mehr Geld. Calum Johnson spielt nicht. Er sitzt nur da und beobachtet die Szenerie durch seine abgekocht wirkenden, unter Schlupflidern versteckten Augen wie eine Mischung aus Gastgeber und Zuhälter. Mir fällt etwas Merkwürdiges auf: Obwohl der Major der größte Mann im Raum ist und ich seine eisige Ausstrahlung sogar durch das schallisolierte Bullauge hindurch spüren kann, ist nicht er es, der die Veranstaltung dominiert, sondern McGown. Dem Major scheint das nicht zu gefallen. Dennoch, auch das ist deutlich, wird er nichts dagegen unternehmen. Er beobachtet McGown aus dem Augenwinkel, während seine graue Zunge den grauen Mund umkreist. Und lächelt ein kleines Lächeln, das gern gemocht werden möchte, aber nicht gemocht wird. Ganz klar: Der Major hat Angst.

McGown sitzt dort und spielt mit elegant-ökonomischen Bewegungen. Kleine Kopfbewegungen signalisieren den Wunsch nach mehr Karten. Dem Anblick nach barsche Instruktionen fordern zum Erhöhen, Mitgehen oder Aussteigen auf. Der Major beobachtet ihn wie ein Kaninchen eine Schlange.

McGown sagt: »Lassen Sie sehen.« Der Major schüttelt den Kopf. Der kleine Mann zieht das Geld zu sich herüber. Der Major lächelt ihn schwach an. Merkwürdig.

Und noch während ich den kleinen Mann beobachte, wird es zunehmend seltsamer. Kaum merklich runzelt er plötzlich die Stirn, blickt von den Karten auf und schaut direkt durchs Bullauge in der Tür in meine Augen. Er kann nicht wissen, dass ich dort bin, denn in der Pantry ist kein Licht. Von seinem Platz aus können auf der Glasscheibe vom Bullauge nur Reflexionen zu sehen sein. Doch seine Augen scheinen direkt durchs Glas und in meinen Kopf zu blicken. Ich habe das Gefühl, er weiß alles, was ich weiß. Und gerade, als ich das empfinde, zwinkert er mir zu. Kein freundliches Zwinkern, sondern eines, das sagt: Ich weiß es. Du weißt es. Und was willst du dagegen unternehmen?«

Ich finde mich tief erschüttert in der Crewkabine wieder. »Gesehen, was du sehen wolltest?«, fragt Scotto.

Ich nicke. Mein Mund ist zu trocken zum Sprechen. Ich sage zu mir selbst: »Niemand kann durch Glas wie dieses hindurchsehen. Du bildest dir das nur ein. Er ist ein Hypnotiseur, das ist alles.« Und allmählich überzeuge ich mich selbst.

Wir liegen herum, dösen und unterhalten uns. Der Wind hat zugenommen, heult im Rigg. Die Pub-Abordnung kommt zurück. Die Zeiger der Glasenuhr kriechen 2 Uhr morgens entgegen. Denis bedient die Spieler. Ich höre das Röhren einer Kaffeemaschine. Dann kommt er zurück. »Sie sind fertig. McGown hat sie alle ausgenommen«, sagt er. »Calum meint, es ist an der Zeit heimzukehren.«

Wir gehen an Deck.

Es sind keine Sterne mehr da. Der Himmel ist schwarz und bedeckt, aus Nordost strömt kalte Luft herüber. Der Motor brummt leise. Der Anker kommt hoch. Die VELMA steckt ihre Nase raus aus dem Creek und bewegt sich kraftvoll in Richtung des Lichtermeers, das Southampton ist.

Der Wind holt aus der Flut eine gemeine kurze Welle heraus. Scharf und kalt kommt die Gischt über den Bug und segelt das Deck herunter. Wir schrubben den letzten Matsch vom Anker, spritzen das Vorschiff sauber und verholen uns nach achtern ins Lee des Decksaufbaus. Allerdings nicht ins Cockpit, denn da sind schon zu viele Leute – mir ist nicht nach Unterhaltung. Ich will über den kleinen Iren nachdenken, der den Major hat schlaff aussehen lassen. An den der Major an diesem Abend wie viel – vielleicht 50.000 oder 60.000 £? – verloren hat. Das ist viel Geld für einen pensionierten Soldaten. Kein Wunder, dass er schwarzen Fisch verschifft.

Doch würde er so weit gehen und deshalb Morde in Auftrag geben? Das ist ein großer Schritt. Der Major ist ein Tyrann, doch er hat mit anderen Mördern nichts gemein. McGown aber ist ein gänzlich anderes Kaliber.

Eine Tür im Deckshaus öffnet sich. Eine Figur kommt an Deck. Eine breite irische Stimme sagt: »Guten Abend.« Und ich denke dummerweise, »das ist der Teufel«. »Wie ist Ihr Name?«, sagt McGown.

»Gavin«, sage ich.

»Dachte ich mir«, sagt er. Dann schlägt er mir in den Solarplexus.

Aus meinem Körper entweicht alle Luft. Noch während mein Gesicht runtersackt, kommt ein Teil von ihm hoch. Vielleicht sein Knie. Etwas schlägt mir ins Gesicht, und sofort scheint die Nacht von einem Meteoritensturm von Sternen erfüllt. Dann schiebt sich mir irgendetwas heftig in die Brust und ich wanke rückwärts über das Deck. Die Reling trifft mich oberhalb meiner Beine, und ich falle rückwärts ins Meer.

Das Wasser schließt sich über meinem Kopf. Salz strömt in meinen Mund. Ich komme hoch, bekomme kurz Luft und gehe wieder unter. Die Gedanken überschlagen sich in meinem Kopf. Ich befinde mich eine Meile entfernt von Land in einer starken Strömung. Der Wind hat inzwischen vermutlich alle Leute außer dem Steuermann und dem Ausguck unter Deck getrieben. Es ist so viel Wasser übers Deck gekommen, dass sicher niemand von dem Platschen Notiz genommen hat. Als ich wieder hochkomme, sehe ich die helle Klippe der Bordwand knapp an meinem Gesicht vorbeigleiten. Ich rufe, doch der Schlag in meinen Magen hat mir alle Energie geraubt. Das Geräusch, das ich mache, würde sogar ein Kätzchen in Verlegenheit bringen. Ich sehe den Rumpf vorbeiziehen, dann den Überhang des Heckspiegels und spüre, wie das Wasser vom Propeller aufgewühlt wird. Dann gleitet das Hecklicht vorbei. Ich bleibe mit dem Blick gen Himmel in gebetsartiger Haltung zurück.

Etwas kreuzt den Himmel. Schwarz auf Schwarz. Eine Leine. Ein Tau. Reflexartig strecke ich meine Hände mit aller Kraft nach oben und greife es mit meinen Fingern. Es ist ein nasses, unter Spannung stehendes Tau. Das etwas zieht. Ich höre ein Gluckern: das Geräusch eines kleinen Bootes, das sich durchs Wasser bewegt. Es ist das Geräusch des Dingis, um dessen Rückkehr an Bord sich die Pub-Truppe offenbar nicht bemüht hat. Schlampige Scheißkerle.

Schlampige, lebensrettende Scheißkerle.

Ich halte das Tau noch fester. Das kalte Wasser betäubt meine Finger. Ich werde mit der Macht von 10 Knoten durchs Wasser gezogen. Die Taubheit lässt mich den Griff lockern. Ich rutsche seitlich an der Schleppleine runter. Ich spüre die Hitze in meinen Händen, und etwas scheint zu reißen. Ich mache mir leichte Sorgen, dass es Haut ist. Doch es gibt größere Probleme. Beispielsweise der Gedanke daran, was passieren wird, wenn ich meine Haut schone und das Tau hier inmitten des Solents loslasse.

Ich habe eine Idee. Es ist keine clevere Idee, aber ich bin halb ertrunken, mir ist sehr kalt, und ich werde durch die eisige See gezogen. Was nicht gerade ein ideales Umfeld zur Entwicklung von cleveren Ideen ist. Ich zähle bis drei. Dann lockere ich meinen Griff so, dass ich bis ans Ende der Fangleine rutsche.

Sie werden sich vielleicht fragen, warum ich nicht Zeter und Mordio und um Hilfe schreie. Die Antwort ist, dass Atmen all meine Zeit und Kraft in Anspruch nimmt. Darüber hinaus schmiede ich einen Plan, der nicht vorsieht, wieder mit Mister McGown und dem Major auf einem Boot zu landen. Mister McGown ist verantwortlich für den gefährlichen Zustand, in dem ich mich aktuell befinde. Und wenn der Major herausfindet, dass ich ein Mitglied der Crew geworden bin, dann wird er Verdacht schöpfen und schlussfolgern, dass ich ein zu starkes Interesse an ihm habe. Und Scotto wird seinen Job unter Umständen verlieren, die ihm kein gutes Zeugnis gewähren werden.

Das alles geht mir so schnell durch den Kopf, wie ich eine Welle inhalieren und wieder ausspucken kann. Dann berührt meine Hand etwas, das kein Tau ist. Tatsächlich ist es Holz. Der Bug des Dingis, das auf der Vorderseite der zweiten Welle des Kielwassers der VELMA surft. Mein Gewicht auf dem Bug lässt das Dingi wild herumwirbeln. Der Steuermann wird das jetzt jede Sekunde mitbekommen und es reinziehen. Was Ärger bedeuten würde. Also hake ich meinen linken Arm über den Bug und taste am Gürtel nach dem Takelmesser. Ich ziehe es heraus und säge an der Schleppleine.

Wenn es mein Messer wäre, dann wäre es zu stumpf für Butter. Aber Scotto ist ein echter Seemann und hat ein Auge für Details, was sich bis auf die Schärfe von Messern in Ersatz-Crewbekleidung erstreckt. Die Klinge gleitet durch die Schleppleine, als wäre sie aus Zwirn. Und plötzlich ist der Druck weg. Die VELMA zieht davon wie ein großer dunkler Schatten mit hellem Hecklicht, der Glanz ihres Kompasshauses verblasst vor dem schön gearbeiteten Niedergang. So jedenfalls erscheint es mir. Aber ich klammere mich in der unangenehmen Hack-Welle gerade an einem glitschigen Dingi fest und habe keine Zeit, diesen Windhund der Meere zu bewundern – so elegant er auch sein mag.

Ich lasse nicht locker und sammle meine Kräfte. Jedenfalls die, die noch da sind. Als ich bereit bin, hangle ich mich Hand über Hand langsam um das Boot herum nach hinten zum Heck. Dort lege ich beide Arme über die Kante und greife nach der Ruderbank. Ich ertaste einen Ring am Kielschwein, an den ein gesegneter Engel eine Leine gespleißt hat. Vielleicht ist es auch einfach nur der Hebegurt. Ich verschwende keinen weiteren Gedanken an die Auflösung dieser

Frage. Ich greife nach dem Tau und binde einhändig einen Palstek. Den führe ich durch die Einkerbung für das Ruder, stecke meinen Fuß in die Schlaufe und ziehe mich daran hoch und ins Boot.

Das klingt vielleicht einfach. Ist es aber nicht. Und wenn ich früher nicht an so vielen Kentertrainings im Hafen von Poole teilgenommen hätte, wäre ich nicht imstande gewesen, das zu schaffen. Doch Training ist ein starker Partner, insbesondere als Verbündeter der Todesangst im Kampf gegen das Ende. Schließlich liege ich wie ein totes Schaf quer über der Ruderbank und würge literweise Wasser raus, das ich außenbords geschluckt habe.

Nach einer Weile fühle ich, wie meine Kräfte langsam zurückkehren. Ich nutze sie, um mich zu organisieren. Ich finde eine Pütz und schöpfe das Wasser aus dem Boot. Und ich finde die Ruder, also rudere ich. Eine halbe Stunde später erreiche ich das rote Blitzen der Leuchtmarkierung namens Jack in the Basket. Zehn Minuten später klopfe ich an den Rumpf der PANDORA, auf der meine alte Bekannte Harriet Whistler lebt. Harriet leuchtet mit einer Taschenlampe auf mich herunter und fragt mich, was zur Hölle ich da mache. Ich frage mich, wie viel Erklärung sie von mir erwartet.

Nicht viel, wie sich herausstellt. Harriet leiht mir ein Handtuch, das ich mir umbinde. Ich nutze eine seiner Ecken, um die ausgiebig malträtierte SIM-Karte abzutrocknen, und stopfe sie in Harriets Telefon. Dann rufe ich Scotto an und erkläre ihm durch das Knistergewitter in der Leitung, dass ich gedacht hatte, es sei besser, die Yacht mit dem Dingi zu verlassen.

Stille. Dann sagt er: »Du wirst deine Gründe gehabt haben.«

»Hatte ich.«

»Du kannst mir eines Tages erzählen, wie du es gemacht hast.«

»Eines Tages.«

»Wir haben nach dir gesucht. Ich lasse das Dingi abholen.«

»Hat irgendjemand irgendwas mitbekommen?«

»Letzten Endes schon. Du hättest genossen, was ich dem Typen am Steuer gesagt habe, als er mir erzählte, dass wir dich und das

Dingi verloren haben. Ich werde ihnen sagen, dass sie das Dingi abschreiben können.«

»Tut mir leid.«

»Das sollte es.«

Da ist etwas in seiner Stimme, das mir sagt, dass die Konten unserer gegenseitigen Wohltaten nach Scottos Ansicht nun ausgeglichen sind. Also danke ich ihm und versuche eine kleine Konversation mit Harriet zu führen, die eine intelligente und lebensfrohe Witwe ist. Wir haben einigen Gesprächsstoff, denn als ich noch Polizist war, habe ich mal ein paar Idioten festgenommen, die ihren Tender geklaut hatten. Da weder ich noch sie Lust hatten, vor Gericht zu gehen, sind sie alle ziemlich nass geworden. Und Harriet war sehr dankbar. Mitten in einem Satz schlafe ich ein. Als ich am nächsten Morgen wieder aufwache, liege ich unter einer Daunendecke in einer Koje im nicht besonders aufgeräumten Salon, dessen Kartentisch Geranien zieren.

»Ich nehme an, dass du jetzt losmusst«, sagt Harriet nach dem Frühstück. »Wie geht's Miranda?«

»Die kommt ohne mich klar«, sage ich.

»Das dachte ich mir«, sagt Harriet seufzend. »Noch ein Ei?«

»Ja, gern«, sage ich. Mir ist, als hätte es die vergangene Nacht nie gegeben.

Doch es hat sie gegeben. Ganz sicher.

Ein vorbeifahrendes Boot nimmt mich mit an Land. Ich gehe in einen Kramladen, kaufe meiner SIM-Karte ein neues Gehäuse und rufe Georgie an. Soweit ich das erfahrungsgemäß beurteilen kann, klingt er nach Kater. »Also?«, sage ich.

»Also, was? Ich liege längsseits in Caernarfon. Ich warte.«

»Dann fahr los nach Holyhead, und ich nehme den Zug. Eine Sache: Bist du jemals einem Mann namens McGown begegnet?«

»Klingt irisch.«

»So ist es. Ein kleiner Mann. Hart. Die Männer, die dein Boot gestohlen haben, arbeiten für ihn.«

»Ich dachte, sie arbeiten für den Major.«

»Das dachte ich auch.«

»Hier treiben sich eine Menge Iren rum«, sagt Georgie. »Hat damit zu tun, dass Irland nur 20 Seemeilen entfernt liegt. Die haben ihre Finger in allem drin, weil sie so nahe sind, verstehst du. Es ist die Nähe, weißt du. Daneben ...«

»Aber du bist diesem McGown nie begegnet?«, hake ich ein, damit er aufhört zu reden.

»Nicht, dass ich wüsste. Aber ...«

»Wir treffen uns in Holyhead«, sage ich. »Und dann fahren wir los und schauen uns Greenreap noch ein bisschen genauer an.«

»Gavin«, sagt Georgie. »Was wirst du mit dem Geld machen, das du für den Fisch bekommen hast?«

»Ich gebe es dem Major. Abzüglich Provision.«

»Verstehe.« Er klingt enttäuscht.

»Tschüss.«

»Tschüss.« Er legt auf. Ich gehe zum Bahnhof und besteige den Zug auf seinem langen Weg nach Norden.

Als England zu Wales wird, wird aus den Wolken Nieselregen und der Tag zur Nacht. Ich steige aus dem Zug und marschiere rüber zu den Fischdocks. Die SIRIUS GLEANER beginnt sich wie ein Zuhause anzufühlen. In ihrem Steuerhaus brennt Licht, das Georgies mächtige Umrisse erleuchtet. Seine Lippen bewegen sich, während er sich durch die Sportseiten buchstabiert. Als ich auf dem Weg zum Boot bin, sehe ich ein Auto am Kai stehen. Ein silberner Mercedes mit schwarzen Fenstern. Weil es aber immer viele auffallende Autos in Fischereihäfen gibt, schenke ich ihm keine weitere Beachtung. Ich gehe zur GLEANER, haue auf die Gangway und rufe: »Hi, Liebling. Ich bin wieder zu Hause.«

Das Fenster öffnet sich. Georgie steckt seinen Kopf raus und sagt: »Wat? Oh, du bist es.«

Und hinter mir sagt eine Stimme: »Ist das hier die SIRIUS GLEANER?«

Ich drehe mich um. Im Schein der Kailichter erscheint die breitschultrige Silhouette eines Mannes. Ich sage: »Nicht ganz. Warum?«

»Ich soll hier etwas abholen.«

Das muss der Typ sein, der den Fisch erwartet hat, den wir in Aberystwyth angelandet haben. Mich beschleicht eine leichte Furcht; er sieht gewalttätiger aus als die meisten Fischhändler.

»Falsches Boot«, sage ich.

»Oh«, sagt der breitschultrige Mann. Im Lichtschimmer sehe ich eine fette goldene Halskette. »Sind Sie sicher?«

»Das hat er ihnen doch gesagt«, knurrt Georgie. »Wollen Sie sich im Lagerraum umsehen?«

Der Mann schüttelt den Kopf und zieht sich von der Kaimauer zurück, während seine Hand in die Tasche taucht. Ich habe in den vergangenen 24 Stunden schon einen Mordversuch überlebt. Kaum vorstellbar, dass er gleich nicht eine Pistole aus der Tasche zieht. Ich ziehe mich hinter das Steuerhaus zurück. Statt einer Pistole kommt aber ein Telefon zum Vorschein. Im Schein des Bildschirms sehe ich einen teigigen rasierten Schädel und einen Diamantohrring. Ich dreh mich um zu Georgie: »Lass uns losfahren.«

Der Motor der GLEANER läuft schon. Ich schmeiße Vor- und Achterleine los. Während wir den Kai hinter uns lassen, sehe ich, wie der Mercedes zur Straße fährt. Ich verstaue die Leinen und gehe ins Steuerhaus.

»Wer war das?«, fragt Georgie.

»Keine Ahnung.«

Was stimmt. Aber dennoch ist es merkwürdig: Ich habe so einige Fischhändler in meinem Leben kennengelernt. Keiner von ihnen hatte einen kahl rasierten Schädel oder trug Schmuck oder fuhr einen Mercedes mit verdunkelten Scheiben. Vielleicht hat es ja etwas mit dem Preis für Fisch in diesen Tagen zu tun.

Die GLEANER rutscht um die Dublinfähre herum, lässt das verdammte rote Licht an der Hafeneinfahrt an Steuerbord liegen und prescht in Richtung Norden nach Schottland.

13

»Was ist dir passiert?«, fragt Georgie.

Eine exzellente Frage. Ich habe festgestellt, dass Major Davies offenbar einen Geschäftspartner hat, dem er Ehrfurcht entgegenbringt. Und dass seine Begeisterung fürs Pokerspielen groß ist. Und sein Talent zum Gewinnen schwach. Und ich habe seinen Fisch für einen besseren Preis an Tony Greely verkauft, als er ihn in Holyhead erzielt hätte. Das erzähle ich Georgie und reiche ihm einen 1.000er als Provision, was ihm zu gefallen scheint.

»Die Sache ist die«, sagt Georgie, »was unternehmen wir denn jetzt in der Angelegenheit?«, und zeigt auf den Lagerraum. »Ich habe darüber nachgedacht. Warum sollten wir uns die Mühe machen herauszufinden, wer das getan hat? Ich denke, wir sollten was dranbinden und ihn über Bord werfen. Ich meine, es weiß doch niemand, dass er hier ist, oder? Also warum werfen wir ihn nicht ins Meer? Dann wäre er aus dem Weg ...«

»Georgie. In ihm steckt eine Kugel, die aus jemandes Waffe stammt. Und ich brauche eine Beweiskette, die zu dessen Verhaftung führt, bevor sie uns umbringen werden. Das habe ich dir schon gesagt. Früher oder später wird die Polizei nach ihm suchen. Sie mag ja nicht besonders schlau sein, aber sie ist gründlich. Und an dem Punkt werde ich mächtigen Ärger bekommen. Die Polizei hasst mich abgrundtief«, erkläre ich.

»Und ich hasse sie«, sagt Georgie und starrt finster in Richtung der Lichtblitze der Insel Calf of Man.

»Also machen wir es, wie ich es gesagt habe: Wir finden den Mann mit der Pistole, bevor die Polizei es tut.«

»Und was dann?«

Ich stoße etwas aus, von dem ich hoffe, dass es wie ein selbstsicheres Lachen klingt. »Ich konstruiere einen Fall. Wenn ich so weit bin, dann übergebe ich ihn den Autoritäten. Abgemacht?«

»Jo«, sagt Georgie. Er klingt nicht überzeugt. Und das natürlich zu Recht.

»Jetzt also«, sage ich fröhlich, »fahren wir nach Drummie.«

Vom River Clyde behaupten viele, er sei eine romantisch-charmante Arterie in Großbritanniens industriellem Erbgut. Doch als wir die GLEANER am nächsten Morgen im kalten Nieselregen hindurchtreiben, wäre ich deutlich lieber auf Antigua. Leider spielen persönliche Präferenzen beim Versuch, Killer zu fangen, die einen selbst killen könnten, keine große Rolle. Ich lege die GLEANER längsseits an den Steinkai, sage Georgie, dass er niemanden an Bord lassen soll, und mache mich auf den Weg die Schleusen hoch.

Mister Nairn, der Schleusenwärter, ist vermutlich schon im Pub, und ich habe keine Neigung, ihn unnötigerweise an die tragischen Umstände rund um den Verlust seines Telefons zu erinnern. Ich gehe zur zweiten Schleuse hoch und klopfe an die Tür der Frau mit dem Lippenstift. »Guten Morgen, Misses Craigie. Sie erinnern sich vielleicht nicht, aber wir haben uns schon einmal gesehen.«

»Oh, doch. Tue ich«, sagt Misses Craigie, deren Augen in beunruhigender Weise funkeln. »Möchten Sie einen Kaffee trinken?«

»Das wäre sehr freundlich«, sage ich. Sie führt mich durchs Haus zur Sonnenlounge, die den Blick über den Kanal freigibt. Der Garnelentrawler ist immer noch da. Die Blätter der Esche, die aus seinem Steuerhaus herauswachsen, werden schon braun. »Ein oder zwei Stückchen?« Sie kichert. Ich kichere zurück. Dann sprechen wir über das Wetter, klagen gemeinsam über die Boote und den Schleusenwärter Nairn. Ich sage: »Der Grund dafür, warum ich heute hier bin, ist, dass ich mich bei Ihnen für Ihre Unterstützung bei unserem letzten Zusammentreffen bedanken möchte. Ich kann natürlich keine genauen Details preisgeben, aber ich kann Ihnen versichern, dass Ihre Hilfe entscheidenden Anteil an der gelungenen Wiederbeschaffung des Schiffes hatte.« Sie errötet leicht. Sie scheint es zu genießen, auf diese Weise von der Polizei angesprochen zu werden.

»Oh, ja«, sage ich. »Ohne Sie hätten wir uns in einer wirklich unangenehmen Situation befunden.«

Ich bemerke plötzlich ein hartes Glitzern in ihren Augen. »Gibt es eine Belohnung?«

»Nicht im eigentlichen Sinn«, sage ich. »Abgesehen vom erfüllenden Gefühl, seine Bürgerpflicht getan zu haben. Da sind aber noch ein oder zwei Glieder in der Beweiskette, die es noch zu schmieden gilt, bevor wir die Männer sicher mit ihrem Verbrechen in Verbindung bringen können.« Ich scheine mich von Chance vom Yard in den Propheten Elija zu verwandeln. Also komme ich zum Punkt. »Wie viele Männer waren auf dem Boot, als es abgefahren ist?«

Sie setzt sich in ihrem Stuhl zurecht, rückt etwas vor und zieht die Stirn kraus, um ihr Nachdenken zu signalisieren. »Ich weiß es nicht«, sagt sie. »Drei? Vier? Auf jeden Fall mehr als zwei. Da standen zwei Autos. Etwas Buttergebäck?«

Ich nehme mir eine Stange und zerkaue sie. In meinem Mund verwandelt sie sich in Spachtelmasse. Sie schaut mich an und lächelt ihr Lippenstiftlächeln. Dann begreife ich, was sie gesagt hat. »Autos?«, hake ich nach. Sie zuckt beim Anblick des zerkauten Kekses zurück. Sie sagt: »Eines davon ist immer noch hier. Ich meine, es fuhr nicht mehr. Die Kapuzenträger haben es in die Finger bekommen und schrecklich zugerichtet. Noch Kaffee?« Sie schwenkt die Kanne.

»Nein, danke«, sage ich und würge den Keks runter. »Wo ist es?«

Sie zeigt durch das Fenster im Wintergarten. Hinter dem Krabbenfänger steht ein roter BMW. Ein roter BMW, den ich überall wiedererkennen würde. Es ist der rote BMW von Johnny Bonneville-Clark. Allerdings mit einer seltsam eingedrückten Windschutzscheibe und silbrigem Glanz auf den Seitenfenstern.

»Ja, sie haben es schrecklich verwüstet«, klagt Misses Craigie. Aber ich höre sie schon nicht mehr. Ich bin durch die Wintergartentür raus, durch den Garten und den Gestank des Trawlers über die Schleuse und stehe nun neben dem BMW.

Es ist kein schöner Anblick. Die Windschutzscheibe ist zerstört. Außerdem hat jemand das Fenster auf der Beifahrerseite eingeschlagen, um das Türschloss zu entriegeln. Ich bürste die Glassplitter auf dem Sitz mit einem Imbissplastikkarton aus dem Rinnstein weg und steige ein. Dann betrachte ich das silbrige Gewebe auf dem Fenster und denke: »Hier saß Johnny, bevor er auf das Boot ging.«

Ich sehe mir den Müll auf dem Boden im Fußraum der Beifahrerseite an. Es ist der übliche Mulch einer langen Reise, bestehend aus Sandwichverpackungen und leeren Bierdosen. Und weil es sich um Johnny handelte, sind da noch eine leere Absolut-Wodka-Flasche und eine wie von scharfen Rasierklingen zerkratzte CD. Das sind fantastische Hinweise. Allerdings nur darauf, wie er wieder einmal in traditioneller Weise seinen Mut aufpoliert hat. Methodisch suche ich weiter, auch nach weiterer Erleuchtung. Doch es kommt keine.

Während ich wieder aus dem Wagen steige, sehe ich etwas Weißes auf der Ablage über dem Steuer. Ich schaue genauer hin. Es ist eine Rosette von der Art, wie man sie bei Pferdeschauen gewinnt, wenn man ein erfolgreiches Pferd hat. Oder von der Art, wie Leute sie auf einem Samson-Ständer in einem bis auf die Wasserlinie abgebrannten Schlepper hinterlassen.

Diese Leute sind so selbstsicher, dass sie Werbung für sich machen, statt ihre Spuren zu verwischen.

Ich nehme die Rosette von der Ablage und stopfe sie in meine Tasche. Dann gehe ich zurück und schmeichle mich wieder bei

Misses Craigie ein, die den verletzten Blick von jemandem hat, dessen Butterkeks sein Ziel verfehlt hat. Danach laufe ich entlang der Schleusen wieder runter, hole Georgie ab und gehe mit ihm zum Pub.

Nairn kann ich gerade eben im Schummerlicht der Bar erkennen; er ist allein und sitzt an die Wand gelehnt auf einem Hocker. »Spendier ihm einen«, raune ich. Georgie geht rüber und sagt: »Drink gefällig, Kumpel?«

Das Weiße in Nairns Augen wirkt im gelben Schimmer der Glasbausteine schmutzig. »Jo«, sagt er.

»Ein Doppelter«, sagt Georgie. »Du bist Nairn?«

»Jo.«

»Wie isses?«, sagt Georgie. »Ich bin der Skipper der SIRIUS GLEANER. Hallo.« Nairn versucht sich vom Hocker zu erheben, doch Georgie drückt ihn wieder gegen die Wand. »Wir müssen uns unterhalten.«

Der Barkeeper bringt Nairn ein Halbes und noch ein Halbes. Für Georgie bringt er das Gleiche. Ich bleibe im Schatten unsichtbar.

»Die Sache ist die«, sagt Georgie, »mein Boot hat eine kleine Ausfahrt gemacht. Und ich will wissen, wer es genommen hat.«

Nairn schüttelt den Kopf. Ich höre das Glas gegen seine Zähne klappern, während er einen Schluck Whisky nimmt und ihn anschließend mit Bier runterspült. »Keine Ahnung«, sagt er.

Zeit für meinen Auftritt. Ich trete ins Licht und sage: »Lass uns mal zusammenhocken, ja?«

Die Augen blicken zu mir herüber. Georgie und ich benutzen jeweils einen Ellenbogen und setzen ihn auf einen der klebrigen Lehnstühle unter dem Fenster. Der Barkeeper entscheidet, dass jetzt der perfekte Moment ist, die Gläser am anderen Tresen zu polieren.

»Du kannst es entweder uns erzählen«, sage ich sanft, »oder du erzählst es ein paar viel gemeineren Typen als uns. Wer hat die SIRIUS GLEANER aus dem Kanal geholt?«

Nairn trinkt noch einen Schluck, um Zeit zum Nachdenken zu gewinnen. Er sagt: »Dir werd ich die Bullen auf den Hals hetzen.«

»Die Polizei ist egal«, sage ich. »Erzähl uns einfach, wer die GLEANER geholt hat, und Georgie wird dir nicht wehtun.« Georgie reibt seine gewaltigen Finger und knackt mit den Knöcheln.

Nairn windet sich auf seinem Stuhl und sagt: »Auf keinen Fall.«

»Wir haben viel Zeit. Wir können warten.«

Nairn reckt sein Kinn hoch und schließt ostentativ seinen Mund. Georgie lehnt sich nach vorn und flüstert ihm etwas ins Ohr. Eine Pause. Nairn sagt: »Und es bleibt unter uns?«

»Jo.«

»Zwei schlimme Männer«, sagt Nairn. »Dinny Brady und Kevin McGahey.«

»Die kenne ich«, sage ich. »Kevin ist der Große, richtig?«

»Riesiger Typ«, nickt Nairn. »Aber Brady ist der wirklich große Kerl.«

Er kreuzt seine Beine und sieht gequält aus. »Sie kamen mit diesem englischen Typen rein und haben getrunken. Der englische Bursche war nervös, fast so, als wäre er drauf gewesen, versteht ihr? Dinny und Kevin haben ihre Drinks ziemlich schnell geleert, weil man sehen konnte, dass er ihnen peinlich war. Und dann gingen sie auch schon zum Boot. Kann ich jetzt gehen?«

»Jo«, sagt Georgie. Nairn verzieht sich aus der Bar.

Ich beobachte ihn beim Weggehen. Johnny hatte gewusst, wo das Boot war, weil Georgie es ihm erzählt hatte. Und er hatte Dinny und Kevin zum Boot mitgenommen. Vielleicht hatten sie ihn bedroht. Vielleicht hatten sie auch angeboten, ihn zu bezahlen. Vermutlich Geld. In jedem Fall war er ihnen lästig geworden. Und diese Typen hatten ihn dann mit auf See genommen und ihn getötet.

Bäng.

Ich hole tief Luft, öffne den Mund, um Whisky zu bestellen, halte mich aber im letzten Moment zurück. Und frage Georgie: »Warum hat er sich doch entschieden, es dir zu sagen?«

»Er wollte pissen«, sagt Georgie. »Mein Alter hatte diese Prostatasache. Ich kenne die Anzeichen. Ich habe ihm gesagt: keine Toilette, bevor er redet.«

Wir verlassen die Bar und nehmen mit der GLEANER Kurs auf die offene See.

Wir sitzen in den großen Polstersesseln mit den Füßen auf der Konsole und schweigen, als die Insel Ailsa Craig im Süden am Horizont auftaucht. Schließlich sagt Georgie: »Was haben wir vor?« Sein tiefer und nachdrücklicher Tonfall lässt mich ahnen, dass er auf diese Frage zur Abwechslung eine Antwort haben will. »Ich denke, dass Leute andere Leute nicht wegen Fisch umbringen.« Seine Augen ruhen auf mir. »Ich bin nicht so schlau. Würdest du mir also bitte erklären, was hier geschieht?«

»Wenn du mich nicht unterbrichst?«

»Jo. Ich habe den Eindruck …«

»Halt die Klappe. Johnny hat dem Major die GLEANER geklaut, weil der Major ihm Geld geschuldet hat«, beginne ich. »Er hat sie dir verkauft und das Geld ausgegeben. Der Major hat die bösen Männer geschickt, um das Boot wieder einzukassieren. Und Johnny hat ihnen gezeigt, wo das Boot war. Und dann haben die bösen Männer Johnny umgebracht.« Ein Punkt allerdings ist noch unklar: »Vielleicht auf Befehl des Majors, vielleicht auch nicht.«

»Wat?«, sagt Georgie.

»Die bösen Männer arbeiten für jemanden anderen«, sage ich. »Für einen von den Kartenkumpels des Majors. Einen Typ namens McGown. Schon mal von ihm gehört?«

»McGown?«, sagt Georgie. »Nee.« Er schüttelt seinen Kopf. Der starke Kerl aus der Bar ist verschwunden. Jetzt weint er fast vor Selbstmitleid. »Warum musste ausgerechnet mir das passieren?«

»Weil du ein Boot von Johnny gekauft hast.«

»Ich habe ein Boot von dir gekauft«, widerspricht Georgie.

»Wir sind beide betrogen worden«, sage ich. Georgie sieht jetzt wütend aus. »Willst du nun einen großen Wirbel um die Sache machen, oder möchtest du, dass ich dir sage, wie wir lebendig aus der Nummer rauskommen?«

Er öffnet seinen Mund. Ich bin froh zu sehen, dass die Furcht wieder das Kommando über seinen Groll übernimmt. »Mach weiter«, sagt er. Die GLEANER bewegt sich im Strom südlich von Arran wie ein Eimer.

»Ich frage mich, ob der Major und McGown im gleichen Boot sitzen«, sage ich. »Ich glaube, dass der Major McGown große Geldsummen schuldet und dass McGown Teile der Geschäfte des Majors in einer Weise führt, die dem Major vielleicht nicht gefällt. Was interessante Möglichkeiten eröffnet ...«

»Was für Möglichkeiten?«, fragt Georgie mit mahlendem Kiefer.

»Wir könnten die Polizei rufen«, sage ich.

»Keine Bullen«, sagt Georgie.

»Die Alternative ist«, sage ich, »dass wir genau herausfinden, wie Greenreap arbeitet, und sie beim Fischereischutz verpfeifen. Und dann übergeben wir Johnny der Polizei. Mit Kugel und allem.«

»Das sind immer noch die Bullen.«

»Hast du 'ne bessere Idee?«

Georgie schaut am Schutzdeck vorbei ins trübe Wasser. »Wie willst du wissen, für wen die Bullen arbeiten?«

Kein schlechtes Argument.

Es ist schon dunkel, als wir den Sund von Islay erreichen. Die Lichter der Gezeitengeneratoren blinken an der Küste, während die Flut uns den Kanal hochschwemmt. Dann sehen wir das migräneartige Blitzen der Brennerei, und die Strömung lässt uns in der Dunkelheit nach Colonsay reinschießen. Wir legen hart Backbord, und die seewärtige Markierung von Loch Mor kommt beim Blick durchs Steuerhausfenster in Sicht. Das Blinklicht der Tonne scheint das Heckwasser der GLEANER beim Passieren in Blut zu verwandeln. Dann eröffnet sich vor uns die Straße roter Lichter, die bis zum gelben Licht der Greenreap-Schuppen führt.

»Okay«, sage ich. Georgie nimmt das Mikro vom UKW-Sprechfunk von der Kajütdecke und sagt: »Donnie, Georgie.«

»Georgie, Donnie«, sagt eine Stimme. »Was ist los?«

»Wir kommen rein.«

»Wir haben nichts für euch.«

»Oh, okay«, sagt Georgie, »dann sehen wir uns am Anleger.« Er legt den Rückwärtsgang ein, und die GLEANER rollt auf ihrer eigenen Heckwelle an den Kai.

Ich stecke mir ein kleines Aufnahmegerät in die Tasche, trotte zum Vordeck und werfe Donnie eine Leine rüber, deren anderes Ende Georgie an Deck durchholt und belegt. Wir springen beide auf den Anleger.

Donnie steht unter einem weißen Licht. Er sieht zerknautscht aus, als hätte er gerade noch geschlafen. Die Haare auf der rechten Seite seines Kopfes liegen platt an. »Ihr solltet gar nicht hier sein«, gähnt er. »Sind wir aber«, sagt Georgie. Ich bemerke, dass er den großen Schraubenschlüssel mit den geschliffenen Kanten dabeihat. Donnie bemerkt es auch. »Mein Freund hier hat ein paar Fragen an dich.«

»Sollen wir ins Büro gehen?«, sage ich.

Auf dem Weg dorthin singt ein Brachvogel anhaltend und frei. Ich hingegen fühle mich nicht mehr frei. Ich habe das Gefühl, dass wir uns durch einen mit Messern gespickten Irrgarten bewegen. Das Büro ist ein Container mit einem »Rauchen verboten«-Schild. Es riecht nach altem Tabak. An der Wand hängt eine Karte von den Western Highlands. Darauf sind die Greenreap-Standorte mit grünen Stickern in Buchten und auf Inseln markiert, insgesamt etwa 30. Ich drücke auf das Aufnahmegerät in meiner Tasche, gehe rüber zum Schreibtisch und setze mich auf den Stuhl dahinter. Georgie steht an der Tür. Donnie hält sich in der Mitte des Raums auf und versucht Ordnung in seine Gedanken zu bringen. »Wer ist der Boss, Donnie?«, beginne ich.

»Boss?«

»Wem bist du untergeben? Setz dich, setz dich.«

Er zieht eine Karte aus der Kladde. Darauf steht Worsley McGuiness. Darunter eine Telefonnummer in Belfast.

»Ihr seid eine irische Firma?«

»Und die gehört Norwegern. Norgreen.«

»Und wessen Idee ist es, den schwarzen Fisch unter dem Zuchtlachs zu verstecken?«

»Meine nicht«, sagt Donnie.

»Wie lange geht das schon so?«

»Wer seid ihr? Bullen?«

Georgie bringt sich mit seinen Schraubenschlüssel an der Tür in Position. Donnies Augen wandern nervös umher.

Ich sage: »Antworte einfach!«

»Ein Jahr vielleicht.«

»Und was ist mit Major Davies?«

»Wer?«

»So ein großer Kerl. Könnte sich auch Smith nennen.«

»Ach«, sagt Johnny. »Der. Der ist der Bereichsleiter für Norgreen. Auf beiden Seiten der Irischen See. Kümmert sich hauptsächlich um die Auslieferungen. Die Norweger haben keine Ahnung von dem, äh, angelandeten Fisch. Sie holen mit ihrem Schiff etwa alle zehn Tage Lachs ab. Sie haben die Kontakte zu den Supermärkten und all dem. Mister Smith kümmert sich um die regionalen Auslieferungen, wisst ihr, und hat mit dem angelandeten Fisch noch ein bisschen was nebenbei laufen für sich und ein paar irische Leute.«

»Und die bezahlen dich, damit du nicht so genau hinschaust?«

Er zuckt mit den Schultern. »Du versuchst halt auch was vom Kuchen abzubekommen und an deiner ersten Million zu arbeiten. Was habt ihr in der Angelegenheit vor?«

»Nichts, das mit dir zu tun hat.« Ich sitze da mit der Hand in meiner Jackentasche, die inmitten von Krimskrams, Schnüren, Quittungen und anderem Schrott steckt. Mir kommt etwas aus Stoff zwischen die Finger. Ich hole es raus und schaue es an. Es ist die weiße Rosette, die ich auf der Ablage von Johnnys BMW gefunden habe. Ich höre eine Art Zischen und schaue hoch. Donnie starrt das Ding mit krabbengleichen Stilaugen an. Ich sage: »Was ist los?«

Er nickt. Öffnet den Mund und schließt ihn wieder. Sein Gesicht ist grau. Er sagt: »Okay.« Und schenkt mir ein Lächeln, dem die Beschreibung Galgenhumor spotten würde. »Das wusste ich nicht«, sagt er. »Das war mir nicht klar.«

»Was war dir nicht klar?«

Er macht eine Geste in Richtung der Rosette in meiner Hand und lässt sie dabei nicht aus den Augen. »Dass sie … also. Lasst uns doch einfach sagen, dass wir das hier für uns behalten. Ich hab euch nie gesehen, okay? Ich tue, was ich kann, um zu helfen.« Er langt nach einen Stück Papier und einem Stift. »Meine Mobilnummer«, sagt er, »jederzeit erreichbar.« Seine Finger zittern so stark, dass er kaum schreiben kann.

Ich halte die Rosette hoch und sage: »Was hast du deswegen verstanden?«

Er schüttelt den Kopf, sein Gesicht hat jetzt eine schmutzig weiße Farbe angenommen. »Nichts.«

Ich trete einen Schritt dichter an ihn heran. »Du sagst mir das jetzt.«

Er krächzt: »Die Kokarde.«

»Weiter.«

Er sieht so elend aus, fast, als würde er gleich sterben. Er sagt: »Die Weißen.«

»Was ist mit ihnen?«

Er schüttelt den Kopf und setzt sich.

Ich sage: »Okay, meinetwegen. Dann Schluss jetzt mit deinem Unsinn.«

Er sagt »Nein«. Es klingt eher wie ein Angstschrei.

»Alles klar««, sage ich und mache weiter, so gut ich kann. »Willst du ihn noch was fragen, Georgie?«

»Nein«, sagt Georgie mit wahnsinniger Härte in der Stimme.

»Dann lass uns gehen.«

Wir gehen runter zum Anleger. »Die Weißen?«, sage ich.

»Noch nie von denen gehört«, sagt Georgie.

Als wir den Kanal verlassen, verrät mir mein Telefon, dass ich einige Anrufe verpasst habe. Ich drücke auf den Knopf und presse es mir ans Ohr. »Ja?«

»Guten Abend«, sagt die ausdruckslose kalte Stimme des Majors. »Wo zum Teufel sind Sie?«

»Wir erwarten Ihre Befehle.«

»Ich hatte euch befohlen, eine Lieferung nach Holyhead zu bringen.«

Ich sage: »Wir haben einen anderen Käufer gefunden.«

Seine Stimme war von Anfang an kalt. Jetzt aber sinkt sie auf den Gefrierpunkt.

»Was?«

Das Gespräch läuft in eine Richtung, die sich nicht gut anfühlt. Ich sage: »Wir haben einen besseren Preis für Sie erzielt.«

Der Major zischt: »Sie sind der Fahrer, nicht der Verhandlungsführer. Sie haben die Lieferung verkauft?«

»Ja.«

»Dazu hatten Sie nicht das Recht.«

Plötzlich erinnere ich mich an den goldbehangenen Fischhändler in seinem Mercedes mit den getönten Scheiben am Dock in Holyhead. Und die Kälte in Major Davies Stimme kriecht mir ins Mark. Aber ich hatte ihn vor McGown zusammenzucken sehen – das hat den Bann gebrochen.

Ich sage: »Wollen Sie, dass ich losziehe, den Fisch hole und ihn nach Holyhead bringe? Allerdings wird er ja inzwischen am Rande des Verfalls angekommen sein.«

»Fisch«, sagt der Major, und ich kann jetzt neben dem Eis in seiner Stimme noch etwas anderes hören, einen irren und hässlichen Unterton, als würde etwas in ihm über etwas lachen wollen, das nicht einmal im Entferntesten komisch ist. »Nein. Wo ist er?«

Mein Telefon beginnt wieder zu klingeln. Ich sage: »Bleiben Sie einen Moment dran.« Jetzt ist Tony Greely dran. »Tony«, sage ich. »Es ist mir wirklich eine Freude. Aber nicht gerade ein passender Moment, weil …«

»Ich werde dir sagen, warum das hier kein perfekter Moment ist«, sagt Tony mit gedämpfter, dünner und wütender Stimme, die so gar nichts mit dem ozeanischen Gebrüll eines zähen britischen Fischers zu tun hat. »Das hier ist kein perfekter Scheißmoment, weil ich mir den Fisch genauer angesehen habe, den du mit meinem Angestellten gebracht hast. Ich habe entdeckt, dass da nicht nur Fisch drin ist.«

»Wovon redest du?«, sage ich, von seiner Vehemenz aus dem Konzept gebracht.

»Ich rede über das, was ich in einer Kiste mit verdammtem Lachs gefunden habe«, sagt er. »Eingepackt in Plastik. In sehr offensichtlichen Tüten.«

»Was?«

»Ich wollte Fisch«, sagt Tony Greely. »Und du hast mir Fisch gebracht. Du hast mir allerdings auch drei Kilogramm verdammtes Kokain gebracht.«

14

Plötzlich fügt sich alles zusammen wie eine Schneelawine, die auf ein Schweizer Dorf niedergeht. Ich sage: »Du Glückspilz. Pass drauf auf.« Und schalte um auf das Gespräch mit dem Major.

»Ich habe es gefunden. Ich hole es zurück«, sage ich.

»Gut so«, sagt er.

Ich mache das Telefon aus und versuche nachzudenken. Was nicht einfach ist. Viel mehr ist mir nach einem Whisky und einem Ticket zumute, das mich aus dem ganzen Schlamassel rausbringt. Vielleicht zum Mars.

»Wohin jetzt?«, fragt Georgie vom Steuerstand.

»Wir fahren zum Loch Tarbert, nehmen eine Mütze Schlaf und denken nach«, antworte ich.

Also fahren wir zum Loch Tarbert und gehen hinter einer schützenden Landzunge vor Anker.

Georgie brät uns reichlich Eier und Bohnen. Ich esse. Dann nehme ich mein Telefon mit ins Beiboot, klettere einen Hügel rauf, bis ich Empfang habe, und rufe Hamish McDonald an, einen bekannten Doktor Allwissend, den ich einmal bei der Jagd auf einen Menschenhändlerring an der Südküste kennengelernt hatte. Hamish ist ein freier Journalist und kann einen zu Brei reden, wenn er die Chance dazu bekommt. Er nimmt sofort ab. »Ich bin bei der ACPO-Versammlung« (ACPO = Association of Chief Police Officers), sagt er; er denkt immer, dass man an so etwas interessiert ist.

Ich sage: »Ich stelle Nachforschungen zu einem Army-Offizier an, der so halbwegs in Rente ist. Major Horace Davies. Royal-Logistics-Truppe.«

»Der Mann ohne Nerven«, sagt er. »Warum?«

»Warten Sie kurz«, sage ich. »Was wissen Sie noch?«

»Keine Ahnung«, sagt er. Das Interesse in seiner Stimme allerdings fährt wie ein Messer durch mein schläfriges Gemurmel. »Es gibt aber Gerüchte.«

»Die da wären?«

»Er stand der Sondereinheit ziemlich nah. Und den Drogenfahndern in Liverpool. Man erzählt sich, dass er so eine Art Army-Polizei-Verbindungsoffizier war. Was sich natürlich alles komplett leugnen ließe. Außerdem tippen sie, dass er mit einigen Paramilitärs in Nordirland in einem Boot saß. Denn als er damals zu diesen Jungs marschierte und ihnen ihre Waffen wegnahm, war er ziemlich selbstsicher. Fragen Sie in Liverpool nach ihm. Sie waren auch Bulle, richtig? Dann werden Sie schon jemanden kennen.«

»Danke«, sage ich.

»Und werden Sie es mir erzählen?«

»Ich wüsste nicht, warum nicht.«

»Wo sind Sie?«

Ich lehne mich mit dem Rücken an den Felsen, der mir als Stütze dient. Unter mir liegt ein erhabener Strand mit weißen Felsbrocken, die im Sternenlicht wie schon seit 10.000 Jahren blass schimmern. »Hounslow«, sage ich und lege auf.

Mein Polizistendasein hat so ziemlich mein ganzes Leben ruiniert. Aber es hat mir immerhin ein paar nützliche Kontakte beschert. Ich rufe eine Nummer an. Sie ergibt weitere. »Harris«, sagt endlich eine Stimme aus dem Norden. Sie klingt antiquiert und ernst.

»Fred?«

»Wer spricht?« Ich nenne meinen Namen. Für einen Moment höre ich sein langsames Rasseln beim Atmen. Dann sagt er: »Was wollen Sie um diese nächtliche Uhrzeit?«

»Einen Rat.«

Keuchendes Lachen. »Warum sollte ich einem Mann einen Rat geben, der ihn sicher nicht annehmen wird.«

»Vielleicht haben sich die Dinge geändert. Kann ich kommen und Sie treffen?«

»Davon kann ich Sie nicht abhalten.«

»Sie könnten.«

»Ich bin in einem beschissenen Krankenhaus«, sagt Frederick Harris, früher einmal Teil der Drogeneinheit in Liverpool. »Ich habe keine Lungen mehr. Und dafür mache ich die Scheißjoints aus dem Beweismittelschrank verantwortlich.« Pause. Schrecklicher Husten. Tiefe, zischende Atemzüge. Vielleicht wird er künstlich beatmet. »Also gut«, sagt er schließlich. »Dann kommen Sie vorbei und besuchen Sie mich. Eine kleine Abwechslung könnte guttun.« Er gibt mir eine Adresse in Kirkby Lonsdale. »Und Sie beeilen sich besser.«

»Werden Sie entlassen?«

Wieder das schwere und harschige Atmen. »So kann man es auch ausdrücken.«

Ich rudere zum Boot zurück. Als ich aufwache, verleiht die aufgehende Sonne dem Himmel über den Paps of Jura einen Grauschleier. Hohe Wellen klatschen über die seewärtigen Inseln. Ich starte den Hauptmotor und hole den Anker mit der Ankerwinde hoch, gehe nach hinten zum Steuerhaus und wünsche Georgie einen guten Morgen, während ich durch seine Gruft gehe. Im Steuerhaus schiebe ich den Gashebel auf Anschlag. Hinter den Inseln kommen die Wellen wie schwarze Wände rein. Schließlich sind wir raus aus dem Loch und drehen ab nach Backbord. Vor uns öffnet sich der Sund. Ein paar Stunden später liegen wir längsseits des ausgebrannten Wracks in Achnabuie, und ich springe an Land.

»Wann bist du zurück?«, fragt Georgie.

»In ein oder zwei Tagen. Ich melde mich.«

Mein Pick-up steht in einer Ecke des Werftgeländes – unangetastet von Feuer oder Brecheisen. Ich wische eine kleine Regenlache vom Fahrersitz und bringe den Motor im dritten Versuch zum Laufen. Die Seemöwen stürzen sich in den stürmischen Wind aus Nordwest. Der Major war über Funk durchgekommen, und Georgie befindet sich nun auf einer Tour sauberer Lieferungen von Greenreap-Farmen zwischen Loch Mor und Tiree. Soll er gern machen.

Ich versuche einen bequemen Platz zwischen den kaputten Federn zu finden, was damit endet, dass ich den Sitz mit meiner Straßenkarte aufpolstere. Was wiederum dazu führt, dass ich mich nach dem Verlassen der M6 in den Mooren und Heiligtümern rund um Kirkby Lonsdale verfahre. Deswegen ist es bereits 16 Uhr nachtmittags, als ich das Krankenhaus erreiche. Ich gehe über einen belebten Parkplatz, von dem die halbe Bevölkerung des nördlichen britischen Hochlands ihrer kranken Verwandtschaft mit süßen Puddings entgegenstrebt.

Am Empfangstresen sage ich zu einer Frau: »Ich möchte gern Frederick Harris besuchen.« In einer Glasscheibe sehe ich eine Gestalt in Seestiefeln, schmutzigen Jeans, kariertem Hemd und dunkler Wollfilzjacke. Der Haarschnitt lässt zu wünschen übrig, über dem Dreitagebart schauen blutrote Augen zornig drein. Es ist offensichtlich mein Spiegelbild.

Die Rezeptionistin scheint an solche Anblicke gewöhnt zu sein.

Sie sagt: »Er liegt auf der Station im Nebenflügel.«

Der Fred, den ich kannte, sah aus, als würde er viermal am Tag Pasteten essen und sie mit reichlich Bier runterspülen. Der Fred im Bett ist weiß, seine Wangen sitzen schwarz eingefallen in den hervorstehenden Knochen seines Gesichts. Dazu trägt er eine Sauerstoffmaske unter der Nase. Ich sage: »Ich habe kein Obst mitgebracht.«

»Das könnte ich ohnehin nicht einmal hochheben«, sagt Fred. Ich entdecke eine Morphinpumpe an seiner Seite. »Worum geht's also?«

»Sie waren bei der Liverpooler Drogeneinheit, als sich dort auch ein Major Davies rumtrieb.«

Er schließt seine Augen. »Der Captain also«, sagt er.

Ich sage: »Wie war es dazu gekommen, dass ein Soldat mit der Drogeneinheit zu tun hatte?«

»Warum wollen Sie das wissen?«

»Ich schreibe über die Geschichte des Regiments.«

Er öffnet seine Augen wieder und holt Luft, um mir zu sagen, dass ich ihn nicht für dumm halten soll. Dann entscheidet er, dass er dafür nicht genug Lungenkraft haben wird. »Arschloch.«

»Danke.«

»Nicht Sie. Davies. Ich meine, er ist ein cleverer Bursche. Denkt aber immer nur an Davies. Erinnern Sie sich an die Weinstein-Beschlagnahmung?«

»Nein.«

»400 Kilo Kolumbianischer. Wir hatten den Verdacht, dass irische Paramilitärs involviert waren, weil sie zu der Zeit schon nicht mehr an die Politik, sondern eher an einträgliche Geschäfte im Drogenhandel dachten. Holby war der Typ, der die Untersuchung leitete. Ein Kommissar. Einige Beweismittel gingen verloren. Chaos im Beweismittelschrank. Jemand hatte sich bei den Tüten verzählt, ich weiß nicht. Aber Holby hatte die Leitung des Falls. Er wurde beschuldigt, und das war sein Ende. Davies' Beteiligung ließ sich leugnen, also wurde sie bestritten. Frei nach dem Motto: Wenn es widerlegbar ist, kann er nicht verantwortlich sein. Ein guter Organisator, dieser Davies. Schnell. Seine flinken Hände können Augen täuschen.« Harris' Augen schließen sich wieder. Die Atmung ist flach.

Ich sage: »Wasser?«

»Dann würde ich ertrinken.« Ein Flüstern. »Aber wissen Sie was? Er kannte alle diese irischen Verbrecher. Insbesondere einen besonders bösen Mann. Er spielte viel Karten, der Major. Bridge mit den Offizieren und Poker mit den bösen Buben. So war Davies.

Und die Kartenjungs sagten, dass das Spielen mit Davies so war wie ein Spiel mit der Bank von England. Die Mittel waren unbegrenzt.«

Ich nicke und halte seinem Blick stand. Ein Kommandant verdient etwa 40.000 im Jahr.

»Und man erzählte sich«, sagt Fred, »dass ein Teil der Beute von der Weinstein-Razzia wieder auf der Straße gelandet ist. Und ich habe mich immer gefragt, ob die Kartenjungs wohl die Bank von England oder den Pillendreher Davies im Visier hatten?« Das letzte Wort geht in einem schrecklichen gurgelnden Hustenanfall unter. Die weißen Partien in Harris' Gesicht werden grau. Er streckt die Hand nach der Ruftaste für die Krankenschwester aus. Ich drücke sie für ihn. Er starrt mich mit geweiteten, ertrinkenden Augen an. Ich drücke nochmals. Sein Stern sinkt, während ich ihm dumme Fragen stelle.

Ich sage: »Wie war der Name von dem Bösen?«

Die Augen öffnen sich. Der Mund öffnet sich. Das Kinn zittert. Keine Atmung.

»Ich sage: »War es McGown? Von einer Truppe, die man die Weißen nannte?«

Die Augen öffnen sich. Sie sehen überrascht aus. Sie schließen sich und öffnen sich wieder. Ein Zeichen. *Ja.*

Ich sage: »Danke, Fred.« Ich nehme seine Hand, eine kalte knöcherne Hand, und halte sie, bis die Schwester kommt, einen weiteren Knopf drückt, mich aus dem Raum befördert und mir die Tür vor der Nase zuschlägt.

Ich stehe da und schaue auf die Tür. Wir sind mit Johnnys Leiche auf Eis übers Meer gefahren und haben uns irgendwie daran gewöhnt. Die Sache mit Fred ist härter.

Ich drehe mich um, gehe raus ins Freie und steige in den Pick-up. Ich würde wieder nach Schottland fahren. In der gleichen ziellosen Weise, in der man das Bett ansteuert, wenn man müde ist. Dann fühle ich Phantomatem in meinem Nacken. Und einen Phantomschmerz dort, wo die Kugel eingeschlagen ist. Und da sind noch die

33 teuer bezahlten Parkminuten auf dem Ticket vom Krankenhaus-Parkplatz.

Dann rufe ich beim Wohltätigkeitsfonds der Polizei an, nenne ihnen meinen alten Dienstgrad und die Nummer und bitte darum, mich mit Kommissar Holby zu verbinden.

»Holby?«, sagen sie, während ich das Rasseln von Schlüsseln höre. »Pensioniert. Ist vor sehr langer Zeit in Rente gegangen.«

»Haben Sie eine aktuelle Adresse von ihm?«

»Honey Cottage, Chagford, Devon.«

»Scheiße.«

»Wie bitte?«

»Kleine Erkältung«, sage ich. Dann verlasse ich den Parkplatz, achte nicht auf die verbliebenen Parkminuten, finde die M6 und fahre Richtung Süden.

Aber nicht nach Devon.

Es ist 22 Uhr abends, als der Pick-up am Schild des Hopley Manor Hotels vorbeiklappert. Die bekannte Signatur leuchtet im Schein der einzigen Lampe kurz golden auf. Ich wate durch den Schotter und gehe die Stufen hoch zum Tresen, an dem die Rezeptionistin ihre Augen abwendet und mir sagt, dass Mister Greely in der Golden Ball Bar ist.

Heute sind sogar einige Hotelgäste anwesend. Wenn auch nicht viele. Gerade einmal eine Handvoll in der Golden Ball Bar, nachtschwärmende Paare, die sich mit gedämpfter Stimme unterhalten. Tony sitzt an einem der Tische, trinkt Wein aus dem Glas eines anderen und klimpert mit seinen Wimpern in Richtung der weiblichen Hälfte eines Paares. Sie sieht beeindruckt aus. Die männliche Hälfte guckt mürrisch. Was angesichts der Tatsache, dass er gerade 75 £ pro Kopf dafür bezahlt, dass seine Freundin von einem Fernsehmacker angemacht wird, kaum verwunderlich ist. »Guten Abend in die Runde«, grüße ich.

Die Gäste gaffen. Tony dreht sich um, seine Gesichtszüge entgleisen. Er will gerade etwas Unangenehmes sagen, erinnert sich dann aber an die anwesenden Gäste und hält an seinem Lächeln fest. »Auf ein Wort?«, sage ich. Dann zu den Gästen: »Ich bin der Liebhaber.«

Der Typ sieht überrascht aus. Das Mädchen schaut interessiert. »Nur ein kleiner Scherz von ihm«, beschwichtigt Tony. Er drängt mich aus dem Raum hinaus und in sein Büro. »Wie kannst du es wagen«, zischt er. »Wie kannst du es wagen, den Ort hier mit Drogen zu verseuchen und mich vor meinen Gästen zu beleidigen?«

»Sei dankbar. Er war kurz davor, dir eine reinzuhauen«, sage ich. »Was die Drogen angeht: Du hättest sie der Polizei übergeben können, wenn du das wirklich gewollt hättest.«

Tony schmollt. Natürlich hätte er niemals die Polizei gerufen, weil die das Ganze an die Presse hätte durchsickern lassen und die Presse neugierig geworden wäre, wie der Fisch wohl zu Tony gekommen war. Von den Drogen einmal ganz abgesehen. Es hätte sehr viele Fragen gegeben, auf die er keine zufriedenstellenden Antworten gehabt hätte.

Ich sage: »Also. Willst du das Koks nun behalten?«

Er verzieht sein Gesicht in vermeintlicher Ungläubigkeit: »Will ich *was*?«

»Du hast es aus Versehen bekommen. Ich nehme an, dass du es von hier fortschaffen willst.«

»Warte mal einen Moment«, sagt er. »Das ist ganz leicht, äh, Stoff im Wert von 100.000. Du hast es mir in gutem Glauben geliefert.«

»Dann behalte es«, sage ich. »Und finde raus, wie du es verkaufen kannst. Oder vielleicht nimmst du es auch selbst? Und ich rufe die Polizei, und du kannst ihr erzählen, was das alles für ein Riesenfehler war.« Ich lächle ihn beruhigend an, aber er sieht nicht besonders beruhigt aus. »Wenn du das alles aber nicht erleben willst, dann nehme ich es dir ab und übergebe es der Person, für die es eigentlich bestimmt war.« Jetzt hat sein Gesicht wieder den Ausdruck eines Nagetiers. Ich sage: »Und falls du auf die Idee kommst, mich an die

Polizei zu verkaufen – dein Schwarzfischhandel ist bestens dokumentiert. Die Unterlagen dazu werden am Morgen nach meiner Festnahme bei allen Chefredakteuren von Lebensmittelzeitschriften und deinem Fernsehsender auf dem Tisch liegen. Das ist alles vorbereitet.«

»Unsinn«, sagt er.

Was den Nagel so ziemlich auf den Kopf trifft. Aber das kann er nicht sicher wissen.

Also sage ich: »Ich bin kaputt. Ich will ein Zimmer in deinem Hotel. Morgen werde ich dich wie ein schlechter Traum verlassen, und dein Leben wird wieder golden sein.«

Er wirkt, als schlucke er einen unangenehmen Klumpen. Dann sagt er: »Warte hier«, und verlässt den Raum. Ich ziehe an einigen Schubladen, aber sie sind alle verschlossen. Ein Zimmermädchen kommt herein. Ich folge ihr nach oben in ein türkisfarben ausgestattetes Zimmer mit noch mehr Seegras. Der Blick aus dem Fenster gibt die Sicht auf Küchenmülleimer frei. An der Wand steht ein Einzelbett. Mir ist das egal. Es war ein harter Tag. Ich krieche unter die Decke und falle in tiefen Schlaf.

Als ich wieder aufwache, fällt mein Blick zuerst auf das blassgraue Fenster. Es regnet, und das Telefon verrät mir, dass es 7:30 Uhr ist. Ich dusche und gehe runter. Der Kaffee ist ziemlich gut, und es gibt Bio-Räucherhering. Ich esse drei davon und unterschreibe die Rechnung. Dann wate ich wieder durch den Schotter zurück zum Pick-up. Im Fußraum des Beifahrersitzes steht eine Plastiktüte. Ich schaue rein. Sie beinhaltet weitere Plastiktüten, in denen sich reichlich weißes Pulver befindet. Ich hupe zweimal fröhlich und fahre los.

Es ist ein merkwürdiges Gefühl, mit sechs Pfund Kokain in einem klapprigen Pick-up auf Englands Autobahnen unterwegs zu sein. Also verlasse ich die M5 bei Dursley, kaufe Handschuhe, Plastik, Papier und einen Aufkleber, verpacke die Taschen, bringe sie zur Post und schicke das Paket nach Schottland. Dann fahre ich nach Devon.

Honey Cottage liegt am Rand eines steilen Tals und besteht aus einer Reihe von landwirtschaftlichen Gebäuden und einer ehemaligen Güllegrube, die in einen Swimmingpool umgewandelt wurde. Der Türklopfer ist eine Messinghand, die einen leicht polierten Globus hält. Der Garten wirkt in angenehm zurückhaltender Weise aufgeräumt. Was auch für den Mann gilt, der die Tür öffnet. Er trägt Jeans und ein kariertes Hemd unter einer Strickjacke. Sein graues Haar ist kurz geschnitten, die Lesebrille auf den Kopf geschoben. Auch die Augen sind grau und scharfsichtig, sein Blick fest. Er zieht die Augenbrauen hoch und wartet, während er den Eingang blockiert. Ich stelle mich vor: »Ich war früher bei der Southampton CID«, sage ich, »ich möchte mich mit Ihnen über Major Horace Davies von den Royal Logistics Corps unterhalten.«

Seine Augen verengen sich um einen Bruchteil, was aber auch meiner Einbildung geschuldet sein könnte. Er sagt: »Dann kommen Sie besser rein.«

Drinnen ist die Ordnung weniger ausgeprägt. An den Wänden hängen bräunliche Landschaftsbilder, auf einem Stapel Bücher steht verkorkt eine halbleere Flasche Wein. »Sorry für die Unordnung«, entschuldigt er sich. »Tee?«

Ich nehme das Angebot an, und er geht in einen Raum, der die Küche sein muss. Ich schaue mir die Fotos an; das tut man so als Polizist. Es sind Bilder von Holby und ein paar jungen Mädchen, die seine Töchter sein müssen, sowie, im Hintergrund, einer klug aussehenden Frau in einem gemusterten Kleid. Im Teekessel kocht das Wasser. Der Tee kommt, die Beutel sind noch im Becher. Im ganzen Haus gibt es keine feminine Note. Ich frage mich, was wohl mit der Frau im gemusterten Kleid geschehen war.

Er sagt: »Meine Frau ist an Krebs gestorben.«

»Das tut mir leid«, sage ich und bin irgendwie total erschrocken über diesen Akt des Gedankenlesens.

»Ich schreibe über die Geschichte der Polizeiarbeit in West Country. Was kann ich Ihnen über Davies erzählen?«

»Ich habe von einer Geschichte über ihn gehört«, sage ich. »Tatsächlich eine Geschichte über Sie und ihn. Infolge des Weinstein-Falls.«

Die Augen verhärten sich. »Haben Sie«, sagt er. »Was treiben Sie dieser Tage? Sind Sie Reporter? Oder nur ein Komiker?«

Die Komiker-Anspielung zeigt, dass er recherchiert hat. »Ich bin kein Reporter«, sage ich. »Ich bin eine interessierte Partei.«

»Inwiefern?«

»Das erzähle ich Ihnen später«, sage ich. »Ich möchte Sie bitten, mir von Ihrer Beziehung zu Davies zu erzählen, bevor Sie den Dienst quittiert haben.«

Keine Bewegung im langen schmalen Gesicht. Dann sagt er: »Nehmen Sie das auf?«

Es gibt keinen Grund zu lügen: »Ja.«

»Dann stoppen Sie das Band und lassen es mich sehen.«

Ich nehme das Aufnahmegerät aus der Tasche, schalte es aus und lege es auf den Beistelltisch. Er zieht es zu sich heran, versichert sich noch einmal, dass es nicht läuft, und sagt: »Was wollen Sie wissen?«

»Was ist damals passiert?«

»Nach Weinstein? Es ging um Kokain, das in Ananascontainern an Land kam, in Dosen. Wir haben die Operation gemeinsam mit der Army und den Zollbehörden durchgeführt. Wir haben die Lieferung bis zum Übergabeort überwacht und verfolgt. Davies war der Verbindungsmann und Koordinator, als wir reingingen. Und wir waren sehr erfolgreich. 21 Festnahmen und 19 Verurteilungen. Wir haben eine halbe Tonne Kokain beschlagnahmt. Davies organisierte den Transport der Drogen zu unserem Beweislager. Die Anklage brauchte sie natürlich. Dann wurden sie zum Zweck der Vernichtung zur Verbrennungsanlage des Zolls verschifft. Es stellte sich heraus, dass bei der Ankunft beim Zoll einige Hundert Kilogramm von der ursprünglich beschlagnahmten Menge fehlten. Wir untersuchten den Fall, Himmel, haben wir ihn untersucht. Und ich tat, was ich konnte, um das Ganze intern zu halten. Ich muss sagen, dass ich bezüglich der Rolle von Captain Davies in der gesamten Angelegenheit irgendwie besorgt war. Sie wissen ja, wie es mit Drogen so ist: Da können die Leute sehr eigenwillig werden. Also habe ich mich an seine Fersen geheftet. Doch sobald ich damit begonnen hatte, begann das Geschrei der Politiker. Da kam eine Menge Zeugs in der irischen Gemeinde in Liverpool hoch; ich sei ein Rassist und ein Faschist und Gott weiß was noch alles. Und man hat mir ins Ohr geflüstert, dass ich die Klappe halten sollte, weil es Sicherheitsimplikationen und laufende Operationen gäbe. Ich sollte warten, bis man mir ein Zeichen gibt, bevor ich die Untersuchung weiterführe. Doch das Zeichen kam nie.«

Er verstummt, senkt den Blick und schaut auf seine Füße. Schließlich sagt er: »Vielleicht ist es wahr, was später gesagt wurde: Dass ich die Untersuchung nicht mit genügend Energie vorangetrieben hatte. Aber bringen Sie mal genügend Energie auf, wenn Ihnen der Repräsentant des Premierministers zum Thema irische Befindlichkeiten ins eine Ohr schreit und das Krankenhaus ins andere und Ihnen erzählt, dass Ihre Frau nur noch drei Tage zu leben hat und ein Besuch doch schön wäre.« Noch eine Pause. »Ich war also langsam. Aber Davies' Freunde nicht. Sie lenkten die Aufmerksamkeit ihrer geschmierten Schreiberlinge auf mich, und schon war ich umzingelt von Politikern und schrieb meine Kündigung.« Auf seinen Wangen haben sich inzwischen aus Verärgerung rote Flecken gebildet. Er schiebt mir ein Vinylalbum rüber.

Es ist ein seltsames Phänomen, dass einem die Hüter von Gesetz und Ordnung immer ihre Sammelalben zeigen wollen. Das Zeug in dem Album vom Major war verherrlichender Schwachsinn gewesen. Auch das Zeug in Holbys Album ist Nonsens, aber in keiner Weise verherrlichend. Würden diese Ausschnitte mir gehören, würde ich sie als Feueranzünder benutzen und dann nach den Leuten Ausschau halten, die sie geschrieben haben. Um sie auf dem Feuer zu rösten. Es gab Anspielungen auf Saufgelage in Brennereien. Ein detailreiches Bild von einem inkompetenten Officer, der von schemenhaft erkennbaren Drogentypen umgeben war. Und Lokalpolitiker, die ihn einen Rassisten nannten. Außerdem den Hinweis auf eine Befragung, zu der er nicht erschienen war.

Seine Augen folgen mir gierig, während ich die Seiten umblättere. Offensichtlich kennt er das Buch in- und auswendig. Ich schließe es mit einem Schauer im Herzen, der sich von meinem üblichen Gefühl für aufkommende Desaster unterscheidet. Ich sage: »Das ist Schwachsinn.«

Er sagt: »Ich habe es Ihnen ja erzählt. Meine Frau ist gestorben.« Er schüttelt seinen Kopf und richtet seinen Blick auf etwas, das weit hinter ihrem Bild auf dem Kaminsims zu stehen scheint. »Ich bin zur Polizei gegangen, weil ich Menschen helfen wollte. Am Ende konnte ich nicht einmal ihr helfen. Ich kann nicht behaupten … dass ich die Dinge im Griff hatte. Das war nicht sehr gut.«

»Die Polizei hätte helfen müssen.«

»Sie haben mir Beratung angeboten.« Dazu lächelt er breit wie die Tastatur eines Klaviers. »Das hat offenbar ganz toll geholfen.«

»Also sind Sie einfach gegangen.«

»Und habe gewartet«, sagt Holby. »Und jetzt sind Sie hier. Und ich werde Ihnen erzählen, was Sie wissen wollen. Aber erzählen Sie mir nichts über irgendetwas, für das Sie sich nicht vor Gericht verantworten wollen.« Ein kurzes Lodern in seinen Augen. »Oder ich werde an Ihnen eine Bürgerverhaftung vornehmen. Verstanden?«

»Ja«, sage ich. Und ich weiß, dass ich endlich einen aufrichtigen Bullen kennengelernt habe. Ich sage: »Sie denken, es hat eine irische Beteiligung gegeben. Politisch motiviert?«

»So hätte man es damals wohl formuliert. Doch im Nordirlandkonflikt behaupteten sie, dass es bei Diebstählen und beim Dealen darum ging, Geld für die Kriegsbemühungen zu sammeln. Und vielleicht stimmte das auch. Später natürlich nicht mehr. Sie waren nur Abschaum, der mit seinen dreckigen kleinen Fingern in alle Töpfe langte. Doch niemand in Irland hätte sie angefasst. Und sie hatten Unterstützung in England.«

»Irgendwelche Namen?«

»Ich gebe Ihnen keine Namen.«

»McGown?«

Er blinzelt und sagt: »Sehr gut.«

»Und zwei Männer namens Brady und McGahey. Eine Gruppe, die sich ›Die Weißen‹ nennt.«

Er öffnet den Mund, um etwas Überraschtes zu sagen. Doch dann wird er von einer anderen Emotion ergriffen und schaut weg. Das Licht fängt eine Träne ein, die sein Gesicht runterläuft. Ich fühle mich schrecklich. Das hier ist das einzig überlebende anständige menschliche Wesen, das ich innerhalb einer Woche getroffen habe. Und ich habe es zum Weinen gebracht. Ich sage: »Tut mir leid.« Und bemerke dann, wie dumm das klingt.

»Sie haben Marys Onkologen aufgespürt«, sagt er. »Sie haben ihn auf dem Rasen seines Grundstücks vor seinen Kindern zum Lügen gezwungen. Sie haben ihm das Gesicht eingeschlagen und eine Rosette auf ihm hinterlassen. Es machte keinen großen Unterschied. Sie wäre ohnehin gestorben. Aber sie wollten, dass es wehtut.« Er nimmt ein Taschentuch aus dem Ärmel und schnäuzt sich die Nase. »Ich wäre also sehr glücklich, wenn Sie bezüglich dieser Leute etwas unternehmen können. Und nicht sehr überrascht, wenn sie Sie töten. Weil Sie den ganzen Weg hier herauf auf sich genommen haben, nehme ich an, dass Sie gute Absichten haben. Aber all dieses Chaos, als Sie den Dienst verlassen haben … Also ich denke, dass Sie ein bisschen was von einem Komiker haben.«

Ich sage: »Es war nicht so, wie es geklungen haben mag.«

»Nein«, sagt er. »Vermutlich nicht. Wollen Sie einen Drink?«

Ich will schon Ja sagen, doch stattdessen sage ich Nein und stehe auf. Er gibt mir eine Karte und eine Mobiltelefonnummer. Und so weit sein Gesicht überhaupt fähig ist, einen Ausdruck anzunehmen, so sieht er aus, als tut es ihm leid, dass ich gehe. Er sagt: »Wenn ich irgendetwas tun kann, um zu helfen, diese Männer zu kriegen …« Und schüttelt meine Hand. Ich gehe zur Tür raus und starte meinen

Truck. Als ich mich umsehe, steht er in der Tür und winkt. Und ich denke, dass ich möglicherweise etwas gewonnen habe, das in meinem Leben als Freund durchgeht.

Das allerdings unter Vortäuschung falscher Tatsachen. Ich hatte ihm gesagt, dass einer meiner finalen Auftritte bei der Polizei, für die ich bekannt war, nicht so gewesen sei, wie es geklungen hat. Doch wenn ich ehrlich mit mir bin, dann hatte es sich eben doch genau so zugetragen.

Schauen wir, wie Sie darüber denken.

15

Es ist nicht leicht, gleichzeitig Yachtmakler und Polizist zu sein. Das gilt insbesondere dann, wenn man zwei Flaschen Whisky am Tag trinkt und die wenigen Freunde, die überhaupt noch mit einem sprechen, dir andauernd sagen, dass du einen Nervenzusammenbruch hast. Das war in etwa mein Zustand, nachdem ich bereits ein Jahr in der Wohnung in Boscombe gewohnt hatte. Ich hatte es nie geschafft, die Wohnung rot zu streichen. Es war also weiterhin ein trister Kasten, in dem ich mich so selten wie möglich aufhielt. Doch mein Rechner funktionierte bestens, und in seiner Fantasiewelt verkaufte Gavin Chance Marine wunderschöne Yachten aus einem Büro unter säuselnden Palmen. Eines Morgens klingelte das Telefon. »Bruce Laing«, sagte eine Stimme. »Ich gehe nach Hongkong und habe dort ein Boot gekauft. Ich will also das alte verkaufen. Wie sieht's damit aus?«

Natürlich war das prima. Laing war ein alter Bekannter aus der Zeit, bevor ich das Interesse am Leistungssegeln verloren hatte. Sein Boot vor dem jetzigen war gestohlen worden. Er war damit zu mir als seinem Freund bei der Polizei gekommen. Ich hatte ihn darüber aufgeklärt, dass es bei Einschaltung der Polizei sehr unwahrscheinlich sein würde, dass er seine Yacht noch in derselben Saison wiederbekäme – oder dass er sie überhaupt wiederbekäme. Aber ich hatte angeboten, zu tun, was ich konnte. Inoffiziell.

Natürlich war er darüber erfreut gewsen. Also hatte ich mir Wetter und Gezeiten genau angesehen und begonnen herumzutelefonieren. Mit dem 23. Anruf fand ich es in St. Peter Port. Ich nahm also einen Tag Urlaub und flog nach Jersey, wo ich das Boot in Händen eines bemerkenswert bekifften Hippies vorfand. Ich sagte ihm, dass er nicht dumm sein und Leine ziehen soll. Das Boot brachte ich mit der nächsten Flut zurück nach Poole. Laing war sehr beeindruckt. Und honorierte die Aktion entsprechend seiner Ankündigung.

Nachdem ich an jenem Tag meinen Dienst absolviert hatte, zog ich meinen besten Blazer aus dem Stapel vom Schrankboden, bügelte eine Jeans und zog meine schicksten Segelschuhe an. Dann nahm ich ein paar Schlucke Bell's, zerkaute ein halbes Dutzend Pfefferminzbonbons und stieg in den verbeulten Sierra.

Das Boot war eine Da Gama 60, ein Charlie-Agutter-Design, eine wundervolle große Slup, luxuriöser als die meisten Häuser. Bruce war ein braun gebrannter Typ, sehr in Eile und deshalb nicht so zackig drauf wie sonst. Wir hatten ein kurzes Meeting im Cockpit der Yacht.

Ich sagte: »Wie viel willst du für sie haben?«

»Sie hat wundervolle Eigenschaften«, sagte er. »Was denkst du?«

Ich schaute auf das perfekte Teakdeck unter meinen Segelschuhen. Ich ließ meine Augen hoch ins majestätische Rigg wandern. Ich dachte an die verspiegelte Eignerkabine mit eigenem Bad an der Kopfseite, an die Philippe-Starck-Pantry, die Waschmaschine und überlegte: »Was immer ich vorschlage – er wird mehr wollen.« Also sagte ich: 900.000.«

»Pfund?«, sagte er. »Du machst Witze! 1,3 Millionen.« Ich lächelte reuig. »Ich werde mein Bestes tun«, sagte ich.

»Da bin ich mir sicher. Es eilt nicht.« Er übergab mir die Schlüssel und ging von Bord.

Nun, meine Wohnung war schrecklich und Johnnys Gläubiger schickten mir ständig ihre bösen Briefe per Post, weil er ihnen meine Adresse als seine gegeben hatte. Also – und ich gestehe, dass ich das im Hinterkopf hatte, als ich Bruce die 900.000 nannte, weil sich das Boot für den Preis nicht verkaufen lassen würde – hatte ich nun ein neues schwimmendes und mietfreies Zuhause mit ein paar Flaschen Bell's in den Schapps an Bord. Und mit Morgan's Eiscreme …

Morgan's Eiswagen stand mit Eiskugelmeister Henry in einer Ecke von Wardell's Bootswerft. Wardell's war die letzte Werft alter Schule im Hafen von Poole, einem bezahlbaren Ort, um ein Schlauchboot und einen alten Ford Sierra zu parken. Als ich eines Abends im Juni frisch aus dem Schankraum der Bar im Saracen's Head kam, bemerkte ich eine kleine Schlange vor Morgan's Eiswagen. Was merkwürdig erschien, denn Henry macht gewöhnlich kein großes Aufheben davon, den Eisportionierer tanzen zu lassen. Ein Naserümpfen reichte ihm zur Erfüllung der eigenen Hygieneansprüche. Weshalb er normalerweise schnell war. Ich wiederum befand mich in einem Zustand der Trunkenheit, in dem man jeder auch noch so kleinen Ungewöhnlichkeit den eigenen Stempel aufdrücken möchte. Also ging ich rüber, um nachzusehen.

Die Schlange hatte sich bereits aufgelöst, als ich am Eiswagen ankam. Aber Cyril Dobson, Mädchen für alles auf der Werft, war noch da und schüttelte seinen mit Antifouling bespritzten Kopf. Hinter dem Fenster des Eiswagens bewegte sich eine Silhouette. Sie war zu dünn für Henry. Und zu groß. Ich ging näher ans Fenster heran, um mir ein Vanilleeis in der Waffel zu bestellen. Doch meine Stimme versagte mit offenem Mund.

Henry war nicht im Eiswagen. An seiner Stelle war da ein Mädchen. So um die 20 Jahre alt. Sie hatte makellose Haut in der Farbe von Eis aus Cornwall und bernsteinfarbene Augen, die leicht schräg über ihren Wangenknochen angeordnet waren. Ihr blondes Haar hatte sie mithilfe eines Malerpinsels zu einem Knoten hochgesteckt. Es war ein Künstler- und kein banaler Malerpinsel.

»Ja, bitte?«, sagte sie, wobei sich ihr perfekter Mund zu einem Lächeln unendlichen Verständnisses formte.

Der Drink machte sich bemerkbar, und meine Stimme kam zurück. »Macht dir der Job Spaß?«, fragte ich.

»Er ist okay.«

»Woher bist du?«

»Weißrussland.« Sie reichte mir das Waffelhörnchen. »1 £ und 20 Pence, bitte.«

Ich durforstete mein Hirn nach weiteren Ansätzen, um die Konversation in Gang zu halten. Die Auswahl war begrenzt. Schließlich sagte ich: »Wie heißt du?«

Sie lächelte höflich und hatte zweifellos bemerkt, was ich im Sinn hatte. »Irina«, sagte sie.

»Warum nehmen wir nicht einen Drink zusammen, wenn du mit der Arbeit fertig bist?« Ich sah, wie ihr Lächeln nun einen Anflug von Geringschätzigkeit bekam. »Auf meiner Yacht«, sagte ich.

»Du hast eine Yacht?«

»Pass bloß auf mit dem, ho, ho«, sagte Cyryl. »Er ist ein Bulle.«

»Was ist ein Bulle?«, sagte Irina, wobei ein kleines Stirnrunzeln die perfekte Augenbraue verzog.

»Polente. Ordnungshüter. Polizei«, sagte Cyril.

»Oh«, sagte Irina und sah aus, als wäre sie geschlagen worden.

»Aber ich habe frei«, sagte ich. »Und ich bestehe darauf, dass du mir bei einem Drink an Bord Gesellschaft leistest.«

Ihr Gesicht war jetzt völlig ausdruckslos. Sie zuckte mit den Schultern und nickte. Vielleicht haben es die Polizisten in Weißrussland nicht so mit Ironie. Ich sagte: »Aber nur, wenn du durstig bist.«

Sie lächelte, und ich wich etwas zurück. »Ich bin oft durstig«, sagte sie. »Jetzt zum Beispiel. Zeit, den Laden dichtzumachen.«

»Ho, ho«, sagte Cyril, begeisterter Konsument der *Carry-on-*Filmreihe mit britischen Komödien. Sie schloss den Wagen ab, und ich führte sie runter zum Tender. Wir fuhren rüber zur DA GAMA. Dabei verteilte die warme Brise ihre blonden Strähnen über den eleganten Hals. Ich half ihr übers Heck auf das Boot, machte das Dingi fest und schloss auf. »Deine?«, fragte sie beeindruckt.

Ich zuckte bescheiden mit den Achseln. Dann machte ich einige Canapés mit Toastbrot und Käse. Wir verschlangen sie und tranken Whisky dazu. »Wie alt bist du?«, fragte sie.

»36«, sagte ich. Was ein paar Jahre zuvor noch richtig gewesen wäre.

»Das ist gut«, sagte sie. »Ich bin 25 Jahre. In Weißrussland haben wir ein Sprichwort: Für eine gute Beziehung sollte die Geliebte halb so alt sein wie der Mann. Plus mindestens sieben Jahre.«

Ich nickte und war von ihrer erstaunlichen Schönheit wie hypnotisiert. Das hier war zwar nicht mein Boot, und ich war betrunken und all das. Aber sie hatte das Wort ›Geliebte‹ benutzt.

Irgendwo in meinem Hinterkopf boten mir ein paar vom Alkohol noch nicht lahmgelegte Gehirnzellen den Gedanken an, dass alles ein bisschen zu schnell ging. Ich sagte ihnen, dass sie die Klappe halten sollten. Aber sie sorgten immerhin dafür, dass ich das Gespräch wieder in etwas allgemeinere Bahnen lenkte. Ich sagte: »Wann bist du nach England gekommen?«

»Vor zwei Wochen.«

»Und, gefällt es dir hier?«

Der schöne Mund wurde noch voller. Die bernsteinfarbenen Augen flossen auch ohne Tränen über. »Ja, wirklich sehr. Aber ich bin illegal.«

»Illegal?«

Sie streckte ihre wunderschöne lange Hand aus. Die perfekten Ovale ihrer Fingernägel sahen aus wie Kaurimuscheln. »Ich habe keinen Pass, kein Visum. Ein Mann namens Dave hat mich auf einem Fischerboot hierhergebracht.« Jetzt kniete sie. »Aber ich muss bleiben, weil ich mich bereit erklärt habe, Eis für Mister Morgan zu verkaufen. Und ich bin ein loyaler Mensch.«

Meine Gehirnzellen sagten mir, dass es vermutlich andere Gründe dafür gab, warum sie bleiben wollte. Doch ihre Stimmen waren in der rauschenden Flut meiner Lusthormone nur schwach zu hören. Ich nahm ihre Hand, tätschelte sie und sagte »Na, na …«

oder Worte mit ähnlichem Effekt. Sie kam und setzte sich neben mich, füllte mein Glas und ihres. »Wann hast du zuletzt etwas gegessen?«, fragte ich.

»Gegen Mittag, ein Vanilleeis«, sagte sie. »Mister Morgan wird sauer sein.«

»Vergiss ihn«, sagte ich. »Wir werden uns jetzt aus dem Tiefkühler etwas zu essen holen, dann bringe ich dich an Land, und wir sehen uns morgen Abend nach der Arbeit wieder.«

»Arbeit. Und du bist Polizist. Du wirst mich melden.«

»Werde ich nicht«, sagte ich. »Versprochen.«

Sie schenkte mir ein strahlendes Lächeln: »Ich habe Glück. Ich habe guten Mann gefunden.« Dann beugte sie sich zu mir rüber und gab mir mit ihren wunderbar weichen Lippen einen Kuss auf die Wange, schoss nach unten in die Pantry und kochte uns ein Abendessen.

Tatsächlich war sie eine miserable Köchin. Aber wenn du in meinen Dimensionen trinkst, dann isst du nicht viel. Sie wirkte hungrig, fiel über ihren Teller her und schaute hin und wieder hoch, um mich anzulächeln. Nach dem Essen brachte ich sie wieder an Land, damit sie den Eiswagen zu Morgan's zurückbringen konnte. In der Nacht tat ich kaum ein Auge zu. Am nächsten Tag kroch ich zur Arbeit, holte mir ein bisschen Speed aus dem Beweisschrank, um wachzubleiben, und entlockte einem Typen ein Geständnis, der in einem Zeitungsladen Geld gestohlen hatte, um es direkt im Pub die Straße runter wieder auszugeben. Zumindest war der Typ in Gewahrsam, bis ihn die Untersuchungshaft erwartete. Und ich machte mich auf und davon.

Um etwa 18 Uhr kam ich wieder auf der Werft an. Mein Herz wurde schwer. Der Eiswagen war nicht da. Dann sah ich eine schlanke Gestalt vom Zaun vor Cyrils Werkhalle springen, die sich den Staub vom Hinterteil der engen weißen Jeans klopfte und mir mit einem umwerfenden, aber nervösem Lächeln entgegenkam. Die meisten der Männer, die auf ihren Booten arbeiteten, hielten inne, um hinzusehen. Offen gesagt, war ich extrem stolz. Noch stolzer, als sie mir einen Kuss auf die Wange gab und sagte: »Lass uns zum Schiff gehen.« Als sie in das Dingi stieg, nahm ich durch Whisky und Restnebel des Speeds wahr, dass sie eine ziemlich große Tasche dabeihatte. Eine Übernachtungstasche.

Ich schluckte und startete den Motor. »Heute kein Eisverkauf?«, fragte ich beiläufig.

Sie lief rosa an und senkte ihre Wimpern. »Nein.« Eine Träne.

»Was ist passiert?«

»Mister Morgan«, sagte sie. »Er wollte, dass ich mit ihm ins Bett gehe.«

»Übler Typ. Hat er dich gefeuert?«

»Ja. Er war wütend darüber, was ich zu ihm gesagt habe.« Die Bernsteinaugen schauten jetzt durch den Wimpernvorhang zu mir hoch.

»Was hast du zu ihm gesagt?«

»Dass ich schon vergeben bin.« Sie nahm meine Hand.

Und da war's geschehen. Bei Irina war jeder Widerstand zwecklos.

Nicht, dass es mir etwas ausmachte. Diese Nacht verbrachten wir in der Eignerkabine. Ich schaute hoch zum Spiegel an der Unterseite des Decks und sah ihren grazilen Körper auf meinem weniger schlanken Gestell ausgebreitet liegen. In mir sprudelte ein Gefühl irrsinniger Freude empor. »Vorwärts!«, dachte ich. Irina drehte sich in meinen Armen um. »Ich hasse Eiscreme«, sagte sie, »ich liebe dich.« Und die irrsinnige Freude verstärkte sich noch.

Als ich am nächsten Morgen aufwachte, tappte sie übers Boot und trug dabei nichts als eine übergroße Musto-Jacke. Sie sah verletzlich und wunderschön und einfach zum Anbeißen aus. »Hast du Lust, segeln zu gehen?«, fragte ich.

»Segeln?« Ihr Lächeln gefror dabei ein wenig.

»Ich habe dieses wundervolle Boot«, sagte ich und unterdrückte den Gedanken daran, dass es in keiner Weise und keiner Form mir gehörte. »Wir können zu den Westindischen Inseln, nach Panama oder im Pazifik segeln. Nicht im trostlosen alten England.«

»Ich mag England gerade sehr«, sagte sie.

»Ich nicht.« Ich stieg aus dem Bett und belebte meinen Kaffee mit einem Schuss Bell's. Nachdem ich die kleine Stärkung geküsst hatte, nahm ich das Telefon und rief die Dienststelle an. »Mich hat die Grippe erwischt«, sagte ich. »Ich werde heute nicht kommen.« Ich legte auf und schaltete das Telefon aus. »Was haben wir denn so an Essen da?«

Irina warf einen Blick in die Schränke. »Etwas Speck, Eier, Brot. Fünf Whiskys.«

»Reicht«, sagte ich. Der eine Tank war noch halb voll mit Wasser, der andere zu einem Viertel mit Diesel. Und natürlich hatten wir die Segel. Die Welt lag uns zu Füßen.

»Kann ich an Land gehen?«, bat sie.

»Brauchst du nicht«, sagte ich. Dann zog ich den Tender hoch und danach das riesige Großsegel mit den charmanten elektrischen Winschen. Als ich ich die Mooringleine losschmiss, schrie ich vor Freude. »Auf geht's!«.

Irina lächelte in ihren weißen Jeans zurück und lehnte dabei am luvwärtigen Süllrand des Cockpits. Ihre Jeans waren jetzt leicht schmuddelig. Doch das machte nichts, denn es gab ja eine Waschmaschine.

Ich rollte das Vorsegel aus. Der Wind kam mit drei Windstärken aus West. Ich konnte den Druck auf dem Ruder spüren, als der Wind die Segel füllte, beobachtete diesen großartigen weißen Turm aus Tuch, wie er sich unter dem tiefen Blau des Himmels leicht neigte. Ich hörte das Heckwasser rauschen. Mich erfüllte ein pures Glücksgefühl. Das feierte ich mit mehr Whisky.

Irina sagte: »Fahren wir weit?« Ihr Gesicht sah grünlich aus, und sie hatte tiefe Ringe unter den Augen. Müde. Nach der letzten Nacht war das kaum verwunderlich. Ich legte meinen Arm um ihre zarten Schultern und zeigte auf den langen Strandabschnitt voraus, der bis nach Studland zu den Kreidesäulen von Old Harry führt. »Traurig«, sagte ich, »es heißt, er trauere um seine Frau.«

»Vielleicht«, sagte sie. »Sind wir bald da?«

Dann trieben wir an Old Harry vorbei. Bei ablaufendem Wasser hatten wir starken Gegenstrom, in dem die Wasserberge nur so hochsprangen und das Boot heftig in sie hineinschlug. Ich lachte vergnügt in der steilen Welle, als ich neben mir ein Geräusch hörte. Irina schaute auf ihre weißen Jeans. Sie hatte sich darüber erbrochen. Sie sagte: »Das ist furchtbar.« Ich sagte ihr, dass sie darüber hinwegkommen würde, und brachte sie ins Bett im Salon, wo die Bootsbewegung am wenigsten zu spüren war. Dann segelte ich mit einigen Wenden die Küste hinunter, vorbei an Swanage und Portland Hill, wo uns der letzte Rest der Tide durch die Hummerbojen rauschen ließ, die im Durchgang auf und ab hüpften.

Nachdem wir weit in die Bucht hineingesegelt waren, ging ich unter Deck, um mir mehr Whisky zu holen. Irina hatte sich erneut übergeben. Mit verschwommener Stimme sagte sie: »Es ist so schlimm.«

»Es wird besser werden.«

»Ich haue mit dir ab, weil du ein Polizist bist«, sagte sie. »Ich denke, er wird mich beschützen. Ich war eine Närrin. Stattdessen bringst du mich um.«

Ich sagte mir selbst, dass sie darüber hinwegkommen würde. Aber als wir in Dartmouth längsseits gingen, bedachte sie mich nur mit einem hasserfüllten Blick, ging von Bord und den Ponton hinunter. Ich rannte ihr hinterher und nahm sie beim Arm. »Lass mich los«, fauchte sie und schüttelte mich ab. »Oder ich rufe Polizist. Echten Polizist.«

Ich ließ sie gehen. Ich schaute ihr hinterher, während ihre blasse und schmale Silhouette in der Nacht langsam verwischte. Zuerst verstand ich nicht, warum. Dann stellte ich fest, dass ich weinte. Ich drehte mich um und brachte das Boot zurück nach Poole. Dort verbrachte ich einen ganzen Tag damit, die Kotze aus den Kissen im

Salon zu schrubben. Dabei weinte ich die ganze Zeit. Jeder wusste, was geschehen war, weil Cyril es allen erzählt hatte. Eine manische Episode, wie es der Arzt ausdrückte, gefolgt von einer Art Depression. Übersetzt in den männlich geprägten Jargon der Dienststelle bedeutete es, dass ich ein verdammter Trottel war. Irgendjemand hatte Irina später beim Pole-Dancing in Eastbourne gesichtet. Aber zu der Zeit war es mir schon egal, weil ich so viele Pillen einschmiss, dass ich wie eine Maraca-Rassel klang. Jemand hatte mir vorgeschlagen, den Dienst bei der Polizei zu quittieren, bevor sie mich rauswerfen würden. Was eine gute Idee war, doch mir fehlte die Energie, sie umzusetzen. Und erstaunlicherweise feuerte mich niemand.

Damals.

Nun also bin ich zurück in Achnabuie und bei der GLEANER. Ich gehe mit dem Gefühl an Bord, nach Hause zu kommen.

Es hält nicht lange an.

Georgie sitzt am Tisch, isst Bohnen und furzt. Als ich hereinkomme, blickt er auf. »Schöne Ferien gehabt?«, sagt er.

»Keine Ferien«, sage ich. »Wie war es bei den Greenreap-Farmen?«

»Bin da mal vorbeigegangen«, sagt er. »Habe mich unauffällig umgehört. Nichts.«

»Nichts was?«

»Von überall außer vom Loch Mor verschiffen sie nichts als Lachs von den Farmen. Ich habe die Jungs gefragt. Die Krabbenjungs. Sie haben nichts gesehen. Also habe ich Kenny Macrae auf Tiree und Donald McCrum in Armadale gefragt. Nur Lachs, sagen sie.«

Ich mache mir einen Kaffee und lasse das Erzählte über meinen Kopf hinwegrollen. Denn er hat seinen Job gemacht und verdient es, seinen Bericht abgeben zu dürfen, auch wenn der verdammt unbrauchbar ist. »Und dann«, sagt er nach einer gefühlten halben Stunde, »lief ich Donnie wieder über den Weg.«

»Oh«, sage ich, während ich in den Brotkasten schaue. Da ist noch eine nicht allzu verschimmelte Scheibe Brot. Ich stecke sie in den Toaster.

»Donnie ist in einem fürchterlichen Zustand«, sagt Georgie. »Er wollte nicht mit mir reden und hat immer wieder gefragt, wo du bist. Zitternd. Er hatte Todesangst, verstehst du? Und das liegt an dir.«

»An mir?«

»Irgendwas, das du gesagt hast. Oder ihm vielleicht gezeigt hast.« Das Wummern eines Außenborders dringt durchs das Fenster des Steuerhauses. »Wenn man vom Teufel spricht«, sagt Georgie, drückt das Fenster runter und steckt seinen Kopf raus. »Donnie!«, brüllt er mit eiserner Stimme.

Das Aluminiumarbeitsboot, das durch den schwarzen Hafen gleitet, weicht nicht vom Kurs ab. Der Mann am Steuer kann Georgie nicht hören. Und selbst wenn er ihn hört, behält er dennoch den direkten Kurs auf die GLEANER bei. Er kommt längsseits und rennt mit der Schleppleine über das Seitendeck. Ich sehe ihn seine Jacke aufknöpfen und sich schütteln, als würde er sich auf ein Vorstellungsgespräch vorbereiten. Dann kommt er rein.

»Tee?«, sage ich.

»Nein. Ja«, sagt er. »Hört mal. Ich muss das wissen. Was denkst du von mir?«

»Was ich von dir denke?«

»Ich habe meinen Job erledigt. Ich habe mit niemandem darüber gesprochen. Aber du hast mir die Kokarde gezeigt.«

Ich habe keine Ahnung, wovon er spricht. Ich schaue zu Georgie. Dem steht der Mund offen. »Kokarde«, sagt er. Donnie runzelt die Stirn, blickt zwischen uns hin und her und kaut auf seinen Lippen. Ich zerbreche mir den Kopf. Ich habe keine Ahnung, wovon er redet. Aber ich erinnere mich daran, wann seine Angst eingesetzt hatte.

Ich schiebe meine Hände in die Taschen meiner Jacke und stöbere im Müll. Meine Finger finden das zerknitterte Stück Stoff der Rosette, die ich auf der Armatur in Johnnys BMW gefunden hatte. Die Rosette – oder Kokarde. Ich halte sie zwischen zwei Fingern. Dann lege ich sie auf mein Knie, setze ein grimmiges Gesicht auf und frage mit leeren Augen: »Was sagt dir das?«

»Dass ich in der Scheiße sitze. Aber ich weiß nicht, was ich getan haben soll.«

»Wer sind wir?«, sage ich.

»Ihr seid die Weißen.«

»Nein, sind wir nicht«, sage ich. »Die haben meinen Schlapper abgefackelt und Georgies Boot gestohlen. Und sie haben das Auto meines Partners zerstört, in dem ich die Kokarde gefunden habe. Wir hingegen, wir werden sie kriegen.«

Donnie gibt ein Geräusch von sich, das als Lachen gemeint sein könnte. »Oh, alles klar«, sagt er. »Du und wessen Armee?«

»Erzähl mir nicht, dass du Angst hast.«

»Das ist exakt das, was ich vermitteln möchte«, sagt Donnie.

»Er ist nur ein Schreibtischsoldat.«

»Wer?«

»Major Davies.«

Er lacht wieder, noch schlimmer als beim ersten Mal. »Er hat auch Angst«, sagt er. »Und ganz aktuell kommt gerade schon die nächste Bootsladung Fisch den Sund hinauf für seinen Kühlraum. Wenn ihr ihn also erwischen wollt, dann könnt ihr ihn haben. Wenn ihr mich jetzt entschuldigen wollt. Ich werde mich nach Hause begeben.«

»Trink noch eine Tasse Tee.«

Er schüttelt seinen Kopf, nimmt aber trotzdem einen und ein paar Kekse von Hobnob's. Es ist kalt da draußen auf dem Sund.

Wir unterhalten uns eine halbe Stunde. Unbedeutender Kram; er scheint glücklich darüber, dass er bei den guten Jungs gelandet ist. Dann geht er zur Tür heraus. Ich höre den Außenborder des Arbeitsbootes starten und vertilge selbst einen Hobnob.

Durch das Fenster sehe ich, wie hinter dem Kai ein Audi auf das Hafenvorfeld rollt. Zwei Männer steigen aus. Der eine ist groß, der andere etwas kleiner. Sie beobachten das Arbeitsboot. Mein Herz schlägt heftig gegen die Rippen. »Leinen los!«, schreie ich. »Leinen los!«

Der Motor läuft. Georgie sprintet nach vorne aufs Schutzdeck und macht die Vorleine und die Spring los. Donnies Boot gerät unter unser Heck. Ich fummle an der Achterleine rum. Einer der Männer hält etwas an seine Schulter, zeigt auf Donnie und folgt ihm. Dann ein Knall. Eines der Fenster im Steuerhaus zerbirst. Eine Schrotflinte. Meine Knie werden zu Pudding. Ich gehe um die seewärtige Seite herum und hinter den Aufbauten tief in die Hocke. Dann gebe ich volle Fahrt voraus. Donnie schwirrt fort in Richtung Caol Ban. Die GLEANER speit Wasser unter ihrem Heck hervor. Der kleinere der beiden Männer ist schnell. Ich sehe, wie er zwei große Sätze über den ausgebrannten Schlepper macht und zum Sprung rüber zu uns auf die GLEANER ansetzt, als die gerade ablegt und der größer werdende Spalt den Blick aufs Wasser freigibt. Hinter dem Vorhang seiner Haare sehe ich sein verkniffenes Grinsen. Er springt in unsere Richtung, schafft es aber nicht ganz. Seine Hände klammern sich an die Reling. Neben mir höre ich ein Brüllen und sehe, wie Georgie den Bootshaken hochhebt und ihm auf die Finger knallt. Die Finger verschwinden. Ein Kopf schaut aus dem Kielwasser heraus. Ich drehe am Steuer. Wir machen einen Hummerfänger platt und nehmen Kurs auf die offene See.

Als ich mich das nächste Mal umschaue, sehe ich eine Gestalt die Slipbahn hochkriechen. Eine andere Gestalt wartet dort. Sie scheint in ein Mobiltelefon zu sprechen. Dann sind wir in Caol Ban, und das Land verbaut den Blick.

Fünf Minuten später sind wir einmal mehr im Jura-Sund. »Herrgott, dem habe ich aber einen übergezogen«, grinst Georgie. »Herrgott, hat mir das gut gefallen.«

Ich schaue über den Sund. Die Sonne ist bereits untergegangen.

Das pfirsichfarbene Nachglühen ist hinter Islay zu sehen. Die See ist glatt und schwarz, von einer leichten Brise gekräuselt; und leer. Leer abgesehen von Donnies Arbeitsboot, das westwärts in Richtung Islay-Sund davonjagt, und einem düsteren schwarzen Trawler, der aus Richtung Irland kommt. Donnie scheint seine Fahrt zu verlangsamen, als er den Trawler sieht, und ich meine, dass der Trawler seinen Kurs ändert. Dann beobachte ich, wie Donnie vom Trawler weg und nach Norden fährt.

»Was macht er bloß?«, rätselt Georgie.

»Frag mich nicht«, sage ich. »Was ist das für ein Trawler?«

»Keine Ahnung«, sagt Georgie. »Vielleicht ein Boot von der Insel Rathlin. »Wohin zur Hölle ist er unterwegs?

Ich greife nach vorn und drücke die Tasten des Plotters. Es sind schon erstaunliche Dinger, diese Plotter. Der hier hat einen Flachbildschirm. Auf dem Schirm ist eine Karte mit der Umgebung zu sehen, in der wir uns befinden: die lange gelbe Küste des Mull of Kintyre achtern und vor uns die Träne der Insel Jura. Wir sind als kleines Bootsymbol zu erkennen. Vor uns sind zwei Dreiecke zu sehen: eines ist Donnie, der wegfährt. Das andere der Trawler, der sich auf dem gleichen Kurs bewegt. Ihm hinterher?

»Mist«, sagt Georgie, der plötzlich besorgt ist. Und ich bin mit ihm besorgt.

»Welchen Kanal benutzt er?«, sage ich.

»Sechs.«

»Ich schalte das Funkgerät auf Kanal sechs. Es hat nicht mehr viel Saft. Ich drücke die Taste. »Donnie, wir sind's«, sage ich. »Komm hierher zurück.«

»Ich muss hier weg«, sagt Donnies Stimme im Äther. Und was auch immer ich versuche, ich kann ihm danach keine weitere Antwort mehr entlocken.

Ich bewege den Mauszeiger über den Bildschirm. Donnies Kurs führte ihn ans obere Ende von Jura. Georgie sagt: »Das macht er nie.« Ich bleibe ruhig. Der Himmel verdunkelt sich. Es ist eine klare, kalte Nacht. Die kleine Mondsichel hängt rechts am Himmel. Diesem Mond knattert Donnies Arbeitsboot mit voller Geschwindigkeit entgegen, wobei es vom Strom der halb aufgelaufenen kräftigen Flut mitgerissen wird. Und hinter ihm zeichnen sich die bedrohlichen Umrisse des schwarzen Trawlers ab, der das Wasser mit leicht 12 Knoten aufwühlt. Ich sehe das grün leuchtende Steuerbordlicht und das weiße Wasserkissen unter seinem hohen Axtbug.

Ich bekomme langsam ein ungutes Gefühl in der Magengrube. »Der jagt ihn niemals«, sagt Georgie.

Doch genau das tut er.

Der Trawler ist 1 Knoten schneller als das Arbeitsboot. Die beiden Boote trennt etwa eine halbe Seemeile. Das Arbeitsboot fährt immer noch nach Norden. Und jeder da draußen weiß, was im schmalen Durchgang zwischen der nördlichsten Spitze von Jura und der kleinen Insel Scarba lauert: die Straße von Corryvreckan.

Durch diese Meerenge drückt viel Wasser, das aus der Irischen See heraus nach Norden donnert. Der Golf von Corryvreckan ist sehr tief. Doch in seiner Mitte erhebt sich ein riesiger Unterwasserfelsen aus dem Meeresbett. Die Flut schießt mit etwa 6 Knoten daran vorbei, was einen Wirbel verursacht, den zurückhaltende Menschen Whirlpool nennen. An einem ruhigen Tag eine Bestie, im Sturm ein Monster.

In genau diesen rumorenden Darm will Donnie mit seinem Aluminiumboot und dem 10-Knoten-Außenborder reinfahren.

»Ach, er kennt das Revier wie seine Westentasche«, sagt Georgie.

Doch mich fröstelt es weiter.

Das Frösteln muss auch Donnie ergriffen haben. Sein Kielwasser scheint silbrig im Schein des Mondes. Die Radarsignatur wendet sich vom Golf ab. Auch die Spur des Trawlers ändert ihren Kurs, um ihm den Rückweg abzuschneiden.

»Das darf nicht geschehen!«, keucht Georgie. Ich bin der gleichen Meinung und drücke den Gashebel bis zum Anschlag durch. Georgie sagt: »Was sollen wir tun?«

»Ihn abdrängen.«

»Gut.«

Das Deck der GLEANER hämmert unter meinen Füßen. Noch immer kann ich das Steuerbordlicht des Trawlers sehen – etwa eine halbe Seemeile voraus …

Das Licht geht aus. Er hat es ausgeschaltet. Jetzt ist der Trawler ein langer schwarzer Schatten, der dem silbernen Faden von Donnies Heckwasser hinterhergleitet. »Er wird ihn kriegen«, sagt Georgie. »Verdammt noch mal, nein.«

Die beiden Radarpositionen sind sich jetzt nah, verlaufen konvergent. Ich presse den Gashebel auf Anschlag, aber mehr geht da nicht. Die Wasseroberfläche vor uns windet sich in Strömung und Strudeln. Auf ihr gleitet der bullige schwarze Schatten des Trawlers bei seiner Verfolgung des Arbeitsbootes voran. Das hintere Radarecho holt das vordere Radarecho ein. Sie verschmelzen miteinander.

Und plötzlich ist der silberne Faden des Heckwassers verschwunden. Das Arbeitsboot ist verschwunden. Es gibt nur noch ein Echo: das des schwarzen Trawlers, der nach Norden abdreht, weg von Corryvreckan. »Wir werden ihn finden«, sage ich.

»Vielleicht hat er eine Rettungsweste getragen«, hofft Georgie. »Oder war mit einer Leine gesichert.«

Wir wissen beide, dass wir nur nach Strohhalmen greifen.

Das schwarze Boot schaltet seine Navigationslichter wieder ein. Die Tide hat uns an ihm vorbeigedrückt. Jetzt sehen wir sein rotes Backbordlicht, das sich zügig Richtung Cuan-Sund und Easdale bewegt. Schweinehunde. Es gibt immer noch keine Radarspur von Donnie. Und es würde auch keine mehr geben.

»Da«, sagt Georgie und zeigt durch das Fenster, dessen Scheibe weggeschossen worden war. Etwas Blasses bewegt sich im Schein des Mondes im Wasser. Ein Aluminiumarbeitsboot. Kiel oben.

Vielleicht hat er einen Gurt mit Rettungsleine getragen.

Jetzt aber sind wir im Corryvreckan. Ich sage: »Zeige weiter darauf.« Die Küste gleitet an uns vorbei. Laut GPS machen wir 8 Knoten Fahrt über Grund.

Ein seltsames Schnorcheln ertränkt den Motor. Vor uns schiebt sich das Wasser zusammen und erhebt sich. Der blasse Schein des Arbeitsbootes wälzt sich, ragt auf einer Seite aus der See und fängt an, nach hinten wegzurutschen. »Er ist im Strudel«, sagt Georgie. Ich drehe das Steuer nach Backbord. Der Mond schwingt über den Himmel. Und plötzlich neigt sich das Steuerhaus abwärts und nach vorn. Es folgt ein gewaltiger Crash. Wassermassen kommen übers Deck. Ein eisiger Strahl schießt durch das kaputte Fenster und raubt mir den Atem.

Ich wische mir das Wasser mit dem Ärmel aus den Augen. Wir drehen uns jetzt gegen den Uhrzeigersinn. Ich bemerke, wie ich idiotischerweise darüber nachdenke, ob Whirlpools in der südlichen Hemisphäre wohl andersherum funktionieren. Dann lässt ein nützlicherer Teil meines Hirns den Gashebel vorschnellen und das Steuer nach Backbord rumreißen. Ich spüre den Schub des Propellers am Ruderblatt, während sich die Jura-Flanke im Fenster stabilisiert. Wir beginnen rückwärts aus dem Strömungswirbel rauszutreiben.

Georgie sagt: »Da ist er.« Er zeigt immer noch auf das blasse umgedrehte Arbeitsboot im Mondschein.

Ich bringe die GLEANER längsseits. Georgie fischt die Fangleine mit dem Bootshaken auf und holt sie über die Klampe ein. Ich halte das Boot auf Kurs, während ich den Sog und das Schlagen des Strudels am Ruder fühle. Dann sehe ich eine Herde weißer Kämme über das Schutzdeck rauschen. Der Bug schießt hoch und hämmert wieder runter. Wir geraten in Wasserpyramiden. Das Boot rollt seitlich, erst nach Backbord, dann nach Steuerbord. Ich richte den Bug auf die Strömung wie bei einer Fährfahrt über einen Kanal. Noch ein letztes Aufbäumen. Wieder schießt ein schwarzer Wasserberg das Deck hinunter, während wir uns durch die Wirbel am Rande des Stroms kämpfen. Dann haben wir es geschafft. Wir befinden uns jetzt wieder in ruhigem schwarzen Gewässer in einer Bucht namens Bagh Gleann nam Muc, falls Sie das interessiert.

Mich nicht. Ich schalte die Arbeitslichter ein, gehe an Deck und schaue runter auf die schemenhaften Umrisse des Arbeitsbootes. Es hat sich wieder richtigherum gedreht.

Eine Rettungsleine ist nicht in Sicht.

Ich gehe ins Steuerhaus und rufe die Küstenwache von Orban. Dann schalte ich den Funk wieder aus und denke über den weiteren Verlauf der Straße von Corryvreckan nach: ein Zehn-Seemeilen-Strom, der in die dunkle See in nordnordwestlicher Richtung donnert. Sie nennen diesen Abschnitt »The Great Race«. Und irgendwo da draußen treibt Donnie in der Schwärze der Nacht.

Er war nur ein Kleinpächter, der mit seiner Arbeit auf der Fischfarm ein paar zusätzliche Kröten machen wollte. Aber sie hatten gedacht, dass er mit den falschen Leuten geredet hat. Also haben sie ihn umgebracht.

Georgie sagt: »Das ist so schlimm.« Er ist schockiert. Und ich auch. Wir haben Johnnys Leiche inzwischen so lange übers Meer gefahren, dass es beinahe normal geworden ist. Donnie war ein Fall vorsätzlicher Tötung. Und wir hatten alles mitangesehen.

»Keiner wird uns glauben, wenn wir das erzählen«, sage ich.

»Is' so«, sagt Georgie.

Ich sitze im großen Stuhl bei der Windschutzscheibe, schließe meine Augen und lausche meinen zittrigen Nerven und dem Schnarchen des Golfs. Über uns hören wir Rotorblätter knattern. Nach 45 Minuten geht das Rettungsboot längsseits. Es leuchtet im Licht der Scheinwerfer orange. Der Bootsführer stellt effiziente Fragen, nickt und nimmt dann mit dem Boot die Suche im Great Race auf, obwohl er und wir wissen, dass es aussichtslos ist.

Die Rotoren knattern die ganze Nacht hindurch, und die Suchscheinwerfer gleiten wie Peitschen über die Überläufe. Wir pumpen das Arbeitsboot leer und lassen es vor Anker in der Bucht zurück. Dann schlafen wir eine Weile, bevor wir den Golf wie ein tanzender

Korken überqueren. Die Ebbe hat schon eingesetzt. Die Garvellachs liegen im Nordosten rosarot über dem Morgenmeer. Der Bug schwingt rum, und die Garvellachs erscheinen jetzt an Backbordbug.

Es ist an der Zeit, dass dem Major ein paar Dinge zustoßen.

Ich habe einen Plan.

Ich gehe runter in den Fischladeraum. Die Corryvreckans haben das Eis losgerüttelt, und Johnny ragt wie ein großer schwarzer Fisch halb aus seiner Kiste heraus. Ich stopfe die größeren Eisbrocken zurück und fege die Überreste in die Speigatten. Um ehrlich zu sein, habe ich kein Verlangen danach, Johnny zu berühren. Das schwarze Polyethylenpaket hat die gleiche Aura wie die Briefe, die Mirandas Anwälte mir einst schickten.

Doch ich packe den Körper an einer breiteren Stelle und stecke ihn etwas zimperlich zurück in seinen Behälter. »Leb wohl, alter Pfadfinder«, sage ich und bedecke ihn, bevor er antworten kann.

Dann kehre ich die Eisreste auf und schütte sie in die Tonnen, während ich mich darüber wundere, dass ich im Tod höflicher zu ihm bin, als ich im Leben geneigt war zu sein.

Dann gehe ich zurück zum Steuerhaus und konferiere mit Georgie. Der sagt »Alles klar« und geht selbst zum Laderaum.

Ich nehme Kurs auf die Insel Seil, deren Adlerfarn im Morgenlicht rotbraun schimmert. Weit hinter uns fängt ein Sonnenstrahl einen winzig kleinen gelben Hubschrauber ein, der die Schaumkämme des Great Race in Quadranten absucht. Ich mache mein Telefon an. Ein verpasster Anruf des Majors. Als ich ihn zurückrufe, nimmt er schnell ab. Ich sage: »Habe ich Sie geweckt?«

»Kümmern Sie sich um Ihren eigenen Kram«, sagt er, kälter als Johnny.

»Haben Sie das Paket bekommen?«

Er sagt: »Wo sind Sie?«

»Aus den Garvellachs raus.«

»Fahren Sie dahin zurück«, sagt er. »Dort wartet eine Ladung auf Sie.«

»Ja, Major«, sage ich unterwürfig. »In etwa einer Stunde, Major.«

Als wir uns der Küste nähern, sehe ich ein Boot aus der Bucht des Majors kommen. Es ist ein großer schwarzer Trawler.

»Das ist das Boot«, sagt Georgie.

In der Tat. Donnie hatte es erwähnt. Es hatte Fisch für den Major und seine Freunde angeliefert. Und auf dem Weg dahin hatte es ein Sicherheitsrisiko beseitigt. Die Männer im grünen Audi hatten sie vermutlich darüber informiert.

»Also gut, Major«, denke ich. »Machen Sie sich auf etwas gefasst.«

Ich notiere mir den Namen des Trawlers und die Nummer. Die ARTHUR WORRIES fährt unter irischer Flagge. Ich richte mein Fernglas auf die Fenster auf der Brücke. Zwei Gesichter, unrasiert, die nach vorn und nicht auf uns schauen. Ich erkenne sie nicht.

Dann fahren wir rein.

16

Der Tag ist grau und ruhig geworden. Der Schwell würde ausreichen, um auf den Felsen aufzulaufen, den ich mit der LORNE LADY entdeckt hatte. Ihr Wrack liegt noch immer am Strand. Vermutlich hat man sie über die Hochwassermarkierung hinaus dorthin gezogen. Ich überlege kurz, ob die Gutachter der Versicherung wohl da gewesen sind, um den Schaden zu prüfen. Dann schaue ich aufs Ufer und erinnere mich daran, dass es Schlimmeres gibt als Versicherungsgutachter.

Ein großer Mann im dunklen Anzug geht langsam den Anleger runter. Er hat einen Jack-Russell-Terrier an der Leine. Er beobachtet die GLEANER, während seine kalten Augen versuchen an den Röhren meines Fernglases entlang in meinen Kopf zu dringen. Das ist ein böser Mann. So versuchen sie es jedem weiszumachen, den sie in die Finger bekommen. Ein beängstigender Mann. Das aber funktioniert nur, wenn man eine Geisteshaltung hat, die Angst beinhaltet. Meine Gedanken bei seinem Anblick: »Jetzt bekommst du, was du verdienst.«

Georgie legt die GLEANER längsseits. Ich halte eine Leine für den Major hoch. Der Major sieht mich an, als wäre ich ein Haufen Dreck, und erlaubt es seinem Hund, ihn fortzuziehen. Also springe ich an Land und lege das Auge um den Poller, nun sicher in dem Wissen, dass der Major inzwischen nicht zur Lehre der universellen Liebe konvertiert ist. Was das, was ich ihm antun werde, wesentlich leichter, um nicht zu sagen, zu einer echten Freude machen wird.

Ich sage mit tiefem Respekt in der Stimme: »Was ist zu tun, Sir?«

Er mag das »Sir«. Über die Schulter sagt er: »Ladet ein, was im Kühlraum ist, und kommt dann zum Haus.« Dann geht er. Ich sehe seine Bulldoggenfrau aus dem Bilderbuchfenster schauen. Der Major ist ein Spieler, und Spieler sind fundamentale Idioten. Was die Frau angeht, bin ich mir da nicht so sicher.

Der Gabelstapler wartet vor dem Kühlraum. Ich öffne die Tür und fahre hinein. Georgie wartet draußen, um sicherzustellen, dass mich nicht wieder jemand kühl lagern will. Drinnen stehen Fischkisten, jeweils fünf übereinander in Dreierreihen auf Paletten. Insgesamt sind es zwölf Paletten. Der große Stapel mit den leeren Paletten und die Kisten stehen immer noch hinten an der Wand. Sehr gut. Ich schiebe den Gabelstapler unter die erste Palette mit vollen Kisten und bringe sie zum Hafen runter. Georgie trottet hinterher. Wir nehmen die Abdeckung der Luke hoch und bringen den Ladebaum zum Laufen. Die Kisten bewegen sich abwärts.

Nach der sechsten Runde sagt Georgie, ganz nach Plan: »Müll!«

»Müll?«, schreie ich extralaut. Und schon kommt eine Palette hoch und raus aus dem Kühlraum. Auf ihr sind alte Pappkartons, Netze und schwarze Tüten mit Küchenabfällen gestapelt.

Ich bemerke einen dezenten Schweißausbruch zwischen meinen Schulterblättern, während ich auf das »Vorwärts«-Pedal des Gabelstaplers trete. Der Müll taumelt schwerfällig auf der Palette hin und her, während ich den Kai über die Rampe hochfahre. Als ich das Ende des Bungalows passiere, öffnet sich ein Fenster. »Was ist das?«, sagt eine Frauenstimme.

Als mein Herzschlag wieder einsetzt, schaue ich hoch. Und sehe die Bulldoggenfrau, deren durchdringende Augen sich in die Gabelstaplerladung bohren.

»Müll«, antworte ich.

»Was hat Sie zu der Annahme veranlasst, dass wir Ihren Müll wollen?«, fragt sie.

»Na ja, da ist ein Müllcontainer auf dem Gelände«, sage ich.

»Der ist nur für unser Personal. Schmeißt das ins Meer.«

»Wenn ich das ins Meer werfe, dann wird es an Ihrem Strand landen.«

»Nein, wird es nicht. Es wird woanders landen.«

»An Ihrem Strand«, sage ich. »Weil ich es dahinbringen werde.«

Ihre Kiefermuskulatur verhärtet sich. Sie schmeißt das Fenster zu. Ich fahre so schnell auf das Gelände, wie der Gabelstapler es zulässt, während mir der kalte Schweiß in Strömen am Körper runterläuft. Das war wirklich verdammt dumm. Es ist kein guter Moment, um beobachtet zu werden. Würde der Major jetzt aufs Gelände kommen, wären wir dem Untergang geweiht. Minimum würden sie uns einsperren, im schlechteren Fall töten. Der Gabelstapler nähert sich dem Müllcontainer mit maximaler Geschwindigkeit – das sind 0,8 Stundenkilometer. Fast sind wir da …

Die Küchentür öffnet sich. Der Major steht auf der Stufe und starrt rüber. Mir dreht sich der Magen um. Er öffnet den Mund, um mir zu sagen, was mit Leuten passiert, die seine Frau verbal angehen. Dann klingelt das Telefon. Er wirft mir einen besonders finsteren Blick zu, dann geht er zurück ins Haus, um den Anruf anzunehmen. Ich wende den Gabelstapler, damit die Ladung vom Haus aus nicht sichtbar ist, und schmeiße den Müll in den Container. Dann fahre ich zum Kühlraum. Hier entferne ich den letzten Gegenstand von den Gabeln des Wagens, zerre ihn in eine Ecke und bedecke ihn mit einem Haufen älterer und weniger begehrenswerter Paletten und Kisten.

Dann lade ich weitere Fischkisten auf und fahre wieder ins Licht der Außenwelt, wo der Schweiß auf meinem Körper trocknet.

Wir sind zur Teezeit mit der Beladung fertig. Ich sage zu Georgie, dass er in der Nähe bleiben soll, und gehe, um an der Küchentür zu klopfen. Die Frau öffnet: »Ja?«

»Fertig«, sage ich. »Ihr Mann wollte uns sehen.«

»Gehen Sie rein«, sagt sie.

Der Major sitzt in seinem schrecklichen Lehnstuhl und starrt in die synthetischen Flammen des Effektfeuers. »Haben Sie mein Paket bekommen?«, frage ich.

Der farblose Kopf schwingt herum in meine Richtung. Die trüben Augen sind auf mich gerichtet. Der lippenlose Mund sagt: »Das war wirklich dumm!«

»Ich bin an einer Post vorbeigekommen und dachte, warum nicht?«

»Ich bin sehr vorsichtig, wenn ich diese Waren an ihre Empfänger versende. Dabei verbinde ich Effektivität mit Diskretion«, sagt er. »Aber ich spreche nicht über die Sicherheitslücke, die Sie verursacht haben, so unverzeihlich sie auch sein mag. Ich rede darüber, dass Sie mir zu wenig zurückgeschickt haben.«

Ich starre ihn an. Er starrt zurück. Ich sage: »Wovon sprechen Sie?«

»Es waren drei Kilo«, sagt er. »Ihr dämliches Päckchen enthielt nur zweieinhalb Kilo. Wo ist der Rest?«

Mein Verstand setzt aus. Ich sage: »Das sollten Sie Tony Greely fragen.«

»Ich frage aber Sie.« Er dreht seinen Kopf wieder zum Feuer. Vor zwei Wochen wäre ich angesichts dieser Frage noch ernsthaft beunruhigt gewesen. Aber jetzt kenne ich ihn besser.

Ich sage: »Der Grund, warum ich nicht nach Holyhead gefahren bin, war, dass ich von Greely einen besseren Preis für den Fisch bekommen habe. Wenn Sie mir gesagt hätten, dass ich Ihre dreckigen Drogen im Gepäck habe, dann hätte ich Sie zur Hölle geschickt. Ich habe Ihre Interessen vertreten. Alles andere müssen Sie mit Greely direkt ausmachen.«

»Wir werden sehen, was meine Teilhaber dazu zu sagen haben«, sagt der Major. »Von jetzt an tun Sie, was man Ihnen sagt.«

Ich zucke mit den Achseln und denke: »Nicht mehr lange, halt die Klappe.« »Nebenbei gefragt, kennen Sie die Fischzucht von Loch Mor?«

»Natürlich«, sagt der Major.

»Donnie, der da arbeitet?«

»Was ist mit ihm?«

»Er ist tot.«

Der Major wendet sich vom Feuer ab und richtet seine Augen wieder auf mich. »Was ist passiert?«

»Er ist von einem irischen Trawler überfahren worden. Ich habe die Nummer.«

Er nickt, ringt den Schock in seinem Gesicht nieder und denkt sogar daran, die Stirn zu runzeln. Die graue Zunge kommt raus und leckt über das, was seine Lippen sein würden, wenn er welche hätte. Er sagt: »Das ist schlimm.« Und reicht mir mit leicht zittriger Hand einen Notizblock und einen Stift. »Schreiben Sie die Nummer auf. Ich kümmere mich darum.« Als wäre er ein ehrlicher, gradliniger und aufrechter Major im Ruhestand und nicht – den Fakten nach – ein Helfershelfer.

»Und jetzt«, sagt er. »Die Ladung, die Sie gerade übernommen haben. Die ist wieder für Holyhead. Und dieses Mal tun Sie, wie Ihnen geheißen wird.«

»Ja, Sir!« Dabei kreuze ich die Finger hinter dem Rücken.

Er sagt: »Sie werden zwei Männer treffen. William und Darren. Sie übergeben ihnen die Ladung, nehmen entgegen, was sie Ihnen geben, und kommen hierher zurück. Und machen Sie das Boot unterwegs sauber. Ich habe ein Meeting in Irland, und Sie werden mich dorthin fahren. Verstanden?«

Ich zucke mit den Achseln und sage: »Sie sind der Boss. Eine Sache aber. Ihre Freunde wollen mir weiter wehtun. Würden Sie Ihnen bitte sagen, dass sie damit aufhören sollen? Sonst kann Ihre Lieferung nicht erledigt werden.«

»Wovon sprechen Sie?«

»Von zwei bösen Iren«, sage ich. »Brady und McGahey. Aber vielleicht nehmen die ja keine Befehle von Ihnen entgegen.«

»Von denen habe ich noch nie gehört«, sagt er. Aber ich sehe einen Anflug von Sorge in seinen Augen aufflackern.

»Stoppen Sie die«, sage ich. »Oder das Zeug geht über Bord.«

Er sagt: »Fahren Sie los, und erledigen Sie die Aufgabe.« Als ich den Raum verlasse, greift er zum Telefon.

Ich habe recht. Der Major und McGown spielen nicht im selben Team. Georgie und ich sind aus dem Schneider.

Das ist ein erleichterndes und befreiendes Gefühl. Es hält eineinhalb Stunden an.

Wir verlassen den Kai bei anbrechender Nacht. Die GLEANER ist voll beladen mit schwarzem Fisch und stampft schwer mit ihrem Bug durchs Wasser. Aber irgendwie fühlt sie sich auch leicht und leer an. Es ist erstaunlich, was die Entfernung einer Leiche von Bord bewirken kann.

Ich sage: »Georgie, wir bringen Kokain nach Holyhead.«

»Auf keinen Fall.«

»Es ist beim Fisch. Was hältst du davon, es über Bord zu werfen?«

»Jo.«

»Gut.« Ich fühle mich gelöst und befreit und nahezu legal. Das ist ein schönes Gefühl.

Als wir das offene Meer erreichen, klingelt das Telefon. Leute, die erwarten, dass ich ihre Boote verkaufe, haben Nachrichten hinterlassen. Es gibt sogar eine Botschaft von Kapitän Maxwell. Der Kapitän ist weit davon entfernt, was man noch dem mittleren Alter zuordnen könnte. Und er ist im Allgemeinen ein schwieriger Mann. Jetzt aber klingt seine Stimme fest und kraftvoll. »Chance«, sagt er. »Ich habe gehört, dass jemand mein Schiff in ein Wrack verwandelt hat. Danke! Rufen Sie an.«

Ich runzle die Stirn und überprüfe die Stimme auf Spuren von Sarkasmus, finde aber keine. Ich rufe ihn an und hoffe, dass er nicht rangeht.

Er nimmt ab. Ich sage ihm, wer dran ist.

»Gavin!«, schreit er. »Großartig, dass Sie sich melden!«

»Äh«, sage ich. »Es war …«

»Schreckliche Sache, dass jemand mein Boot gestohlen hat«, sagt er. »Schockierende Angelegenheit. Offenbar ein Totalverlust. So schade.« Er klingt jedoch nicht betroffen. »Die Versicherung wird das aber alles bezahlen. Die volle Summe.«

»Exzellent«, sage ich.

»Wer immer es gestohlen hat: Offenbar hat derjenige es vor dem Cottage eines pensionierten Majors zurückgelassen«, sagt er. »Und der Major wird dazu eine umfangreiche Erklärung abgeben. Das Geld ist schon so gut wie auf meinem Konto.«

»Gut!«, sage ich stirnrunzelnd. »Haben Sie die Aussage schon?«

»Noch nicht, noch nicht. Er ist auf Reisen. Aber er will es offenbar machen, sobald er wieder zurück ist.« Ein keuchendes Lachen. »Und als Makler möchte ich Sie ersuchen sicherzustellen, dass er die Erklärung auch wirklich aufsetzt und unterzeichnet.« Er lacht noch mehr.

Ich versuche mitzulachen. Ich weiß, was ich tun muss, um absolut sicherzugehen, dass der Major diesen Bericht schreibt. Volle Kooperation wird das A und O sein.

»Betrachten Sie es als erledigt«, sage ich und lege auf. Dann sage ich zu Georgie: »Vielleicht werden wir das Zeug doch nicht über Bord werfen.«

»Wäre ja auch eine schreckliche Verschwendung«, sagt Georgie.

Die nächste Nachricht ist von Miranda. »Ich mache mir wirklich Sorgen um Johnny«, sagt sie, als wäre es meine Schuld. »Ich will ernsthaft, dass du dich darum kümmerst.« Ich schreibe ihr eine kurze Textnachricht, dass ich nicht der Wächter ihres Bruders bin – nicht besonders freundlich, aber wahr. Dann begebe ich mich auf meine Position, lasse mich in den Stuhl fallen, stelle die Füße auf die Konsole, rufe Maureen in Achnabuie an und bitte sie freundlich, ein paar Vorräte zum Hafen zu bringen. Womit sie sich als guter und liebenswürdiger Mensch, der sie ist, einverstanden erklärt.

In Achnabuie kommt sie mit einem kleinen Kahn zu uns raus. Die Einkaufstüten stehen dicht gedrängt um ihre zarten Knie herum.

Sie reicht sie zu uns herüber und kommt an Bord. Im Salon rümpft sie die Nase über den Gestank. Sie sagt: »Ich koche euch einen Tee.«

Georgie sagt: »Jo.«

Ich versuche zu protestieren, aber sie befiehlt mir, die Klappe zu halten, stellt eine Flasche Whisky auf den Tisch und hantiert auf eine Weise mit Kartoffeln und Steaks in der Küche herum, dass zu erahnen ist, dass sie das hier alles gut durchgeplant hat. Georgie macht das Boot so an einer Mooringboje fest, dass es mit dem Heck zum Festland liegt. Nur für den Fall, dass die Nachricht des Majors nicht zu den Jungs von McGown durchgedrungen ist. Dann laben wir uns am Whisky, bis die Stimmung entspannt und heiter ist. An dem Punkt erscheinen die Steaks. Maureen setzt sich, und gemeinsam genießen wir das Mahl. Die Abwesenheit des toten Körpers aus dem Kühlraum wirkt bei uns allen wie Balsam. »Ich gehe ins Bett«, sagt Georgie und verzieht sich aus dem Salon in seine Kabine. Ich hocke noch weiter mit Maureen zusammen, und sie berichtet mir von einigen Booten, die wir voraussichtlich verkaufen werden. Während wir reden, beobachte ich ihre schönen Wangenknochen, ihren hübschen großen Mund und ihre lustigen grünen Augen. Der Whisky und ich, beide denken wir, was für eine schöne Frau sie doch ist.

Ich gehe an Deck, um die Leinen zu überprüfen. Zurückgekehrt, setze ich mich neben sie und nicht ihr gegenüber. Irgendwie ist die Whiskyflasche leer, und ich erzähle ihr von Johnny und dem Major und Holby und McGown. Sie hört zu, runzelt dabei nicht die Stirn, sondern nickt nur. Als ich fertig bin, sagt sie: »Wir haben noch mehr Whisky.«

Es ist nicht vernünftig, noch eine Flasche anzubrechen. Ich mache es trotzdem. Und sie sagt: »Du machst also einigen Bösewichten mit Verbindungen zur Polizei und einigen schweren Jungs in Irland das Leben schwer, ja?«

Ich nehme einen Schluck Whisky. »Das«, sage ich mit der Unverfrorenheit eines Alkoholikers, »ist der Plan.«

»Solltest du nicht vorsichtig sein?«, fragt sie.

Ich zucke mit den Achseln und stelle fest, dass sie ihre Hand auf meine gelegt hat. Was mich irgendwie auf den Boden der Tatsachen zurückholt. »Wahrscheinlich«, sage ich. In meinen Gedanken tut sich direkt vor mir ein dunkler Abgrund auf. Es ist die Angst. Also lege ich meine andere Hand auf die ihre. Und sie legt ihre andere Hand auf meine. So ist es besser. Und plötzlich küssen wir uns über diesem Händestapel.

Ich sage: »Wir haben die Kapitänskabine.«

Sie lacht und zieht ihre Hände zurück. »Mal ehrlich«, sagt sie. »Du und ich. Mit den ganzen Drinks, die wir hatten. Wo würde das hinführen?«

Ich sage: »Du als meine Angestellte verweigerst dich, an unangemessenen Handlungen teilzunehmen?«

Sie senkt ihre Wimpern. »Ich verweigere mich nicht«, sagt sie. »Ich verschiebe es nur.« Als Nächstes kann ich mich daran erinnern, dass ich in meiner Koje liege. Allein.

Ich erlösche wie ein Streichholz und wache in der Dämmerung mit zerberstendem Schädel auf. Georgie stapft umher, und der Motor läuft. Ich taumle aus der Kabine und nehme die Leine von der Mooringboje. Und los geht es. Wir fahren den Sund hinunter in einen garstigen Südwestwind. Das Selbstvertrauen ist wie weggeblasen. Alles ist durcheinandergeraten, und ich will, dass es aufhört.

Aber das geht jetzt nicht mehr. Jetzt gibt es nur noch Schwimmen oder Sinken. Also lenke ich meine Gedanken auf Maureen, die ein beruhigender Ankerplatz für meine Überlegungen ist. Als die GLEANER um das Mull herum hämmert und auf südlichen Kurs geht, beginne ich einige Anrufe zu tätigen.

Da sind zum einen die geschäftlichen Anrufe. Ich muss ein paar Ausreden erfinden und ein paar Lügengeschichten erzählen. Wir haben sogar ein Boot verkauft. Ein altes Folkeboot, das unter einer Plane in Badachro friedlich vor sich hin rottete, bis Maureen es unter ihre Fittiche genommen hat. Jetzt erhalte ich dafür sogar eine Kommission in Höhe von 300 £. Aber es ist gerade einfach der falsche Zeitpunkt, sich damit zu brüsten. Ich will wissen, wem die ARTHUR WORRIES gehört. Und ich will Maureen damit nicht belasten. Also rufe ich Holby in Devon an und gebe ihm einen kurzen und redigierten Bericht sowie die Bootsnummer.

Als wir das Mull passieren, ruft er zurück: »Ich hab's.« Er klingt so zufrieden wie ein Kadett mit einem stibitzten Matrosenkragen. Ich beginne genau zu verstehen, was der Major ihm vorenthalten hat. »Das Boot gehört McCool & Erris. Es ist in Ballycool registriert. Die Geschäftsführer von McCool & Erris sind Doreen McGown und Erris McGown.«

Ich sage: »Das passt genau.« Und lege auf.

»Wat?«, sagt Georgie.

»Das Boot, das Donnie übergemangelt hat, ist Eigentum einer Firma, die McGown gehört«, sage ich. Er antwortet nicht. Ich weiß, wie er sich fühlt.

Erneut klingelt mein Telefon – Miranda. »Tue niemals heute, was du auch auf morgen verschieben kannst«, denke ich wie so oft. Aber wenn ich jetzt nicht abnehme, dann wird sie wieder anrufen. Und wenn ich dann immer noch nicht abnehme, dann wird sie es so lange weiter versuchen, bis sie ihren Willen bekommt. Außerdem habe ich immer noch Restwhisky in mir, und der Abend mit Maureen hat mein Selbstbewusstsein zusätzlich gestärkt.

Also sage ich: »Hallo?«

Sie sagt: »Das wird langsam albern.«

»Was meinst du?«

»Johnny. Der Grund dafür, dass wir dich das Geschäft mit ihm haben führen lassen, war der, dass du dich um ihn kümmerst.«

»Nein«, sage ich. »Ich sollte reich genug werden, um dir Sachen kaufen zu können.«

»Sei nicht so gemein«, sagt sie müde, und ich kann fast hören, wie sie in ihren Gedanken jene ausradiert, die sie selbst nicht glauben will. »Wie auch immer. Ich habe einen sehr netten Mann kennengelernt. Und er glaubt, dass da etwas nicht stimmt.«

Ich sage: »Wirklich?«

»Er ist Polizeichef von irgendwo. Jack Menzies. Er glaubt, es ist an der Zeit für eine offizielle Untersuchung. Er weiß alles über dich und denkt, dass du ein guter Ausgangspunkt für die Untersuchung bist. Ich würde mich auf die Beantwortung einiger Fragen vorbereiten, wenn ich du wäre.«

Mich überkommt ein Schauer. Menzies ist ein dunkelblauer Unbestechlicher, hartnäckig und mächtig. Ich sage: »Ist er im Bilde über Johnnys gesamte Heiligkeit?«

»Er weiß, dass Johnny mein Bruder ist und dass er in schlechte Gesellschaft geraten ist. Er denkt, dass du Teil dieser schlechten Gesellschaft sein könntest.«

Ich seufze und sage: »Ist er bei dir?«

Miranda sagt: »Ich bin im Bett.«

»Genau.«

»Erbärmlich«, sagt sie. »Er wird sich melden.«

»Ich freue mich darauf, seine Fragen zu beantworten. Aber bevor er sie stellt«, sage ich und lasse meine Stimme deutlich härter klingen, als ich mich fühle, »möchtest du ihn vielleicht daran erinnern, dass er für die geschätzte britische Öffentlichkeit und nicht für eine Frau arbeitet, die er mag.«

Sie schnalzt mit der Zunge. Sie sagt: »Pass auf dich auf.« Und legt auf.

Also geht's aus der heißen Pfanne direkt ins Feuer.

Für irgendjemanden auf jeden Fall.

Ich sitze da und starre durchs Fenster auf den Sonnenuntergang, der bildschön, aber blass ist. Hoch oben am Himmel sind die kleinen Wolken in einem zarten Muster so arrangiert wie die Wellen, die eine Ebbe am Sandstrand hinterlässt. »Sieht schlecht aus«, sagt Georgie.

Das tut es. Alles.

Weiter geht's auf Kurs Süden.

Später in der Nacht erspähen wir die Lichter der Dublinfähre, die an eine Hochzeitstorte erinnern. Dann das dreifache grüne Blinken am Pier von Holyhead. Georgie reduziert die Drehzahl. Um 3 Uhr morgens machen wir an einem freien Platz am Fischdock fest.

Ich kümmer mich um die Leinen, setze mich im orangfarbenen Schein einer Lampe auf einen Poller und warte. Der Regen klatscht auf mein Ölzeug. Von der GLEANER ertönt ein jämmerliches Geräusch, als Georgie die Abdeckung der Luke wegnimmt. Ich sehe Scheinwerfer. Ein weißer Kühlwagen nähert sich dem Kai. Ein Kopf in Regenbekleidung schaut auf der Fahrerseite aus dem Fenster und studiert den Bootsnamen am Heck. Ich sage: »Sie sind spät dran.«

Er ignoriert mich. Unter der Kapuze ist kein Gesicht zu erkennen. Der Wagen fährt so lange rückwärts, bis er parallel zu den Paletten steht. Der Fahrer steigt aus. Sein Kumpel auf der anderen Seite ebenso. Beide wirken in ihren Regenmänteln klein und dünn. Der Fahrer sagt: »Hier sind noch ein paar Sachen aus dem Wagen zu holen.«

»Was für Sachen?«

»Waschmaschinen … Ich weiß nicht …«

Ich erinnere mich daran, dass der Major gesagt hatte, dass wir auch Sachen mitnehmen sollen. Das sind dann wohl diese. Der Fahrer klettert in den Laderaum des Kühlwagens. Zwei große Pappkartons stehen unter dem Dachfenster. ZANUSSI steht darauf in großen Buchstaben geschrieben.

Ich sage: »Holt zuerst den Fisch raus«, springe vom Kühlwagen runter und gehe den Pier hoch zu den Lichtern an Land.

In dieser Nacht herrscht Schmuddelwetter. Der Wind ist seit unserer Ankunft gleichmäßg geblieben. Er kommt jetzt aus Nordwest und treibt die Regenschauer von der Irischen See in meine Kapuze und – auf die Windschutzscheibe eines Mercedes auf dem Parkplatz über dem Hafen.

Es ist derselbe Mercedes wie beim letzten Mal. Hinter der Windschutzscheibe erkenne ich zwei Gesichter: ein weißes und ein schwarzes. Die Augen verfolgen mich beim Vorbeigehen. Die Köpfe bewegen sich nicht. Der weiße Mann zündet sich eine Zigarette an. Ich sehe im Schein eine schwere Goldkette aufblitzen. Ich gehe weiter wie jemand von einem Boot, der sich in dieser nassen Nacht im Seewind die Beine vertreten will. Über dem Parkplatz ist ein Polizeiwagen so positioniert, dass sich das Blickfeld des Beamten in seinem Innenraum unweigerlich auch auf die GLEANER erstreckt. Es könnte sich natürlich um einen Zufall handeln. Genauso wie es ein Zufall sein könnte, dass der Beamte im Auto die Vorgänge durch ein Fernglas beobachtet.

Der Polizist scheint in seine Überwachung vertieft. Ich blicke auf das Deck der GLEANER: Durch das rechteckige Loch der Luke kommen mithilfe des Ladebaums Paletten mit grünen Kisten hoch aus dem weißen Licht des Kühlraums und in den gelben Schein der Lichter am Kai. Ich beobachte, wie die Kisten in den Wagen geladen werden und die beiden braunen Waschmaschinenkartons im Kühlraum verschwinden.

Es ist eine von Fleiß geprägte Szene, doch ich beobachte sie nicht lange, weil mir der Regen schon den Nacken runterläuft. Ich beginne mich zu entfernen. Dann klopfe ich an das Fenster des Polizeiwagens.

Der Polizist senkt sein Fernglas. Er dreht mir sein Gesicht zu, das ganz und gar nicht freundlich aussieht. Er lässt das Fenster runter und sagt: »Guten Abend, Sir?«

Als ich ihn anschaue, weiß ich, dass es gut für mich läuft. Ich empfinde sogar so etwas wie Macht. Ich sage: »Hallo nochmals.«

»Nochmals?«, sagt der Polizist ausdruckslos.

»Wir haben uns in Swansea gesehen«, sage ich. »Am Kai. Sie sind ein Freund von Major Davies.«

»Das glaube ich nicht«, sagt der Polizist. »Ist ein bisschen spät, um hier draußen herumzuwandern, oder? In so einer Nacht.«

»Einige von uns arbeiten im Schichtdienst«, sage ich. Er ist jetzt aus seinem Auto ausgestiegen. Seine Taschenlampe scheint mir ins Gesicht.

Ich schenke ihm ein breites Lächeln voller Selbstbewusstsein, das in mir erblüht wie eine Blume.

Dieser Beamte ist ein Mitglied der privaten Truppe des Majors, und ich habe seine Nummer. Ich sage: »Sollte ich Major Davies Hallo sagen?« Ich schaue auf meine Uhr. »Du meine Güte«, sage ich. »Ist das die Zeit …«

Ich unterbreche mich, weil etwas in meiner Magengrube gelandet ist und mir die Luft genommen hat. Etwas anderes hat meine Beine unter mir weggefegt, und ich lande auf dem nassen Asphalt. Da unten spüre ich etwas an meinem Hals, dass sich durch den Nebel von Schmerz und Angst wie ein Stiefel anfühlt.

»Hören Sie zu«, sagt die Stimme hinter dem Schmerz. »Ich mag keine kleinen Widerlinge, die mich verarschen. Kümmern Sie sich um Ihren Job, und ich mache meinen. Wir sitzen zwar alle im selben Boot, aber ich trage eine Uniform. Ich bin glücklich, dass ich für einen echten britischen Patrioten arbeite.« Knirschen, als der Stiefel mir ein paar Asphaltbrocken ins Gesicht drückt. »Und falls wir uns noch einmal über den Weg laufen und du mich wieder verarschst, dann lege ich dich um. Und sie werden der Uniform glauben und nicht irgendeinem Komiker aus dem Nichts.«

Die Abschnitte dieser Unterhaltung, die mir am wenigsten gefallen, sind die Brocken in meinem Gesicht und das Wort Komiker, das sich so langsam, aber sicher seinen Weg in das allgemein gebräuchliche Vokabular bahnt, wenn es um meine Person geht. Ich verabscheue es aber nicht genug, um das anzumerken. Denn dieser aufrechte Beamte dürfte auch einen Schlagstock und Pfefferspray bei sich tragen. Und mir ist gerade nicht nach einer Demonstration – weder des einen noch des anderen. Ich finde es auch interessant zu hören, dass der Major ein Patriot ist. Vielleicht hat er auf diese Weise seine informellen Beziehungen zur Polizei intakt gehalten. So – und mit ein paar guten Honoraren.

»Und jetzt hau ab und achte künftig auf deine Manieren«, sagt er. Der Stiefel gibt meinem Gesicht einen letzten Schliff und verlässt dann meinen Hals. Ich stehe auf, drehe ihm meinen Rücken zu und versuche langsam zu gehen, was mir nur ansatzweise gelingt.

Als ich unten am Kai ankomme, sind die Waschmaschinen bereits verschwunden, und die letzte Palette mit den grünen Kisten steht schon hinten am Kühlwagen. Ich sehe zu, wie sie in seinem Inneren verschwinden. Der dünne Mann schließt die Tür. Sein Kumpel sitzt schon in der Kabine. Das Fenster öffnet sich. Eine Handvoll leerer Bierdosen scheppern auf den Beton. Die Hand kommt noch einmal mit ein paar Burgerboxen raus, schmeißt außerdem olle Pommes und eine alte Zeitung raus. Sie machen den Wagen vor der Reise sauber. Ich ergreife das Handgelenk, bevor er es wegdrehen kann. »Ich finde einen Abfalleimer für euch«, sage ich.

»Wat?«, sagt der Typ.

Ich stopfe den Müll in ein deckelloses Ölfass am Kai und behalte die Zeitung. Eine Bö erfasst die Dosen und lässt sie den Anleger runterklappern. Die GLEANER furzt schwarzen Rauch in die Lichter, und Georgie gibt mir aus dem Steuerhaus das Abfahrtszeichen. Ich löse die Leinen und springe an Bord. Der Motor dröhnt los; die GLEANER schwirrt vom Kai weg. Ich gehe ins Steuerhaus, ziehe meine Jacke aus, setze mich in einen Stuhl und zittere immer noch ein wenig. Der Stress war beträchtlich gewesen. »Was hat dich denn gebissen?«, fragt Georgie, der mir ins Gesicht schielt.

»Ärger mit dem Gesetz«, sage ich. Draußen gleiten grüne Blinklichter eines nach dem anderen an uns vorbei. Ich will einen Drink.

»Wat?«

»Ein Bulle. Ich habe mit ihm gesprochen. Er hat mich geschlagen.«

»Du hast ihn verarscht«, konstatiert Georgie, »und er hat dir ein paar verpasst. Das überrascht mich nicht. Dein Großmaul … Ich bin sehr erstaunt, dass sie dich so lange haben leben lassen. Wenn du …«

»Halt die Klappe und fahr«, sage ich. Wir sind jetzt aus dem Hafen raus. Die Bugspitze der GLEANER hebt sich und fällt dann krachend zurück, was sämtliche ihrer Stahlplatten erzittern lässt. »Wir sollen den Major abholen und ihn nach Irland bringen«, sage ich. »Er will, dass wir das Boot reinigen. Du machst sauber, ich fahre.«

»Auf keinen Fall«, sagt Georgie. »Du machst sauber, ich fahre.«

»Schalte den Autopiloten ein und lass uns einen Drink nehmen. Der Major kann dann ja sein Glück versuchen«, sage ich. Das Zittern lässt nach. Wir sind die Leiche los und vermutlich auch einige illegale Substanzen. Zu Hölle, wir sind legal. »Wer denkt er, dass er ist?«

»Jo, wer?«, sagt Georgie, greift ins Schapp unter dem Steuer und zieht eine Flasche Whisky daraus hervor.

Die See vor uns ist fast so weiß, wie sie schwarz ist. Wieder kommt der Bug hoch. Und wieder geht er runter. Crash. Erzittern. Dieses Mal kommt grünes Wasser übers Deck. Georgie reicht mir den Whisky. »Willste ein Bier dazu?«, sagt er.

»Natürlich will ich«, nicke ich.

Es wird eine lange Nacht werden.

17

Der Wind nimmt weiter zu. Er bläst über die Flut, die am oberen Ende der Irischen See durch den Nordkanal fließt, der Schottland von Nordirland trennt.

Er verwandelt die Wasserberge in Klippen und verleiht ihnen tosende weiße Kämme aus Gischt. Und hoch geht der Bug. Runter geht der Bug. Crash. Runter geht der Whisky. Crash. Bis die Flasche leer ist. Georgie verkeilt sich in seiner Koje und fängt an zu schnarchen. Ich sitze im Stuhl und höre, wie der Bug sich durch die See prügelt, dabei tue ich so, als würde ich Ausguck durch die Sturzbäche halten, die am vorderen Fenster des Steuerhauses in Strömen runterfließen.

Noch ein Bier. Noch ein Rundumblick in die Nacht. Da draußen ist nichts zu sehen außer einer kleinen Blutspur auf einem weißen Stück Schaumstoff, das kurz unter das Backbordlicht flattert. Ich setze mich, drücke die Dose in den Getränkehalter und schlage die Zeitung auf, die der Kühlwagenfahrer beim Aufräumen aus dem Fenster geworfen hat.

Ich halte inne.

»Koks-Razzia bei Fernseh-Fischkoch«, schreit Seite 4. Garniert mit einem schönen Bild von Tony Greely, der in seinen Watstiefeln, mit Ohrring, dem Messer in der einen Hand und dem Fisch in der anderen von der Seite blinzelt. Neben ihm liegen auf dem Demonstrationstisch ein paar Zwiebeln und Tomaten, die Teil des Originalfotos sind. Daneben ein Haufen weißes Puder mit einer aufgerollten 20-£-Note, die aus der Spitze hervorschaut. Was nicht zum Originalfoto gehört. Die Geschichte besagt lediglich, dass er im Besitz einer Menge an kontrollierten Substanzen verhaftet worden ist – der Code für handelbare Drogenmengen. Es ist leicht ersichtlich, wie der Major die guten Beziehungen zu seinen Freunden bei der Polizei gepflegt hat.

Für einen Moment tut mir Tony Greely leid. Obwohl … niemand hatte ihn dazu gezwungen, riesige Mengen von Schwarzfisch zu importieren und ihn unter den unglaublich heuchlerischsten Umständen zu verkaufen. Und niemand hatte ihn dazu genötigt, sich einen Teil der kontrollierten Substanzen des Majors anzueignen. Er hat die Lawine selbst losgetreten und sich dann sehenden Auges in sie hineinbegeben.

Während die großen Wellen aus dem Norden anmarschieren, hocke ich eingekeilt in meinem Stuhl im dunklen Steuerhaus mit den Kontrollleuchten um mich herum. Plötzlich habe ich einen neuen und schrecklichen Gedanken. Wenn ich aus dem Weg wäre, gäbe es keine Verbindung mehr zwischen dem Major und Tony Greely. Johnnys Leiche könnte an die Hummer verfüttert werden oder auf andere Art und Weise verschwinden. Und der Major könnte ungestört weitersegeln.

Plötzlich ist mir sehr, sehr kalt. Ich muss mein Wissen mit jemandem teilen. Und das sehr schnell.

Ich greife nach meinem Mobiltelefon und wähle Holbys Nummer. Das Piepen signalisiert, dass wir keinen Empfang haben. Ich greife nach der Bierdose und nehme einen Schluck. Er schmeckt flau und blechern. Ich gehe los, schnappe mir eine andere aus dem Schapp und setze mich wieder auf den Stuhl. Wums!

Irgendetwas hat sich verändert.

Ich schaue von der Bierdose hoch zur Windschutzscheibe. Ich kann sehen, wie sich die blasse Speerspitze des Decks auf einer Welle erhebt. Und hinter ihr entdecke ich noch etwas anderes. Ein hohes Etwas, schwärzer als die Nacht, mit schäumendem Wasser auf seinem Boden. Ich kann die Luft des Steuerhauses im Mund schmecken. Und während ich da mit dicken Backen sitze, scheint mir ein helles rotes Licht in mein rechtes Auge.

Wir befinden uns inmitten der Irischen See. Da draußen kann nichts Rotes sein.

Außer einem anderen Schiff.

Da ist ein blutrotes Licht auf dem Schutzdeck. Und dahinter ragt ein weißes Hochhaus in den Himmel. Ich springe aus dem Stuhl und ans Steuer der GLEANER, um sie herumzureißen, damit wir nicht in diesen mittelgroßen Frachter reindonnern, der aus dem Nichts aufgetaucht ist und sich etwa 50 Meter vor dem Bug der GLEANER befindet. Doch das Steuerrad ist blockiert. Verklemmt, sagt mir mein Whisky-vernebeltes Hirn. Warum?

»Versuch es doch einfach mal mit dem Ausschalten des Autopiloten«, sagt eine kleine nüchterne Stimme von ganz weit weg.

Ich taste nach dem Schalter. Das Steuer kommt frei. Ich reiße es hart nach Steuerbord. Die Seite des anderen Schiffs erscheint jetzt wie eine Klippe über mir, zu hoch, um noch das rote Licht zu sehen, das die GLEANER und das Meer in eine blutige Szenerie taucht. Ich nehme etwas Gas weg. Die Drehzahl geht runter. Der Bug dreht weiter. Zu spät, zu spät. Die Seite des Schiffs kommt hoch, während es von uns wegrollt, und sackt wieder runter. Ich sehe einen riesigen schwarzen Felsen, der wie ein großer Metallhaufen auf das Schutzdeck sackt. Mit einem heftigen metallischen Aufschlag fällt er auf den Bug der GLEANER und drückt ihn tief unter Wasser. Es folgt ein lang andauerndes metallisches Kreischen; noch ein Knall, noch ein Rollen, dieses Mal auf die erste Welle des Kielwassers, ein kräftiges Rollen nach Steuerbord bis an die Deckskante, ein Rutschen und Krachen in der Kombüse und im Stauraum. Schwarzes Wasser ergießt sich über das Deck, und runter geht sie, runter, runter wie ein U-Boot. Durch die zerborstenen Scheiben dringt Wasser ein. Ich denke, »das war's.« Ein kalter Tod in der Dunkelheit. Kein Major mehr, über den man sich Gedanken machen muss. Es tritt eine seltsame Stille ein. Dann spüre ich sie sich schütteln, und ihr Bug kommt wieder hoch.

Jetzt tritt Georgie auf den Plan, stolpert durchs Steuerhaus. Unter seinen Schuhen knirschen die Glassplitter. Über die Backbordseite des Steuerhauses sehe ich, wie das weiße Hecklicht des Schiffs in der Irischen See entschwindet.

»Verfickt noch mal«, sagt Georgie, »Was zur Hölle …«

»Kollision«, sage ich, »übernimm du das Steuer.«

Er nimmt es und sagt: »Hast du nicht Ausschau gehalten?«

»Schlimme Nacht«, sage ich.

»Und was ist mit dem Radar und dem UKW?«

»Aus«, sage ich.

Er kapiert. Und sagt: »Wenn wir ein Loch haben, werde ich dich verdammt noch einmal umbringen.«

»Dann stell dich hinten in der Schlange an«, sage ich, geistig noch immer leicht weggetreten, während ich mit der kleinen Taschenlampe durchs Steuerhaus leuchte. Überall liegt Glas. Ich finde auch mein Telefon. Ich hebe es auf. Georgies Stiefel hat es zerstört, die SIM-Karte ist abgesoffen und überhaupt. Doch es ist gerade nicht der richtige Zeitpunkt, sich um SIM-Karten zu sorgen. Es ist eher der Moment, übers Boot zu rennen und zu sehen, wie lange wir noch zu leben haben.

Ich frage: »Wie liegt sie auf dem Ruder?«

»Perfekt«, sagt Georgie und pfeift in der Dunkelheit.

Ich poltere runter in den Laderaum.

Ich erwarte dort schwappende Wassermassen. Doch offensichtlich gibt es die nicht. Das Eis hat sich übers Deck verteilt, und eine der Waschmaschinen ist aus dem Behälter gefallen, in die der schlampige Georgie sie reingestopft hat, statt sie festzubinden. Die schlittert nun in ihrer Box umher. Die Kollision hat offenbar sämtlichen Alkohol in meinem Kopf verpuffen lassen. Ich bin wieder hundertprozentig stocknüchtern. Geblieben sind nur ein heftiger Kopfschmerz und eine leichte Tendenz zum Zittern, was aber auch am Schreck liegen kann.

Die Geräuschkulisse hier unten ist schrecklich. Da sind zum einen das Dröhnen des Motors, das Schlagen der Wellen und zum anderen das merkwürdige Geheul des Rumpfes in der aufgewühlten See. Das kenne ich schon. Aber da ist auch etwas Neues: ein hässliches Quietschen. Es kommt vom Backbordbug. Und es war der Backbordbug, der das Schiff getroffen hatte. Da wird ein Schaden sein. Ich gehe zur wasserdichten Tür am vorderen Ende des Stauraums. Die lässt sich leicht öffnen. Ich werde nicht von einem Schwall Wasser umgehauen. Immerhin. Das ist positiv.

Wieder geht der Bug hoch.

Vor mir tut sich eine kleine Gasse mit wasserdichten Türen an beiden Enden auf. Der Rahmen der Tür auf der Backbordseite ist ein stählernes Oval. Das Schloss ist verbogen, und die Tür scheint nicht mehr in den Rahmen zu passen.

Der Bug geht wieder runter. Ich verkeile mich im Gang und fühle mich plötzlich schwerelos. Das Wasser dringt durch zwei Schichten Stahl durch, und mein Gewicht kehrt mit dem hochkommenden Bug zurück. Überall ist Wasser. Aber nicht in einer Menge, die das Schiff sinken lässt, solange die Pumpen ihren Dienst versehen und die Türen halten. Ich stehe da mit meinem akuten Kater und gaffe. In meinem Kopf kreischt es. Das Wasser im Durchgangsdeck läuft wieder ab. Es ist kein Tinnitus. Es ist das Geräusch der Pumpen. Besser.

Ich bewege mich rückwärts aus dem Gang heraus und drücke die wasserdichte Tür hinter mir zu. Auf einem Bett aus Eisstückchen schlittert eine der Waschmaschinen an mir vorbei und knallt in die Spundwand. Die Kiste zerbricht dabei. Ich ziehe einen Gurt aus dem Gestell an der Wand, binde einen schnellen Knoten und warte auf das nächste Rollen des Bootes. Die Waschmaschine rutscht wieder über das Deck zurück. Als sie an die Seitenwand kracht, binde ich den Tampen um sie und einen Seitenträger herum und fixiere das Ganze mit ein paar halben Schlägen. »Genial«, denke ich. Vielleicht hat der Whisky mich ja noch nicht ganz verlassen. Pfeifend schnappe ich mir einen Besen und beginne die auf den Bodenplatten verteilten Eisstückchen zu jagen.

Wir haben also im Sturm ein kleines Loch davongetragen, und ein unaufrichtiger Major hat allen Grund, uns den Tod zu wünschen. Immerhin spielen wir nicht mehr die Rolle des Bestattungsinstituts. Ich fege weiter, manchmal schwerelos und dann wirken wieder Gewichtskräfte von 3 g auf mich. Während ich fege, pfeife ich.

Dabei weiß doch jeder, dass es Unglück bringt, auf See zu pfeifen.

Das letzte Eisstückchen ist aufgefegt. Der Laderaum ist sauber wie ein Operationssaal mit eingeschalteten OP-Lampen, auch wenn die Waschmaschinen diesen Eindruck ein wenig trüben. Die, die aus der Kiste gesprungen war, ist gegen die andere geschlagen. Durch ein paar klaffende Risse in den Pappkartons sind Teile der Styroporverpackung zu sehen. Dem Major wird das nicht gefallen. Ich absolviere meinen Von-null-auf-3-g-Tanz übers Deck zum Werkzeugschrank, greife nach einer Rolle Klebeband und tanze zurück zu den Kisten, um sie wieder herzurichten.

Der größte Riss hatte die Form von zwei Seiten eines Quadrats. Dahinter ist die Ecke eines Styroporblocks zu sehen. Und noch etwas, das definitiv kein Schaumkunststoff ist. Etwas Bräunliches mit einer kittähnlichen Konsistenz. Die Kopfschmerzen machen mich irre. Ich bohre mit meinem behandschuhten Finger in das Zeug. Der Finger hinterlässt eine Delle. Ich pieke nochmals rein.

Dann macht mein Herz einen gigantischen Satz.

Ich blinzle einmal. Vielleicht geht es dann weg.

Das tut es aber nicht.

Das Horrorzeug ist immer noch da, lugt sparsam um die Kante des Risses im Karton herum. Ich gehe wieder zum Werkzeugschrank, tanze aber nicht mehr, weil ich meine Balance verloren habe. Ich taumle in den schrecklichen Windungen und Korkenzieherbewegungen des Decks. Ich ziehe ein Filetiermesser aus dem Regal und nehme es mit zur Kiste. Sehr behutsam ziehe ich die rasierklingenscharfe Schneide an der Kante des Kartons entlang, bis sich die komplette Seite löst. Dann stehe ich hilflos da, schaue auf das Paket und kann es körperlich fühlen.

Ich schaue auf eine Art kleiner Mauer aus Bausteinen, die aus diesem Kitt-ähnlichen Zeug gemacht sind. Aus einer Box oben auf der Mauer führen Drähte zu einem Objekt, das wie ein Stecker aussieht und in den obersten Baustein gestopft wurde. Auf dem Deckel der Box befindet sich ein festgeklebtes Mobiltelefon, das an eine Freisprecheinrichtung angeschlossen ist, deren Drähte wiederum in die Box führen.

Ich hatte solchen Kram zur Zerstörung von Kommandobunkern in Bosnien benutzt. Das Kitt-artige Material ist Sprengstoff. Wahrscheinlich C4, weil man mit einem Klumpen C4 sogar in perfekter Sicherheit Fußball spielen oder es gar essen kann. Man kann es auch im Kühlraum eines Bootes herumspringen, aus der Kiste krachen und es im Sturm auf einer Eisbahn herumglitschen lassen, ohne dass es dabei explodiert. Die einzige Möglichkeit, es hochgehen zu lassen, besteht darin, einen Zünder reinzustecken und ihn in den Stromkreis zu integrieren. Eine Art, das aus sicherer Distanz durchzuführen, ist die Anbringung eines Schalters an eine Batterie und die Verbindung dieses Schalters mit einem Mobiltelefon.

Kein Telefon, kein Knall. Kein Knall, kein verdammt großes Loch im Rumpf des Bootes.

Mit dem Filetiermesser schneide ich das Mobiltelefon von der Box frei. Ich löse die Verbindung der Drähte zur Freisprecheinrichtung. Und denke: »Major, du Schwein. Du wolltest etwas unternehmen, um sicherzustellen, dass weder ich noch Georgie am Leben bleiben. Damit wir niemandem davon erzählen können, wie Tony Greely an sein Kokain gekommen ist oder wer seine Freunde sind oder wie er sein Geld verdient. Aber du hattest kein Glück.« Ich schalte die Verbindung zur Batterie aus und ziehe den Zünder vorsichtig raus. Dann hole ich einen Eimer. Gerade will ich meine Hand ausstrecken, um die C4-Bausteine aus der Maschine zu holen, da halte ich inne. Das hier ist eine ziemlich professionell gebaute Bombe. Der Major ist natürlich auch ein Profi. Aber er war beim Logistics Corps gewesen. Ist er wirklich ein solcher Profi?

Wenn das Loch in der Waschmaschinenverpackung nicht entstanden wäre, hätten wir es auf die eine oder andere Weise erfahren. Wie die Dinge nun stehen, ist es sicher weise, sorgfältig darüber nachzudenken. Es besteht ja keine Eile mehr.

Ich stecke das Mobiltelefon in meine Tasche und gehe hoch ins Steuerhaus.

»Wie sieht's aus?«, sagt Georgie.

Ich erzähle ihm vom Leck, nicht aber von der Waschmaschine. Missmutig schaut er aus dem Fenster. Der Wind lässt nach, und die Morgendämmerung verwandelt den Horizont in eine kalte graue Linie. Im Nordosten blinkt das Mull of Kintyre. Er sagt: »Ich werde sie wieder zusammenschweißen.«

Bei halber Tide bewegt sich die GLEANER am nördlichen Ende von Gigha zwischen zwei Landzungen hindurch. Der Stromanker geht übers Heck ins Wasser. Sanft wird die GLEANER auf den weißen Sand gedrückt und hat Grundberührung.

Georgie hat die zerbrochenen Fensterscheiben des Steuerhauses inzwischen durch Sperrholz ersetzt. Jetzt lässt er an der Seite eine Leiter runter und verschwindet, um am Bug den Kopf zu schütteln. Er entdeckt eine gerissene Schweißnaht und ein paar lose Platten auf Höhe der Wasserlinie. »Hätte schlimmer sein können«, sagt er.

Was sicher stimmt. Jemand hätte beispielsweise einen Handyanruf tätigen können.

Ich gehe unter Deck und fange mit den Aufräumarbeiten für den Major an. Als ich fertig bin, nehme ich das Bombentelefon aus meiner Tasche und schalte es ein. Keine verpassten Anrufe. Was den Major angeht, so sind wir noch am Leben. Ich erwäge, Holby anzurufen. Doch dessen Nummer ist auf der SIM-Karte, die Georgie in der vergangenen Nacht mit seinem mächtigen Stiefel zerquetscht hat.

Ich bin auf mich gestellt.

»Gut«, sagt Georgie, der nach dem Gezeitenwechsel selbstzufrieden zurückkommt. Wir legen die Ankerkette auf eine Winsch und verlegen die GLEANER in tieferes Wasser, sobald sie wieder schwimmt. Die Bugsektion bleibt trocken. »Jo«, sagt Georgie, »das kann ich schweißen. Ich kann das. Ich bin ein guter Schweißer. Schweißen gehört zu den Dingen, die ich kann. Ich und das Schweißen, wir sind füreinander gemacht.«

»Ja«, sage ich. »Können wir jetzt mal kurz nach Achnabuie reinfahren? Und dann muss ich mir mal kurz dein Telefon borgen.«

Ich rufe die Nummer von Gavin Chance Marine an. Maureen nimmt ab. Ich sage: »Haben wir ein Reservetelefon?«

»Haben wir. Wo ist deins?«

»Kaputt.«

»Wo bist du?«

Ich sage es ihr.

Wir fahren nach Norden. Es regnet. Als wir Achnabuie passieren, rast ein weißes Plastikfischerboot vom Ufer los: Es ist Maureen, die grinst und eine Ersatztasche in der Hand hält. »Das Telefon«, schreit sie, während sie parallel zu uns fährt und der Wind nach dem Gewirr ihrer roten Haare schnappt. »Es ist meins. Aber sie leiten deine Anrufe darauf weiter. Und etwas zu essen. Und etwas, um es runterzuspülen.«

Als sie dicht genug ist, greife ich nach der Tasche. Sie wirft mir einen Kuss zu und schert sich davon. Ich sehe sie noch den Sund hinauffahren, während ihr Außenborder weißes Kielwasser ausspuckt. Irgendwie schade, sie fortfahren zu sehen.

In der Tasche sind Steaks und Whisky, ein Telefon und ein Aufladegerät. »Was für eine Frau«, sagt Georgie. »Aber bei Männern hat sie einen schlechten Geschmack.«

»Was soll das heißen?«

»Sie steht auf dich«, sagt Georgie mürrisch. »Dumme Kuh.« Dann fahren wir weiter.

Ich rufe den Major an. »Was zum Teufel ist mit euch passiert?« sagt er.

»Das Telefon ist kaputt«, sage ich. »Und wir hatten Wetterprobleme.« Ich suche in seiner Stimme nach Anhaltspunkten dafür, dass er Johnnys Leiche in seinem Kühlhaus gefunden hat. Und dass er weiß, dass wir eine Bombe durch den Jura-Sund kutschieren. Aber er klingt so kalt, trocken und neutral wie immer.

»Wie können Sie mich dann anrufen?«

»Meine Sekretärin hat mir ein neues gebracht.«

»Sekretärin«, sagt er in einem Ton, als würde ich keine verdienen. »Kommen Sie her. Wir treffen uns bei Loch Mor, verladen und fahren weiter nach Irland.« Er legt auf.

Wir fahren mit der Flut den Sund von Luing hoch. Als die Landzunge der Bucht vom Major in Sicht kommt, klingelt das Telefon. Die Nummer ist unterdrückt. Ich gehe ran.

»Wer ist da?«, sagt eine Stimme. Sie klingt überrascht.

»Gavin Chance Marine.«

»Ah, verstehe«, sagt die Stimme. Männlich. Aber weich und warm. »Ich konnte dich auf der anderen Nummer nicht erreichen, Gavin. Wir haben uns mal kennengelernt, oder? Hier spricht übrigens Erris McGown.«

In meinem Kopf macht es irgendwie klick. Ich bemerke, dass ich mich eigentlich geschmeichelt fühle, von diesem kaltäugigen kleinen Rohling so angesprochen zu werden. Obwohl seine Männer Johnny ermordet haben und er mich nach seinem Kartenspiel auf der VELMA ganz persönlich über Bord geworfen hat. Was mich sicher genauso hätte töten sollen wie ein auf seinen Namen zugelassenes Boot Donnie getötet hatte. Warum also empfinde ich das Verlangen, ihm zu gefallen? Ich kämpfe mich aus meiner Vernebelung heraus und sage: »Im Solent.«

»Richtig«, sagt er so herzlich, als hätte ich ihm die Geheimnisse der Schöpfung anvertraut. »Sie haben seitdem einen super Job gemacht, Gavin. Wirklich tolle Arbeit. Wir sind sehr zufrieden mit den ganzen Geschäften im Solent. Ich will Sie nur ein wenig auf Trab halten, wissen Sie? Ach, und dann hörte ich, dass sie mit Major Davies zu uns rüberkommen?«

Und einer Ladung schwarzem Fisch. Und einer Bombe in einer Waschmaschine. Es ist nicht die Bombe des Majors. Es ist McGowns Bombe. Da bin ich jetzt sicher. Ich erwäge kurz, ihm zu sagen, dass wir nicht kommen werden. Aber ich will dahin. Er hat genug Schaden angerichtet. Wir werden also hinfahren.

»Habe ich auch gehört«, sage ich.

Er lacht. Er hat versucht mich umzubringen, und seine Bombe befindet sich im Kühlraum der GLEANER. Aber er hinterlässt bei mir den Eindruck, als hätte ich etwas wirklich Lustiges gesagt. »Ich sage Ihnen was. Planänderung. Wenn Sie hier sind, dann kommen Sie hoch zum Haus, und wir trinken ein Glas zusammen. Wir haben hier auch ein paar Boote, die Sie interessieren könnten. Wir könnten vielleicht ein Rückspiel austragen.«

»Ah.« Worauf zum Teufel ist er aus?

»Achten Sie darauf, wie Sie jetzt vorgehen«, sagt er. Und die Leitung ist tot.

»Wer war das?«, fragt Georgie.

Ich erzähle es ihm. »Der Major hat unsere Nummer in seiner kleinen Organisation weitergegeben.«

»Gut«, sagt Georgie. »Dann hoffe ich mal, dass er seinen beiden Jungs sagt, dass sie dahin kommen sollen, wo ich ihnen die Köpfe abschneiden kann.«

»Ich bin sicher, dass er das tun wird«, sage ich und hoffe auf das Gegenteil.

Dann runden wir die Landzunge, und schon erscheint die Bucht mit dem Major und dem Kai, an dessen Ende er auf uns wartet. Dieses Mal ohne Hund, aber mit einem kleinen Übernachtungskoffer auf dem Boden neben seinen Füßen. Er sieht grimmig aus. Ob er wohl Johnny im Gefrierschrank gefunden hat?

Wir gehen längsseits. Er kommt an Bord und befiehlt: »Wir

fahren weiter zum Loch Mor.« Er erwähnt weder Johnny noch Kühlschränke.

Das Wasser schäumt weiß am Ruder. Die Bulldoggenfrau winkt aus dem Bilderbuchfenster des Bunglows, und der Major gewährt ihr ein vages Kopfnicken über die Schulter. Mein Felsen schlittert wie ein glatter Flicken an Steuerbord vorbei.

Ich sage: »Was ist mit dem Boot passiert?«

»Welches Boot?«, sagt der Major und richtet seine kalten grauen Augen auf mich.

»Die Yacht.«

»LORNE LADY? Der Versicherer hat ihre Abholung organisiert, die ordnungsgemäß ausgeführt wurde.«

»Sie haben also kein gutes Wort eingelegt?«

»Dafür sah ich keine Notwendigkeit.«

Dreckskerl. Er stapft in den Kühlraum runter. Ich folge ihm und sage: »Ich hoffe, dass alles dem Standard entspricht, Herr Major.«

Seine kalten Augen blicken mich an. »Ist in Ordnung«, sagt er. Die Augen wandern weiter. Sie bleiben an den Waschmaschinenboxen hängen. »Was soll das sein?«, sagt er.

Ich könnte ihm mitteilen, dass es sich um eine nicht explodierte Bombe handelt. Aber das ergibt keinen Sinn. Entweder weiß er es, aber dann würde er nicht so entspannt sein. Oder er weiß es nicht – und in dem Fall werde ich es ihm auch nicht sagen. »Waschmaschinen«, sage ich. Sie stammen aus dem Lieferwagen in Holyhead.«

Der Major nickt, als hätte er das sowieso gewusst. »Das war es also«, sagt er, »sie sind für Irland.« Und ich weiß, dass ich recht habe.

Es hat ganz den Anschein, als seien die Freunde des Majors seiner überdrüssig.

Der aber setzt seine Inspektion fort. Er entdeckt Schmiere an einem Rohr in einer der Kabinen. Vielleicht hat er sie auch mitgebracht. Mir ist es egal.

Wir fahren nach Süden, was für uns inzwischen so normal wie für einen Lkw-Fahrer die M1 ist. Wir hämmern gegen die Tide durch den Sund von Islay und nehmen den Kanal hoch zum Loch Mor. Der Major bleibt im Steuerhaus. Ein Trawler verlässt den Hafen. Ich bleibe so weit weg von ihm, wie es der Kanal erlaubt. Seine Lichter sind aus. Was verständlich ist, weil er Beifang entladen haben wird. Der Major wendet seinen Kopf für alle Fälle vom Trawler ab. Georgie geht zum Arbeiten an Deck und überlässt mir das Anlegen im Hafen. Mein Freund scheint es nicht zu mögen, mit dem Major auf engstem Raum zusammen zu sein. Ich kann ihn allzu gut verstehen.

Wir passieren gerade die zweite Tonne, als die Lichter einen weißen Globus in den schwarzen Nieselregen projizieren. Die geöffnete Tür des Kühlraums ergibt ein blasses weißes Viereck. Ein beladener Gabelstapler wackelt über das Betonvorfeld und weiter auf den Kai. Georgie hat die Abdeckung der Luke bereits geöffnet. Der Ladebaum ist bereit. Auf dem Kai warten zwei Gestalten. Es sind große Männer in leuchtenden Ölhosen, während die GLEANER längsseits geht.

»Zu schnell«, sagt der Major. »Sie fahren zu schnell.«

Ich bin seines Unsinns überdrüssig und gebe dem Steuer ein wenig zu viel Rechtsdrall. Die Bugspitze erwischt heftig einen der Gummifender am Kai. Es folgt ein mächtiges und komplexes Getöse. Der Major taumelt, und sein Gesicht wendet sich mir zu. Zum ersten Mal überhaupt hat es einen Ausdruck angenommen, der im Verhältnis von 50:50 zwischen Wut und Angst anzusiedeln ist. Mit großem Vergnügen registriere ich, dass der Major nicht gern auf See ist.

Ich nehme Haltung an, gebe ein wenig Ruder nach Backbord und fahre mit Schub voraus, um dann das Heck reinzudrehen. Und da sind wir schon. Das Schiff ist festgemacht, der Kai verläuft direkt vom Steuerhaus weg. Der Gabelstapler bringt schon die zweite Ladung, und der entscheidende Teil des Ladebaums erscheint im

Licht, um sich dort mit der Palette mit den grünen Kisten zu verbinden. Ich warte darauf, dass auch Georgie ins Licht trottet. Aber Georgie kommt nicht. Also schnappe ich mir das Mikrofon für das Megafon, drücke auf den Knopf und sage: »Bewegt das Ding!«

Die beiden Männer, die da in ihren Ölhosen stehen, wirken massiv, aber unentschlossen. »Gehen Sie, und helfen Sie ihnen«, sagt der Major.

Ich gehe.

Der Regen fällt kalt und unablässig, während ich den Kai betrete. Irgendwas kommt mir an den Männern bekannt vor. Ich sage: »Was ist euer Problem?«

»Es gibt kein Problem«, sagt der Größere.

»Dann nehmt eure Hände aus den Taschen und hängt diese Kisten an den Ladebaum.«

Der Kopf bewegt sich, sodass ein wenig Licht in die Kapuze scheint. Ich schaue in ein Gesicht, das mir tatsächlich bekannt ist. Es hatte schon vom Rand der Schleuse in Milford auf uns heruntergeschaut. Und vom Anleger in Achnabuie; es ist das Gesicht vom Limousinen-großen Dinny Brady, der mit seinem nur wenig kleineren Kollegen Kevin McGahey Johnnie ermordet, Georgies Boot gestohlen und die Fenster der GLEANER mit einer Schrotflinte zerstört hatte, deren Ladung eigentlich hatte Donnie treffen sollen. Sie sind beide hier und starren mich an. Ich schaue zurück und lächle, um meine Angst vor ihnen zu überspielen. Ich sage: »Ihr macht das so …« und zeige ihnen, wie man die Haken in die Ösen steckt.

Brady sagt: »Ich bin kein verdammter Hafenarbeiter.«

»Genauso wenig wie ich«, sage ich.

Er wirft mir einen kühlen Blick zu und lacht. Es ist ein Lachen, vor dem ich am liebsten wegrennen möchte. Vielleicht hätte ich das auch getan. Doch plötzlich sehe ich hinter ihnen in der Dunkelheit eine Bewegung. Also sage ich: »Ach kommt, so schwer ist das gar nicht. Ich zeig's euch …« und nehme die Steuerung für den

Ladebaum und drücke auf den grünen Knopf. Schon erhebt sich die Palette mit den Boxen in die Luft. Brady und McGahey schauen ihnen mit offenem Mund nach. Der Gabelstapler rollt den Kai herunter, bringt einen weiteren Stapel Kisten, während sie da stehen und glotzen. Ich glotze auch. Aber nicht auf sie.

In der Dunkelheit nähert sich die Gestalt. Es ist eine große und schwerfällige Gestalt. Sie kommt hinter Brady den Kai hinunter, macht zwei Schritte, wechselt den Fuß und nimmt Anlauf. In ihrer rechten Hand befindet sich etwas, das lang und dünn ist. Das Ding in ihrer Hand wird zurückgezogen und schwingt herum. Dabei blitzt es im Licht silbern auf. Das Megafon vom Steuerhaus gibt einen quäkenden Laut von sich. Brady beginnt sich umzusehen. Was ihm zugutekommt. Hätte er es nicht getan, hätte ihm die abgeschliffene Kante vom Kopf des 1,20 Meter langen Schraubenschlüssels den Kopf auf Schulterhöhe abgetrennt. So kann er sich noch etwas ducken. Anstelle ihn zu enthaupten, rauscht die geschliffene Kante seitlich vom Kopf durch die Kapuze. Er geht schreiend zu Boden, während Georgie seine Aufmerksamkeit nun auf McGahey richtet.

Ein normaler Mensch wäre nun überrascht. Doch McGahey ist kein normaler Mensch. Es ist ein fieser Soldat aus der Armee von Erris McGown. Also fährt seine Hand in seine Tasche; ich weiß, dass er darin eine Waffe hat. Deswegen habe ich echte Angst. Aber ich fühle mich von Georgie ermutigt, habe den Joystick in der Hand und zupfe daran. Die in der Luft hängende halbe Tonne grüner Boxen schwingt rüber und trifft McGahey am Oberarm. Ich höre ein lautes hässliches Knacken. Es könnte sein, dass die Palette gebrochen ist. Wahrscheinlich aber ist es eher der Knochen. Dann liegt er mit dem Gesicht nach unten in einer Pfütze auf dem Beton und schreit in das Blut, das seinem Kumpel seitlich aus dem Kopf läuft.

»Georgie«, sage ich mit einer Stimme, die definitiv wackelt. »Wir sollten eigentlich Fisch laden.«

»Das sind die Freaks, die mein Boot gestohlen haben«, sagt Georgie. »Und sie haben deinen Partner getötet. Und sie haben auf mein Boot geschossen. Das nehme ich von niemandem hin.«

»Wann seid ihr fertig?«, sagt eine donnernde metallische Stimme aus dem Megafon am Steuerhaus.

Was für eine rührende Demonstration der Besorgnis eines Militärs um das Wohlergehen seiner Bodentruppen. McGahey stöhnt. Er sagt: »Wir haben nicht auf euch geschossen.«

»Wer dann?«

»Donnie.«

Georgie tritt ihm ins Gesicht. Dann reinigt er seinen Schraubenschlüssel von Blut und Teilen des Schädels und tappt zurück aufs Deck der GLEANER und in den Kühlraum. Und wir beginnen den Fisch zu laden.

Während die erste Palette in der Luft ist, trudelt der Gabelstapler wieder den Kai runter. Der Fahrer sieht die am Boden liegenden Körper und verzieht sein Gesicht. Es ist ein wettergegerbtes Inselgesicht, das jetzt ängstlich aussieht. Ich gehe neben McGahey auf die Knie, hole mein Messer raus und schneide das Ölzeug weg. Er trägt ein Fleece, das ich ebenfalls wegschneide. In der Fleecetasche ist etwas Schweres, das sich wie eine Pistole anfühlt. Der rechte Arm hat einen zweiten Ellenbogen entwickelt, und er schreit auf, als ich ihn berühre. Ich helfe ihm hoch und an Bord der GLEANER. Das Fleece bleibt in der Pfütze am Kai liegen. Ich hebe es auf und schaue in die Tasche. Das Licht scheint auf dunkles Metall: eine Kaliber-.22-Pistole, wie sie von Sportschützen und Henkern benutzt wird. Ich bin vorsichtig genug, sie nicht zu berühren. Ich wickle sie wieder ein und sage ganz langsam zum Gabelstaplerfahrer: »Stecke diese Jacke in eine Tüte und bring sie zur Polizei. Ruf sie jetzt an.«

Er nickt verängstigt. Seine Augen flackern in Richtung Boot.

»Es werden eine Menge Leute untergehen«, sage ich. »Du willst doch auf der richtigen Seite stehen, oder?«

»Seite?«, sagt er. Aber er kapiert und fährt zurück in die Nacht. Er braucht lange, um diese letzte Ladung einzusammeln. Aber er kommt wieder und sagt: »Alles gut.«

Ich gehe Georgie mit den Opfern helfen. Das Geschrei ist schrecklich. »Was soll das hier sein«, fragt der Major, »eine Unfallstation?«

»Vielleicht würden Sie sie gern im Krankenhaus von Campbeltown sehen?«, sage ich. »Wir könnten sie mithilfe eines Helikopters evakuieren lassen, und Sie könnten denen erklären, wer die Jungs sind und was sie so treiben. Und dann wäre Georgie mit seiner Version an der Reihe. Das wird eine hübsche Geschichte ergeben. Vielleicht wird sie sogar in den Hauptnachrichten aufgegriffen.«

»Wo wir schon über Dinge sprechen, die aufgegriffen werden«, sagt Georgie. »Ich habe das hier gefunden.« Er schmeißt etwas Rot-Graues auf die Konsole. Ich schaue hin und sehr schnell wieder weg. Es scheint ein Ohr zu sein.

»Legt es auf Eis«, sagt der Major.

»Legen Sie es doch selbst auf Eis«, sagt Georgie. »Gavin, kümmer dich um die Leinen.«

Ich kümmer mich um die Leinen und die Abdeckung der Luke. Der Gewaltausbruch scheint Georgie gutgetan zu haben. Als ich ins Steuerhaus zurückkomme, steht er am Rad und hat ein Bier in der Hand. Der Major schaut mit steinernem Gesichtsausdruck aus dem Fenster. Als ich die Tür schließe, sagt er zu mir: »Chance, sagen Sie Ihrem Kollegen, dass er mit dem Trinken aufhören soll.«

»Es ist sein Boot«, sage ich und nehme mir selbst ein Bier. Im Steuerhaus sind nur das Licht vom Plotter und das schwache Leuchten der Instrumente zu sehen. Doch es scheint mir, als sähe der Major ein bisschen mitgenommen aus. Ich fang an zu glauben, dass ich mit meiner Einschätzung richtig liege: Das Meer ist keine Komfortzone des Majors. Ich trinke das Bier aus und gehe, um nach den Patienten zu sehen.

Ich habe viele Unfälle gesehen, als ich noch Polizist war. Trotzdem dreht einem der Anblick von Bradys Kopf den Magen um.

Aschfahl liegt er auf seinem Kojenkissen, fahl, sofern man von den Stellen in der Farbe rohen Fleisches absieht. Für mich sieht es so aus, als werden die Ärzte Probleme haben, etwas zu finden, an das sie das Ohr wieder annähen können. McGahey ist wach, aber ganz und gar nicht fröhlich. Ich sage: »Wollen Sie ins Krankenhaus?«

Er sagt mir, dass ich mich verpissen soll, und verspricht, mich zu töten, sobald er seinen rechten Arm wieder benutzen kann. Was soll ich sagen? Ich glaube ihm. Es ist eine Erleichterung, wieder zurück zum Steuerhaus zu gehen, die Tür zu schließen und den Bug dabei zu beobachten, wie er die Hürden des Schwells nimmt, der aus dem schwarzen Nordosten kommt. Weil der Major meinen Stuhl in Beschlag genommen hat, muss ich eingekeilt mit dem Rücken zur Konsole sitzen.

»Es ist also Ballycool, richtig?«, sagt Georgie, als das Licht des Mulls an den Fenstern ohne Sperrholz vorbeikriecht.

»Was denkt ihr denn?«, sagt der Major. Da ist etwas in seiner Stimme, das mich mit spontaner Freude erfüllt. Ich nehme mir eine Taschenlampe, sage Georgie, dass er seine Augen eine Minute schließen soll, und leuchte in sein Gesicht. Das kalte, leicht grüngraue Gesicht.

Ich sage: »Hast du schon gegessen, Georgie?«

»Du weißt genau, dass ich das noch nicht getan habe.«

»Möchtest du ein Steak?«, sage ich. »Wir haben hier noch ein paar schöne Stücke, groß wie deine Hand, mit dickem Fettrand. Die Pfanne wird vor Fett schwimmen. Ich werde also reichlich Zwiebeln reingeben. Das ist ja so leckeres Zeug, dieses Rinderfett. Du kannst es im Mund schwenken wie Wein, ja, fast schon trinken. Und wir haben viel leckeres Weißbrot zum Reintunken. So etwas will man ja nicht vergeuden.«

»Jo«, sagt Georgie. Er mag nicht der schnellste Denker auf Gottes Erde sein, doch seine Abneigung gegenüber dem Major lässt seinen IQ hochschnellen. Er sagt: »Und lass die Tür zur Kombüse auf, damit ich es beim Braten riechen kann.«

Also gehe ich in die Kombüse, drehe das Gas auf und produziere schon bald prima grauen Rauch, der ins Steuerhaus zieht. Als Nächstes höre ich die Tür knallen und den Major an Deck die Fische füttern.

»Hätte auch einem netteren Kerl passieren können«, sagt Georgie. »Worum geht's hier jetzt?«

Ich erzähle es ihm. Er liegt zusammengesackt in seinem Stuhl und blickt beständig aus dem Fenster. Es ist dunkel da draußen. Die felsige Halbinsel Oa entschwindet unserem Blickfeld achteraus, und der Leuchtturm von Rathlin zeichnet sich weiß am Horizont ab. Dann sagt er: »Du wirst also diesen McGown treffen?«

»Das ist richtig.«

Georgie starrt still und reglos geradeaus. Dann sagt er: »Gibt es eine Chance für Unterstützung aus der Luft?«

»Ich denke, wir sind auf uns gestellt. Als seine Jungs uns die Fenster weggeschossen haben, hatten sie es auf Donnie und nicht auf uns abgesehen. Und wenn er uns mit seinen Waschmaschinen hätte in die Luft jagen wollen, dann hätte er das auf dem Weg hoch aus Holyhead gemacht.« Ich habe darüber nachgedacht. »Mir will er nur eine Tracht Prügel verpassen. Aber ich denke, es ist der Major, dessen er überdrüssig ist.«

»Wat?«

»Ich glaube, dass der Major pleite ist und alles immer schlimmer wird. Für McGown ist er ein Sicherheitsrisiko.«

»Also geht er in die Luft.«

»Das war der Plan«, sage ich.

»Verstehe.« Pause. »Schau mal«, sagt er. Da draußen sind Lichter: ein grünes und ein rotes mit einem weißen darüber. Da kommt jemand sehr schnell auf uns zu.

»Ändere den Kurs«, sage ich.

Er ändert den Kurs. Die Lichter ändern ihren Kurs auch. Ich schalte das AIS ein. Das kleine Dreieck konvergiert mit unserem Bootssymbol. Als ich mit dem Cursor draufgehe, sagen mir die schwarzen Buchstaben auf dem Bildschirm, was ich mir schon gedacht habe. Ich strecke meine Hand aus und nehme Gas weg. Über Funk höre ich: »SIRIUS GLEANER, ich komme für eine Inspektion an Bord.«

»Kommen Sie rüber«, sage ich. »Sie sind willkommen.«

»Bleiben Sie auf Standby«, sagt die Stimme über UKW. Sie klingt erstaunt.

Wir sind bereit. Die GLEANER rollt und schlägt in die Wellen. Der Horizont taumelt an den Fenstern entlang. Mit einem Knall öffnet sich die Tür. Der Major ist wieder aufgetaucht. Ein dunkler Schatten, der nach Kotze riecht. Er sagt: »Was ist los?«

»Fischereischutz«, sage ich. »Sie kommen für eine Inspektion an Bord.«

»Oh.« Er lehnt wie ein gebrochener Mann an der Schottwand und hofft zu sterben.

»Sie haben jetzt zwei Möglichkeiten«, sage ich. »Sie können von ihrer glanzvollen Karriere Abschied nehmen, wenn Sie überhaupt noch eine haben. Oder Sie können denen Ihren Ausweis zeigen und eine Geschichte parat haben, die Sie denen erzählen können.«

Keine Antwort. Die Tür des Steuerhauses öffnet und schließt sich; er ist wieder draußen. »Fuck«, sagt Georgie. »Ich dachte, er würde auf die Polster kotzen.«

Ich betone nicht extra, dass er kurz davor war, sein Boot zu verlieren und ins Gefängnis zu wandern. Ich stehe nur da und schaue zu.

Vor uns blüht das strahlend weiße Licht auf dem Boot vom Fischereischutz auf. Das Steuerhaus füllt sich mit schwarzen Schattenstreifen. Draußen steht der Major in leicht geduckter Haltung an der Reling. Ein schwarzes RIB (= Rigid Inflatable Boat) mit vier Männern darin kommt wie ein auf und nieder gehender Korken über die aufgewühlte See auf uns zu. Sie kommen längsseits, haken sich ein und klettern über die Reling. Ihr Timing ist sauber auf den Wellengang abgestimmt. Ich lehne am kaputten Fenster des Steuerhauses. Es ist mir egal, was mit dem Major passiert. Aber es ist mir wichtig, was mit mir geschieht. Und, wie ich bemerke, was mit Georgie geschieht. Was auf andere Weise auch für McGown gilt.

Also beobachte ich die Szenerie.

Der Major steht an der Reling. Die vier Männer aus dem Zodiac sprechen mit ihm. Er fummelt in seiner Innentasche herum und ich sehe, wie er etwas herausholt. Und wie er das Ding dem Verantwortlichen zeigt. Ich sehe den Mann nicken und in sein Funkgerät sprechen. Pause; unzweifelhaft checkt er, ob es sich bei dieser Begegnung auf einem Fischerboot auf halbem Weg zwischen Schottland und Irland um 4 Uhr morgens um ein Gespenst handelt. Schließlich nickt der Mann. Es ist ein respektvolles Nicken. Ich sehe, wie der Major seinen Kopf wieder über die Reling bewegt. Er übergibt sich erneut.

»Und ab ins Zodiac«, sagt Georgie mit einem Anflug stiller Freude.

Die Männer klettern wieder an der Seite runter und brummen davon.

»Es geht bergauf«, sagt Georgie.

Wir setzen unsere Fahrt mit Kurs auf Ballycool fort.

18

Der Weg über den Nordkanal ist nicht weit. Wir laufen den Hafen nach Plotter an und ignorieren die Lichter, die uns von den dunklen Umrissen an der Küste anblitzen. Es ist 6 Uhr, als wir unter das grüne Licht am Ende des Kais von Ballycool gleiten. Der Major schläft, nachdem er den größten Teil seiner Stärke der See überlassen hat. Georgie steht mit seinen Rigger-Stiefeln und im schmutzig grauen Pyjama mit Khakistreifen im Steuerhaus. Ich gehe raus auf den Kai und kümmere mich um die Leinen.

Ballycool ist ein hübscher kleiner Hafen, wie ein Postkartenmotiv. Am Kai liegen malerisch arrangiert die Fischerboote. Außerdem plätschert eine Flotte eleganter Holzyachten an den Mooringbojen. Dann ist da noch eine große geschlossene Wasserfläche, grau in der frühen Morgendämmerung und gut geschützt vor der Irischen See durch eine Sandbank, die nur einen schmalen Durchgang zwischen sich und dem Pierende offen lässt. Ein reizender Ort für Ferien mit der Familie. Ein weniger angenehmer Ort allerdings, wenn man der Tatsache ins Auge blickt, dass es der Heimathafen von Erris McGown ist, der mich ganz sicher tot sehen will.

Ich habe seine Nummer in meinem Telefon gespeichert. Er nimmt nach dem zweiten Klingeln ab, klingt frisch und heiter, als wäre er schon seit Stunden im Büro. Ich sage: »Wir haben angelegt.«

»Ich habe Sie gesehen.« Als würde ihm diese Tatsache großes Vergnügen bereiten. »Ich bin dort beim eingeschalteten Licht.« Der graue Streifen am östlichen Horizont erhellt sich. Über die Bucht ist das gelbe Viereck eines Fensters in einem großen Bungalow zu sehen.

Ich sage: »Wir haben zwei Ihrer Männer an Bord. Sie brauchen ärztliche Hilfe. Und wir haben den Major.«

»Du meine Güte«, sagt er. »Ich schicke einen Krankenwagen runter.« Seine Stimme klingt ausgeglichen und leicht, verrät keinerlei Neugier. »Wir entladen den Fisch morgen.« Pause. »Was ist mit den Jungs passiert?«

»Sie hatten einen Unfall«, sage ich. »Einer von ihnen hat einen gebrochenen Arm. Der andere hat ein Ohr verloren.«

»Himmel«, sagt McGown milde.

»Fischerboote sind gefährlich«, sage ich.

Er lacht. »Sie sind ein Junge, Gavin«, sagt er. »Unsere kleine Zusammenkunft heute Abend beginnt um 20 Uhr. Sehe ich Sie dann? Der Major wird auch da sein.«

Wie üblich gelingt es ihm, mir den Eindruck zu vermitteln, dass nur meine Anwesenheit das Ereignis vor dem Scheitern bewahren kann. Aber ich habe eine Immunität dagegen entwickelt. Ich sage: »Dann sehen wir uns.«

»Und morgen«, sagt er, »gehe ich segeln. Sie kommen auch. Also, dann …« Er legt auf.

Es klingt, als würde die Schonfrist zumindest bis zum Ende unseres Segelvergnügens andauern. Ich hole das Bombentelefon aus meiner Tasche. Keine verpassten Anrufe. Ich gähne. Ich bin wie immer müde.

Aus der Ferne erklingt ein Heulen, bevor der Krankenwagen auf den Kai einbiegt. Ein paar Sanitäter springen raus und klettern an Bord. Es wirkt auf mich, als vermieden sie es, mir in die Augen zu sehen. Ich zeige auf die Kabine, in der die Verletzten liegen. Ich sitze im Skipperstuhl und beobachte, wie sie McGahey rausbringen, der jetzt seinen Arm umklammert und zu starke Schmerzen hat, um mich wütend anzusehen. Als er im Krankenwagen untergebracht ist, ziehen sie Brady hoch aufs Deck vom Steuerhaus und untersuchen das Wrack seines Schädels im hellen Licht. Ich wende meine Augen ab und blicke rüber zum Bungalow von Erris McGown, der wie ein Tempel in der Morgensonne leuchtet.

»Wer hat das getan«, fragt einer der Sanitäter, während er von der blutigen Schweinerei hochschaut.

»Sie wissen doch, wie es auf einem Fischerboot zugeht«, sage ich und zucke mit den Schultern.

»Dem Boot, das das getan hat, würde ich gern die Hand schütteln«, sagt der Kleinere der beiden.

Lächelnd reiche ich ihm meine Hand. Er grinst mich an. »Da ist auch noch ein Ohr«, sage ich. »Es liegt auf Eis. Wollen Sie es haben?«

»Keine Ahnung«, sagt der Sanitäter. »Wir fragen ihn einfach, oder? ›Ohr?‹«, sagt er ruhig zu Brady.

Keine Antwort.

»Ohr?«, sagt der Sanitäter nur ein kleines bisschen lauter. »Nein? Nun, ich erinnere mich an unseren Einsatz damals bei der Castleimpney-Bombe. An Mary Moore, die nach ihren Beinen rief, die Sie für sie weggeblasen haben, Mr. Brady. Vielleicht haben Sie ja einfach keine so enge Beziehung zu Ihren Körperteilen wie Mary.«

Keine Antwort.

»Verfüttern Sie das Ohr an die Möwen«, sagt der Sanitäter. Er hievt Brady auf die Bahre. Sein Kumpel hebt sie am anderen Ende hoch. Sie rollen ihn nach vorn und dann auf den Kai.

Ich schaue ihnen nach und denke an die Castleimpney-Bombe.

Der Vorfall war vor ein paar Jahren durch die Zeitungen gegangen. Einige Bürger hatten bei einer Schiffsparade zugeschaut. Es gab eine Gruppe böser Menschen, die von nostalgischen Gedanken an die gute alte Zeit beseelt waren. Sie hatten mit Schutzgelderpressung und Einschüchterung zu tun und konkurrierten vielleicht auch mit den Arbeitgebern von Dinny Brady um Marktanteile. Die bösen Typen hatten auf einem Ballenstapel gesessen, als der schwimmende Zug vorbeifuhr. Dann waren die Ballen explodiert. Und die bösen Typen mit ihnen. Und außerdem ein halbes Dutzend unschuldiger Paradezuschauer, deren Körperteile weggesprengt wurden. Unter ihnen war Mary Moore, die Milchkönigin von Castleimpney, in ihrem weißen Musselinkleid und mit ihrem butterfarbenen Haar. Mary Moore war zwölf Jahre alt gewesen und hatte beide Beine verloren.

Ich schaue mir McGowns Residenz an und frage mich, welche Rolle genau er damals beim Castleimpney-Horror gespielt hat. Meine Gedanken schweifen von ihm zum Mobiltelefon und dem ganzen C4, das im Laderaum vergeudet wird.

Tatsächlich aber bin ich viel zu müde für Gedanken irgendeiner Art. Also gehe ich runter, lege mich in die weniger blutige der beiden Kojen in der Mörderkabine und schließe meine Augen.

Ich hätte gleich schlafen sollen, tue es aber nicht. Meine Gedanken halten mich wach. Da ist dieser ekelhaft schale Geruch von Blut. Dann das schreckliche Ohr und Tony Greely im Knast, Johnnys gelierte Augen und Miranda, deren Finger sich in mich hineinbohrt. Im Hintergrund ein klagender Chor von Menschen, deren Boote ich verkaufen oder deren Anzahlungen ich weitergeben soll.

Im Vordergrund weint ein zwölf Jahre altes Mädchen im weißen Musselinkleid mit rot getränktem Rock um seine armen verlorenen Beine.

Ich beginne, eine ziemlich gute Vorstellung davon zu bekommen, was ich zu tun habe.

Dann lässt der Lärm zwischen meinen Ohren nach. Ich schlafe ein.

Georgie weckt mich, indem er sämtliche Töpfe in der Kombüse in einen Zinkeimer steckt. Ich schlurfe ins Steuerhaus. Die Uhr zeigt 6 an. Georgie sagt: »Lass uns den Fisch rausholen und diesen Ort verlassen.«

»Wir werden den Fisch nicht vor morgen entladen.«

»Das ist mein Boot.«

Ich sage: »Das nützt dir nichts, wenn du tot bist.« Mein Kopf ist vernebelt. Ich greife nach dem Kessel, mache das Gas an und haue ihn drauf. »Wir fahren morgen früh los«, sage ich. »McGown will, dass ich mit ihm spiele.«

»Oh, alles klar«, sagt Georgie.

»Und du willst ihn loswerden.«

»Oh, alles klar«, sagt Georgie.

»Also wirst du mir vertrauen müssen. Verdammt noch mal«, sage ich, weil ich mir kochendes Wasser über die Hand geschüttet habe.

»Dir vertrauen?«, echot Georgie. Er öffnet den Mund, um mir zu sagen, dass er das niemals und unter keinen Umständen tun würde. Durch die Öffnung zwischen seinen Zähnen kann ich geradezu hören, wie seine Gedankengänge rattern. »So, wie ich es sehe, bist du ein leichtsinniger Opportunist«, sagt er. »Du bist wie dein Name, verstehst du? Mach aus Chance Chancer wie Opportunist. Das ist fast dasselbe. Ich wette, niemand …«

»Noch nie«, sage ich erschöpft. An irgendeinem Punkt hatte in allen meinen Beziehungen ausnahmslos immer jemand die bemerkenswerte Eignung meines Nachnamens zur Beschreibung meines Arbeitsstils erwähnt. »Ich werde jetzt duschen, einen Pub suchen und dann zu diesem verdammt schrecklichen Bungalow gehen und mal schauen, was passiert.«

»Bah«, sagt Georgie. »Ich werde an Bord bleiben.«

Ich wasche mich, ziehe ein blaues Hemd und eine schwarze Kordhose an, die Teil des Carepakets sind, mit dem mich Maureen versorgt hat, gesegnet sei ihr gutes Herz. Dann ziehe ich einen Tweedmantel an. Georgie sitzt auf seinem Skipperstuhl und liest eine Ausgabe von *Daily Sport*. Ich sage: »Komm doch mit den Kai hoch.«

Unweit der GLEANER ist eine flache Betonfläche angelegt. Zum Meer hin ist ein Windschutz installiert. Dahinter befindet sich eine Hütte mit Bartresen. Dazwischen stehen ein paar Tische und Stühle. Am Ende des Kais ist ein kleiner Leuchtturm zu sehen. Es wird schon dunkel: Der Himmel im Westen ist blutrot. Die leichte Brise hinterlässt ihre welligen Spuren auf dem grauen Hafenwasser. Ein Mann räumt die Stühle in die Barhütte. Ich sage: »Willst du einen Drink, Georgie?«

Der Mann bei den Getränkekisten schaut hoch.

Seine irischen Augen lächeln kein bisschen. »Das ist privat hier«, sagt er.

»Was ist privat?«

»Das hier.«

»Aber ich bin ein Freund von Mister McGown.«

»Ich will Sie nicht beleidigen, aber das glaube ich erst, wenn Mister McGown mir das sagt.«

»Ich sage: »Die Beleidigung ist angekommen.« Und denke bei mir, was für ein fieser kleiner Napoleon der Typ doch ist. Dann kommt mir eine Idee. »Wann wird er denn erscheinen?«

»Er wird zum Lunch herkommen, wenn das Wetter gut ist«, sagt der Mann. »Und jetzt verpisst euch. Ich muss den Laden dichtmachen, nehmt es mir nicht übel.«

Dieses Mal lächle ich ihn an, während die Gedanken durch meinen Kopf rasen. Im Weggehen sage ich zu Georgie: »Dann kann er also seinen Lunch ganz in der Nähe von hübschem Fisch zu sich nehmen. Kannst du um halb zwölf an den Kai rankommen?«

»Ich kann sie auch jetzt schon an den Kai legen.«

Ich bemühe mich, weiter zu lächeln. Ich sage: »Es muss um 12 Uhr mittags beginnen. Nicht eher.«

Er öffnet seinen Mund. Doch was immer er in meinem Gesicht sieht, lässt ihn seinen Mund wieder schließen. Er nickt. »Einen Drink?«, frage ich.

»Auf keinen Fall«, sagt Georgie. »Wir sind im Feindesland. Ich bleibe an Bord.«

Ich aber will einen Drink. Nur einen. Einer würde helfen.

Es gibt Zeiten, in denen das Trinken nicht hilft; so wie eigentlich die meiste Zeit meines Lebens. Aber Drinks waren in der Vergangenheit stets hilfreich dabei gewesen, mich von Jobs zu befreien, derer ich überdrüssig war.

Nehmen wir den Polizeidienst.

Nach dem Irina-Trip war meine Fassade eingestürzt. Ich begann mit der umfangreichen Erforschung von Gaststätten, verkostete große Mengen an Bier und Whisky. Seltsamerweise hatte das aber keinen negativen Einfluss auf meine Karriere, denn ich traf die Bösewichte in ihrem eigenen Umfeld, wo sie gerade betrunken genug waren, um mir Dinge zu erzählen, für deren Erinnerung ich gerade noch nüchtern genug war.

Eines Tages wartete ich im Hafenhotel von Sandbanks auf einen Informanten. Das ist der Stadtteil von Poole, den die Fußballer und ihre Immobilienmakler so teuer haben werden lassen. Der Hafen war in den 1930er-Jahren gebaut und jüngst neu gestaltet worden, um auch den Ehefrauen der Fußballer zu gefallen. Ich saß an einem Tisch im hinteren Teil des Raumes und trank eine Flasche kalifornischen Weißwein. Ich war beim dritten Glas, als eine Stimme sagte: »Das ist doch Gavin, oder nicht?«

Ich schaute hoch in Richtung der Stimme. Alles, was ich sehen konnte, war blondes Haar, durch das die Sonne hindurchschien. Und ein von hinten angestrahltes Gesicht. Ich kniff die Augen zusammen und erkannte eine braun gebrannte Frau in meinem Alter, bei der die Experten mächtig nachgeholfen hatten. Sie trug einen weißen Hosenanzug und rote Schuhe mit zehn Zentimeter hohen Silberabsätzen. Ich sagte: »Guten Morgen.«

»Und er hat wirklich nicht die geringste Ahnung«, sagte die Stimme. »Ich bin's. Samantha.«

»Ah, Samantha«, sagte ich, immer noch ohne jeden blassen Schimmer.

»Samantha Stead«, sagte sie. »So hieß ich mal. Jetzt Samantha Donner. Wir waren mal zusammen.«

Durch Wein und Make-Up und den Effekt vieler Jahre intensiver Sonneneinstrahlung auf der Halbinsel Sandbanks hindurch erkenne ich ganz entfernt das wunderschöne blonde Mädchen, mit dem ich auf der Westerly Centaur meines Vaters Unzucht getrieben hatte; die Tochter von Ricky Stead, dem König der Spielautomaten und der Gewalt. Ich freute mich, sie zu sehen, und sagte ihr das auch. »Mit dir hat das alles begonnen, weißt du das eigentlich?«

»Was hat begonnen?«

»Meine glanzvolle Karriere.«

»Sie warf einen Blick auf ihre Uhr. Sie sah animiert aus, als wären ihr nicht allzu oft unvorhersehbare Ereignisse begegnet, die sie genutzt hatte, um das Beste daraus zu machen. »Du meinst, ich habe dein Leben verändert?«

»Ja.«

»Das musst du mir erklären.«

Ich begann mich bei ihr zu entschuldigen, weil ich ja eine Verabredung hatte. Doch dann zog ich mein Telefon raus und sagte stattdessen dem Informanten ab. Ich ging rüber zu ihrem schönen sonnigen Tisch auf der Terrasse und rüstete mit einem Sancerre nach. Dann erzählte ich ihr die Geschichte.

Als ich fertig war, schaute sie mich mit leicht geöffnetem Mund an. In den Mundwinkeln waren einige Linien zu erkennen, doch die Zeit hatte ihr weniger angehabt als mir.

Mit dem Ende der Geschichte hatte sie sich eine Zigarette angezündet. »Deine Frau hat sich also mit diesem Restauranttypen verpisst?«

»Ja.«

»Und warum hast du nichts dagegen unternommen?«

»Was hätte ich tun sollen?«

Die blauen Augen wurden schmal, als könne sie nicht glauben, was sie hörte.

»Ihn töten?«, schlug sie vor.

Ich sagte: »Bei der Army tötest du nur Fremde. Und bei der Polizei gar niemanden.«

»Jämmerlich«, sagte sie. Dann seufzte sie. »Aber ohne mich wärst du also nicht zur Army gegangen und all das?«

»Vielleicht nicht.«

»Du musst wirklich jemand haben, der sich um dich kümmert«, sagte sie. Auf dem Parkplatz ertönte ein Hupen. »Das wird Dad sein«, sagte sie. Sie raffte ihre goldene Sonnenbrille und ihr goldenes Feuerzeug zusammen und schob die Bensons in ihre goldene Handtasche. »Komm mit.«

Ich folgte ihr weintrunken und leicht taumelnd, während sie um die Tische herumtänzelte. »Warte mal kurz«, sagte ich. »Er mag mich nicht.«

»Er ist senil geworden«, sagte sie. »Es wird okay sein. Hallo, Dad!«

Ein leberfleckiges Katzenhaigesicht betrachtete uns aus dem Fahrerfenster eines schwarzen Mercedes. »Wer ist das?«, sagte es.

»Ein Freund.«

»Sieht aus wie ein Wichser.«

»Sei still und fahr los. Wohin willst du denn, Gaz?«

Ich gab ihr die Koordinaten einer Straßenecke, die ich oft wähle. Sie liegt auf halbem Weg zwischen der Polizeiwache und einem halbwegs akzeptablem Pub.

Der alte Mann fuhr mit kreischenden Reifen los. Während er durch Sandbanks raste, erzählte seine Tochter ihm mit hoher und gekränkter Stimme von meinem Ärger mit Tony Greely und warum das alles seine Schuld war. Ich saß dort vom Wein betäubt und wunderte mich über ihren Redefluss.

Der alte Mann nahm eine Abkürzung und bog in eine Sackgasse ein. »Sie hören nicht auf, die Straßen zu verändern«, sagte er, während er rückwärts fuhr. Er drehte sich um und schenkte mir mit seinen falschen weißen Zähnen ein strahlendes Lächeln und fürchterlichen Atem. »Er ist also ein Gastgeber, dieser Idiot, richtig?«, sagte er. »Healy's.«

»Greely's.«

»Wie ich gesagt habe«, sagte Ricky Stead. Und fuhr mich zu meinem Ziel, wo Samantha sich meine Telefonnummer notierte und mir mit ihren gold beringten Händen zum Abschied winkte, während der Mercedes über eine rote Ampel davonjagte.

Ich ging los ins Sun & Stars, wechselte auf Guinness und dachte nicht mehr daran. Bis zum folgenden Tag, als ich eine SMS mit diesem Wortlaut erhielt: ES IST WIEDER ALLES IN ORDNUNG – SAM.

Und während ich noch darüber nachdachte, was das zu bedeuten haben könnte, klingelte das Telefon. »Chance«, sagte die Stimme von meinem Boss Iris Murchinson. »Kommen Sie doch mal eben hoch, ja?«

»Ich bin gerade …«

»Jetzt«, sagte Murchinson.

Ich ging los und zerkaute auf dem Weg eine komplette Packung extra starker Pfefferminzpastillen.

Sie wartete in ihrem Büro hinter ihrem kargen Schreibtisch.

Ihr Mund war von maximal einem Millimeter Lippe umrandet. Schlechtes Zeichen. Sie sagte: »Ich möchte, dass Sie mir etwas erklären.«

»Was erklären?«

»Heute Abend hat es eine Schlange bei Healy's Fish Bar in der First Road gegeben. In der Schlange stand auch PC Hadland. Ein Mann betrat die Räume des Fischgeschäfts und schrie: ›Das hier geschieht, um dir zu zeigen, dass du dich nicht mit Inspektor Gavin Chance anlegen sollst.‹ Dann instruierte der Mann den Eigentümer und die Kundschaft zurückzubleiben und warf einen Eimer mit kaltem Wasser in die Fritteuse, was eine Explosion und ein kollaterales Feuer verursachte.«

Ich fühlte, wie der Alkohol aus meinem Kopf entwich.

Die Lippen verschwanden jetzt gänzlich. »PC Holland trug ein Aufnahmegerät und ein Notizbuch bei sich. Sie hat beides benutzt. Healy's Fish Bar ist ausgebrannt. Chance, ich kann einfach nicht verstehen, wie jemand es so oft so falsch machen kann. Ich habe jetzt zwei Möglichkeiten.«

Ich denke, ich nickte mit leichter Neugier. Vielleicht stand ich unter Schock. In einer vagen und abstrakten Weise hegte ich den Wunsch, den schwachsinnigen und dementen Ricky Stead zu ermorden. Aber ich wusste, dass nicht er, sondern allein ich dafür verantwortlich war. Und für den ganzen Rest natürlich auch.

»Ich kann Sie einsperren und Sie wegen Verschwörung, Brandstiftung und dem ganzen anderen Kram anklagen«, sagte Murchinson. »Oder Sie können jetzt aus persönlichen Gründen Ihre Kündigung einreichen. Ihre Ex-Frau wird vermutlich daran interessiert sein, dass Sie die zweite Option wählen. Was daran liegen könnte, dass Sie ihr leidtun. Oder daran, dass sie niemanden in Verlegenheit bringen will, mit dem sie zusammen ist.«

Ich nickte. Ich würde vermutlich wieder anfangen zu weinen. Ich sagte: »Dann bin ich also weg.«

»Und beten Sie, dass die Geschichte nicht bei der Presse landet.«

Was sie natürlich trotzdem tat. Sie ging auf der gesamten Polizeiwache rum und landete dann bei der *Daily Mail*. Aber zu der Zeit war ich schon weit weg im Norden in Achnabuie und hämmerte Filzpappe auf Latten, um den bei eBay erworbenen Schlepper in ein alltagtaugliches Zuhause zu verwandeln.

Ich habe damals alles falsch gemacht. Und in den meisten anderen Fällen auch. Aber jetzt, da ich auf dem Weg zu Erris McGowns Kartenparty bin, entscheide ich, dass ich es endlich mal richtig anstellen werde.

Doch zuerst gehe ich in den Pub. Er ist scheußlich, die Krönung eine Kunststoffbar im Eichen-Look. Ich trinke ein großzügig eingeschenktes Guinness. Dann fechte ich einen kurzen Streit mit mir selbst aus, verliere ihn und bestelle einen doppelten Teacher's, weil irischer Whisky nach Benzin schmeckt, dann noch ein Guinness und ein Steak. Weil ich davon und von einem weiteren ordentlichen Teacher's nun zuversichtlich gestimmt bin, versuche ich mit drei Ortsansässigen und der zerstreuten Barfrau ins Gespräch zu kommen. Die Einheimischen befördern meine Neugier bezüglich McGown direkt ins Aus. Die Barfrau gibt mir das Rezept ihrer Mutter für Sloe Gin und eine Art Essay über das Tun und Lassen der Konservativen Partei. Es gelingt ihr, den Namen McGown nicht einmal zu erwähnen, und mir fällt auf, dass sie vielleicht gar nicht so zerstreut ist.

Die Unterhaltung gerät ins Stottern und stirbt. Die Uhr an der Wand zeigt an, das es fünf Minuten vor acht ist. Ich sage meinen neuen Freunden gute Nacht und gehe raus auf die Straße. Der Whisky arbeitet mächtig in mir. Oh, ja, dieses Mal würde ich es richtig machen. Ein großer schwarzer Range Rover fliegt vorbei, dann zwei BMW. Ich kann den verrottenden Blasentang vom Strand riechen. Der Asphaltweg verläuft am Rand des Meeres entlang, auf dem viele Sterne tanzen. Schließlich führt er an den unheilvollen Torpfeilern von McGowns Tempel vorbei. Ich biege am Tor ab und gehe durch prächtige Reihen von Hortensien auf das Haus zu. Der Weg verläuft in einer doppelten Kurve und geht in einen Asphaltplatz über. Ein halbes Dutzend Autos stehen draußen vor der Eingangstür. Durch Spalten in den Vorhängen ist Licht zu sehen. Der Geruch der Blasenalgen ist dem Geruch von verbrannter Gerste gewichen. Der Whisky in mir zieht sich langsam zurück, hat sich aber keinesfalls verflüchtigt. Er produziert eine Art sentimentales Entzücken. Hier gibt es Menschen, die mich höflich und aus reiner Herzensgüte eingeladen hatten, weil ich ihnen Fisch übers Meer gebracht habe. Meine Gedanken wandern in den Kühlraum der GLEANER und bleiben an den Waschmaschinen hängen. Und plötzlich schlägt der Whisky voll durch. Mir ist eiskalt, und ich habe große Angst, doch es ist zu spät, um davonzulaufen, denn ich stehe bereits an der Türschwelle. Die Tür ist offen, und ein Mann im Format eines Industriekessels überprüft mich.

Dann gehe ich rein.

Im vorderen Raum sind acht Männer versammelt. Keine Frauen. McGown tritt vor, schenkt mir ein zufriedenes Lächeln und – noch bevor ich meine Handfläche strecken kann – einen Händedruck, der zum Knochenbrechen angetan ist. Er stellt mich der Runde vor, doch meine Augen tränen noch vom Händedruck. Da ist nur ein verschwommenes Bild statt der einzelnen Leute. Mir entgehen auch die Namen, bis auf den des Majors. Tatsächlich ist das Einzige, was ich wirklich höre, McGowns Frage. »Einen Drink?«

Ich sage: »Whisky. Scotch.« Jemand reicht mir ein Glas. Danach ignorieren sie mich alle. Also nehme ich einen ersten großen Schluck, bevor ich überhaupt realisiere, was ich tue. Jemand gibt mir noch einen, und ich trinke auch den. Dann taucht jemand anderes im hellen Licht des Raumes auf, und ich bin nicht mehr nervös. Nicht einmal ein kleines bisschen mehr. Ich lasse meinen Blick schweifen. Die Leute sind satte Schnösel, nicht sehr interessant. In einem Regal stehen Pokale vom Golfen und Segeln und eine Reihe Fotografien. Keine Gemälde; es ist nicht die Art von Haus. Ich lasse meine Augen auf den Fotos ruhen. Noch mehr wichtige Leute, einige von ihnen auf Booten. Und das Gruppenbild einer Familie.

Ein großartiger und großzügig eingeschenkter Whisky gongt in meinem Schädel. Ich schaue mir das Familienfoto lange und gründlich an. Ich bin gerade dabei, noch einen Schritt näher heranzutreten, als McGown neben mir auftaucht und etwas von Karten sagt.

»Karten?«

»Sie werden spielen.«

Die Fotografie gleitet aus meinen Gedanken. »Ich bin pleite«, sage ich. »Bei mir ist nichts zu holen. Leider.« Ich bin glücklich, vom Haken zu kommen, weil Karten so ungefähr das einzige Laster sind, das ich nicht habe.

»Ich verhelfe Ihnen zu Ihrem Einsatz«, sagt er. Er stopft mir etwas in die Hosentasche. »Sie können es mir schuldig bleiben.«

Ich gehe mit meiner Hand hinterher. Es fühlt sich wie Geld an. Ein ganzes Bündel davon. Ich sage: »Ich könnte jetzt auch gehen.«

»Nein, können Sie nicht«, sagt er. Und plötzlich ist sein ganzer Charme verflogen. Ich weiß, dass er mir nichts als die Wahrheit sagt. Er ist der Mann an den Schalthebeln der Macht, und ich habe das falsch verstanden.

»Schön«, sage ich. »Was spielen wir?«

»Poker.«

»Ich kenne die Regeln nicht.«

»Werden Sie lernen«, sagt er. Schon habe ich das nächste Glas in der Hand, und wir begeben uns in einen Raum mit einem runden grünen Spieltisch, gedimmtem Licht und Aschenbechern.

Ich setze mich zwischen einen großen Mann aus der Baubranche und einen anderen großen Mann, der mit Fisch zu tun hat. Der Major sitzt auf der anderen Seite des Tisches. Für einen Moment richtet er seine Augen auf mich. Er kräuselt leicht die Nase wie beim Pupsen in der Kirche und wendet seinen Blick dann McGown zu. Dabei nimmt sein Gesicht einen gepeinigten Ausdruck an. »Schön«, sagt McGown. »Nichts Aufwendiges, wir spielen Five-Card Stud mit einer verdeckten und vier offenen Karten. Vor dem Geben abheben.«

Er hebt ab, jemand anderes gibt. Ich habe nicht ganz die Wahrheit gesagt, als ich McGown sagte, dass ich die Regeln nicht kenne. Wir haben in der Army Poker gespielt. Und in langen langweiligen Nächten auch auf der Wache. Aber in der Army hatten wir um wenig begehrte Inhalte unserer Einmannpackungen gespielt. Bei der Polizei um Teegebäck von Rich. Ich bin steif vor Angst. »Johnny aber würde es hier gefallen, in diesem kranken Gestank von großem Geld«, geht mir durch den Kopf.

Dann holt jemand die Bündel 50er aus meiner Tasche und schiebt sie zum Industriekessel rüber, der sie in Chips umtauscht. Ich bin schockiert, als ich bemerke, dass ich dieser jemand bin. Also trinke ich noch mehr Whisky und schaue mir meine einzige Karte an.

Ein König blickt zurück. Offen sichtbar kommt ein weiterer König dazu. Ich schiebe 500 £ nach vorn. Alle steigen aus. Ich streiche die Pokereinsätze ein. »Ruhig bleiben«, sagt McGown mit einer Autorität, die mir sehr missfällt, weil er dazu kein Recht hat, überhaupt kein verdammtes Recht, so denke ich, während ich den jüngsten Whisky leere.

»Ruhig bleiben«, sage ich mir selbst. Ruhig, ruhig. McGown hat ruhig gesagt, der Blödmann. Aber jetzt bin ich es, der das sagt. Diese Art der Ansprache dulde ich von keinem anderen, nur von mir selbst.

Vor mir liegt eine Karte. Ich schaue sie mir an. Karo-Neun. Ruhig. Ich schiebe 100 in die Mitte. Einfach so. Alle anderen machen es auch. Mit ihren großen Händen im Licht, die aussehen wie fette Spinnen mit Haaren auf den Beinen. Noch eine Karte. Kreuz-Neun. Hurra. Unbewegtes Gesicht. Na ja, in Wirklichkeit fühlt sich mein Gesicht etwas benommen an. Mehr Whisky könnte das Gefühl vielleicht wiederherstellen.

Ich bekomme welchen.

Meine Sportskollegen starren mich unter dem Lampenschirm hindurch an. In der Mitte des grünen Spieltisches ist ein Berg aus Geld, und wir haben gerade erst begonnen. Und ich habe gar kein Geld. Ich habe McGowns Geld. Was mache ich hier bloß?

Poker spielen, zusammenreißen. Die Chips fangen allerdings bei 100 £ pro Einsatz an. Was einen schon nervös machen kann. Man stelle sie sich als Teegebäck von Rich vor. Schon besser. Und einen Schluck Whisky.

»Karte«, sagt der Geber mit breitem Newry-Akzent. Er hat Augen wie in ein Laken gebrannte Löcher.

»Danke, Sergeant«, sage ich. »Von mir aus gern.«

Frostige Stille. Irgendwo ganz weit hinten in einem eher unwichtigen Teil meines Hirns fällt mir auf, dass es vielleicht weiser gewesen wäre, dieser Versammlung keinen Hinweis auf meine Vergangenheit bei der strafverfolgenden Behörde zu geben. Also knalle ich mein Glas im Wunsch nach mehr Whisky auf den Tisch, versuche herauszufinden, was zur Hölle ich für Karten habe, und erhöhe den Einsatz für alle um einen Riesen. Und schon ist der Vorfall (so mache ich es mir selbst weis) vergessen. Nicht so der Topf, der sich inzwischen auf 15.000 £ erhöht hat. Und den ich mit einem Full House aus Neunen und Dreien gewinne.

»Du liebe Güte, das läuft gut«, denke ich, während ich mir die erste verdeckte Karte der nächsten Runde ansehe. »Hallo, hallo«, denke ich und blinzle sie an, weil ich glaube, dass es ein Jack ist, von denen manche nur ein Auge haben. Dann sehe ich, dass es in Wirklichkeit eine Königin ist, schaue und merke, dass sie mich beobachten. Ich realisiere, dass von mir ein Pokerface erwartet wird. Also sage ich: »Karten.« Ich bekomme eine Königin, eine Zehn und eine Drei, setze 1.000 £ auf jede Karte, werde aber bei jeder der beiden letzten Karten selbst um 500 hochgetrieben.

Als ich die letzte verdeckte Karte bekomme, stelle ich fest, dass es eine Zehn ist. Das hat vermutlich etwas zu bedeuten, aber ich kann es mir nicht sofort erklären. Die Leute setzen, und ich beobachte ihre Gesichter.

McGown sieht so lange heiter aus, bis man ihm in die Augen schaut. Die Augen sind unangenehm wachsam, etwa in der Art einer Webcam. Aber jetzt hat er Schweiß auf der Stirn. Als würde sie jemand von innen künstlich mit einem heißen Föhn erhitzen. Augen hin oder her, McGown ist emotional involviert.

Der Major schwitzt ebenfalls. Er hält ein Glas Leitungswasser in der Hand. Seine großen Nüstern zucken in der Rauchwolke aus der Zigarre des bäuerlichen Typen zu seiner Rechten. Seine Augen sind feuchtkalt wie immer und ruhen auf mir. Aber er presst seine unsichtbaren Lippen weiter aufeinander. Wo die grauen Stoppeln auf seinen Schläfen enden, ist ein schwacher Glanz entstanden. Außerdem sehe ich eine Bewegung im Hals, als er schluckt.

Jetzt verstehe ich, was ich hier sehe: Ich beobachte ein paar zufällig beisammen sitzende Junkies dabei, wie sie ihre Dosis bekommen.

»Ich gehe mit«, sagt McGown.

»Ich gehe mit«, echot der Major.

Und plötzlich wird die Welt ganz klar. In der Art, wie sie klar wird, wenn du auf dem Gipfel eines Berges stehst, der aus Whisky gemacht ist. Ich kann meilenweit sehen. Ich erkenne, dass ich dazu verpflichtet bin, diesen giftigen Robotern und ihren bösen bulligen Freunden die größte Tracht Prügel ihres Lebens zu erteilen. Aber das würde mir mit zwei Paaren nicht unbedingt gelingen. Also sage ich: »Ich will sehen.«

Die Karten werden auf den Tisch gelegt. Und wie sich herausstellt, habe ich das Rennen gemacht. Ein weiterer Berg Teegebäck wird zu mir herübergeschoben. Und ich denke: »Das ist das Kapital, mit dem ich euch zugrunde richten werden, Jungs.« Der Major verliert und verliert. Sein Mund ist inzwischen so dünn wie der von Iris Murchinson. Seine Augen streunen rüber zu McGown, als wäre McGown der Mann, der ihn retten kann. Zweimal schreibt er Schecks aus, und McGown gibt ihm Chips im Wert von rund 50.000 £. Der Major wird grau und grauer. Aber McGown schenkt ihm keine Beachtung. McGown hat seine eigenen Probleme.

Weil derjenige, der hier alles gewinnt, ich bin.

Um 1 Uhr morgens beobachte ich die Gesichter um mich herum, die ich über die Alpen aus Chips vor mir kaum noch sehen kann. Zum zehnten Mal bestelle ich mehr Whisky.

Ein Fehler.

Ich weiß es, als ich den ersten Schluck nehme. Ich hätte auch gleich einen Drogencocktail bestellen können. Die eben noch hundertprozentige Sehschärfe ist jetzt verschwommen und gedoppelt. Mir wachsen zusätzliche Finger von riesigem Ausmaß, mit denen ich die Rich-Kekse umstoße, an meinen Karten herumfummle und Whisky auf meine Hose verschütte. Ich habe den vagen Eindruck, dass alle Augen rund um den Tisch auf mich gerichtet sind. Ich entscheide, sie eines Besseren zu belehren. Durch die nächsten Dutzend Runden tappe ich wie ein Stier auf einer Kegelbahn. Der Berg mit den Keksen wird erst zum Hügel und dann zum Hügelchen. Dann ist nichts mehr übrig.

»So also sind Sie«, sagt McGown.

»Ein Komiker«, nickt der Major.

Es wäre schön, wenn ich behaupten könnte, dass mich das ernüchtert. Doch es gibt nichts, was das aktuell bewerkstelligen könnte. Abgesehen von acht Stunden Schlaf oder dem Auspumpen meines Magens. Also macht es mich noch betrunkener.

Ich sage: »Ich muss ein Telefonat erledigen.«

»Nur zu«, sagt McGown und gibt sich keine Mühe, seine Verachtung zu verbergen.

Ich stürze ins Wohnzimmer. Das Feuer ist schon heruntergebrannt, die Luft kalt. Ich wähle Georgies Nummer. Es dauert lange, bis er abnimmt. Ich sage ihm, was ich zu sagen habe. Er sagt: »Wat?«

Ich sage es noch einmal.

Er sagt: »Du bist betrunken.«

»Nicht im Geringsten. Wenn es nicht funktioniert, mache ich es wieder gut. Ich habe das schon einmal gemacht.«

»Das war ein Glückstreffer.«

Ich antworte nicht. Ich will das Wort nicht benutzen. Ich sage: »Vertraue mir.«

»Tue ich nicht.«

»Solltest du aber.« Das Beste, was ich tun kann. Ich denke: »Das ist nun also das Ende.« »Aber warte doch mal«, sagt die Stimme der Vernunft. Das Einzige, was wir bislang verloren haben, sind fünf 1.000er von McGowns Geld. Es wäre nicht richtig, dem falschen Geld das echte hinterherzuwerfen …

»Also gut«, sagt Georgie. Und die Stimme der Vernunft verflüchtigt sich.

Ich sage: »Was?«

»Tu, was du tun musst«, sagt Georgie. »Ich habe immer gedacht, dass du ein Wichser bist. Und das denke ich noch. Aber für einen Wichser bist du kein übler Kerl. Mach es.« Nachdem er die merkwürdig prägnant formulierte Gedankenkette geäußert hat, legt er auf. Und ich gehe zurück ins Spielzimmer.

Der Mief aus Rauch und Alkohol wirkt wie ein Signalhorn auf ein Schlachtross. Ich sage: »Leihen Sie mir 50 Riesen. Sie können Georgies Haus als Sicherheit haben.«

Die Gesichter wenden sich mir zu. Sie sehen verächtlich aus. Der Betrunkene will seine Farm verwetten. McGown sagt: »Wir werden Ihnen das abnehmen und uns dann Ihrem Freund Georgie widmen.«

Das ist ermutigend, denn es bedeutet, dass er die Idee zumindest in Betracht zieht. »Das können Sie versuchen«, sage ich.

Er schiebt 50.000 zu mir rüber. Ich fühle mich so viel besser, dass ich beinahe nach mehr Whisky frage. »Nein«, denke ich. Danach.

Die ersten Runden gehe ich nicht mit. Ich kann sehen, dass sie immer noch denken, dass ich besoffen agiere. In der dritten Runde ist meine verdeckte Karte eine Kreuz-Drei. Ich schaue sie an und verziehe mein Gesicht. Dann kommen die aufgedeckten Karten. Ich bemerke, dass meine Sportsfreunde müde sind; es ist 4 Uhr morgens, und sie haben nicht mein Training in Sachen Schlafentzug. Die nächste Runde bringt mir eine Herz-Neun und eine weitere Drei. Der bullige Mann steigt aus. Ich bleibe im Spiel. Ein Paar ist besser als nichts. McGown zeigt einen König. Und er ist noch nicht ausgestiegen. Also hat er möglicherweise etwas im Ärmel. Ich habe das Gefühl, dass es gut wäre, hiermit Schluss zu machen. Doch das liegt am Whisky. Zwei Karten werden noch kommen. Jetzt also verlange ich nach mehr Whisky und nehme einen ostentativ großen Schluck, der in Wirklichkeit nur ein winziger ist. Und die nächste Karte kommt. Für mich bedeutet es eine weitere Drei. Für McGown einen König. Was ein Paar ergibt. Auch der Major bleibt im Spiel. Vielleicht hat er also zwei Paare beisammen. McGown hat die höchsten Karten. Er schaut mich durch seine Glaslinsenaugen mit einem freundlichen Lächeln an und sagt: »Ich erhöhe um zehn Riesen.«

»Und weitere zehn«, sagt der Major.

»Und weitere«, sagt eine Stimme, die ich erstaunt als meine eigene erkenne.

Die letzten Karten. Das ist es dann. Alles, was noch geht. Ich sage: »Ich gehe all-in.« Und dann schiebe ich die Überreste meiner Leihgabe von mir weg. Bis zum letzten Keks.

Der Major und McGown folgen meinem Beispiel. »Also gut«, sage ich.

»Full House, Könige und Neunen«, sagt McGown.

»Ich bin raus«, sagt der Major. Und ich kann die Freude, die er ausstrahlt, beinahe riechen. Was ist das Verlieren doch ein Luxus, wenn man ein geborener Gewinner ist.

Ich drehe meine letzte Karte um. Ich nehme eine niedrige dunkle und unbedeutende Karte wahr. Für sich genommen, ist sie auch tatsächlich unbedeutend. So unbedeutend wie nur möglich. Es ist die Kreuz-Drei.

Doch wenn man sie einigen weiteren Dreien hinzufügt, dann kommt etwas zusammen.

Ich sage: »Vier Dreien. Bitte um Auszahlung, Herr Pastor.«

Sie starren mich alle mit ihren rauchgeschwängerten Augen und offenem Mund an. »Komiker«, sagt der Major.

McGown erholt sich als Erster.

»Zurück von den Toten, hey?«, sagt er mit einem Lächeln wie ein Splittergraben. »Nun, ja. Wir werden ja morgen die Chance zu einer kleinen Revanche haben.«

»Kein Kartenspiel mehr«, sage ich. »Nie wieder.«

»Nein, nein, ich meine nicht ein Kartenspiel«, sagt McGown. »Wir werden segeln, richtig? Bei der aktuellen Tide kommt ihr sowieso nicht vor dem Mittag vom Kai weg. Der Fischtruck kommt um zwei. Sollen wir 8 Uhr sagen und danach am Kai Mittag essen?« Er schiebt einen häuserblockhohen Stapel mit Notizen über den Tisch zu mir rüber.

»8 Uhr ist abgemacht«, sage ich. »Mann, ist es schon so spät? Ich muss los.«

»Komiker«, wiederholt der Major. Doch es ist ein erbärmlicher Versuch der Selbstbehauptung, der jetzt keine Wirkung mehr zeigt. Ich lächle nur. Ich schiebe das von McGown geliehene Geld über den Tisch zurück zu ihm und ziehe mit etwa 200.000 £ in Scheinen ab, die ich in meinen Pullover gestopft habe.

Es ist eine schöne, kalte und klare Nacht mit einer hübschen kleinen Brise, die mir ins Gesicht weht. Ich sollte Triumph verspüren. Aber tatsächlich fühle ich mich betrunken und müde. Und exakt genau so, als würde ich den Großteil von 200.000 £ durch feindliches Territorium zu einem Boot tragen, auf dem sich eine große Bombe befindet. Meine Nachtschicht ist noch nicht zu Ende. Also beginne ich zu laufen. Während ich über den Strand stolpere, sausen die großen schwarzen Autos an mir vorbei. Mit ihren Fahrern, die hinter den getönten Scheiben rauchen. Schließlich erreiche ich das Gewirr der Schuppen am Ausgang des Kais.

Dort mache ich in den Schatten eine Pause, und ich halte mir dabei den Neunmonatsbauch voller Banknoten. Die Masten der Fischerboote ragen schwarz in den Sternenhimmel. Nichts bewegt sich. Also hole ich tief Luft, trete aus dem Schatten und gehe in meiner Whiskywolke den Kai runter. Die Ohren sind gespitzt, lauschen nach möglichen Schritten. Doch es sind keine zu hören. Ich erreiche die GLEANER und springe runter aufs Deck, das bei leichter Grundberührung etwas gekippt ist. Ich hämmere ans Fenster.

Drinnen höre ich es rascheln. »Wer ist da?«, fragt Georgies schlaftrunkene Stimme.

Ich identifiziere mich. Ein Schlüssel wird umgedreht. Die Tür öffnet sich. Eine Taschenlampe scheint mir ins Gesicht. Ich gehe rein.

»Mann, hast du eine Whiskyfahne«, sagt Georgie.

Ich antworte nicht. Stattdessen ziehe ich meinen Pullover aus der Hose und lasse bündelweise 50er aufs Deck flattern. Mit einem dumpfen Knall lässt sich Georgie auf den Boden sacken, um sie einzusammeln. »Jesus«, sagt er.

»Nimmd dir 20 Riesen als Zinsen«, sage ich. Er gibt ein Geräusch von sich wie jemand, der für ein Baby singt. Ich würde vermutlich die gleichen Geräusche von mir geben, wenn ich nicht noch was zu tun hätte. Auf mich wartet noch ein bisschen Arbeit. Und das Hauptgeräusch in meinem Kopf rührt von klappernden Zähnen.

»Gute Nacht«, sagt Georgie, der nur noch gluckst.

»Gute Nacht«, erwidere ich. Aber ich gehe nicht zu Bett. Ich gehe runter in den Kühlraum, atme ein paar Male tief durch und verbringe eine Stunde damit zu tun, was ich dort jetzt tun muss. Dann nehme ich einen letzten Schluck von Maureens Whisky und lege mich in meine Koje.

Zwei Stunden später ist Georgie mit einer Tasse Nescafé da. Er sieht nervös aus und sagt: »Wie geht's dir?«

Ich schließe meine Augen, um die Augäpfel am Kreiseln zu hindern. Meine Hände stinken nach Fisch. »Mir ging's nie besser«, murmle ich.

»Da steht ein Mann am Kai und behauptet, dass er dich zum Segeln erwartet.«

»Ja.« Ich schiebe meine Beine aus der Koje. Der Kaffee schmeckt wie gezuckerte Rattengalle, und die Kabinenwände rotieren mit einem hässlich dröhnenden Geräusch.

Georgie schaut mich stirnrunzelnd an und sagt: »Willst du Whisky in den Kaffee haben?«

Mir wird übel. Ich schüttle meinen Kopf. Hinter meinen Augen benimmt sich mein Hirn wie ein Wackelpudding. Ich sage: »Wie steht's mit einem Sandwich mit gebratenen Eiern?«

»Kommt«, sagt Georgie.

Ich wasche mich mit Geschirrspülmittel, ziehe meine Jeans und ein Shirt an und stolpere an Deck. McGown steht am Kai und trägt eine rote Ölhose, die aussieht, als hätte sie jemand gebügelt. »Zehn Minuten«, signalisiere ich ihm. Dann gehe ich auf die andere Seite des Steuerhauses, wo er mich nicht sehen kann.

Die Flut läuft auf. Ich stehe nur da und beobachte sie und halte mich an der Reling fest, damit mich der Whisky nicht über Bord taumeln lässt. Der Hafen von Ballycool ist hübsch. Auch jetzt bei fast noch Ebbe befindet sich in seiner Mitte Wasser mit einer Sandbank, die gerade trocknet und auf eine gelbe Tonne zuläuft. Ich bemerke, dass die gelbe Tonne nicht gänzlich im sicheren Fahrwasser liegt. Obwohl sich jetzt beim Zuschauen die beiden Wasserseiten über der Sandbank vereinen und die Tonne anfängt, ruhelos umherzutanzen und versucht zu schwimmen. Ein Mann in einem Rib zieht ein paar elegante Segelyachten von ihren Mooringbojen zum Anlegesteg, der querab vom Kai ins tiefere Wasser führt. Es kommt mir in den Sinn, dass diese Boote etwas mit dem morgendlichen Entertainmentprogramm zu tun haben könnten.

Ich gehe ins Steuerhaus und nehme meine Öljacke vom Haken. »Kommst du allein mit der Ladung klar?«

»Sicher«, sagt Georgie und klingt irgendwie ehrfurchtsvoll.

»Fang nicht vor halb elf an«, sage ich.

»Sicher«, sagt er wieder. Ich sehe, wie McGown ins Steuerhaus starrt. Seine Augen sind jetzt, da er keine Zuschauer hat, leer. Ich hoffe, dass er nicht von den Lippen lesen kann.

»Und behalte ein Auge auf uns«, sage ich.

»Keine Angst«, sagt Georgie.

Doch ich habe Angst. Und was für eine Angst ich habe.

Ich hole noch einmal tief Luft und gehe dann die Treppe zum Kai hoch.

19

McGown steht zwischen dem Industriekessel und einem dünnen Mann mit rötlichem Haar und schlechtem Teint. Er führt mich zur Bar am seewärtigen Ende des Kais. »Declan, zwei doppelte Espresso.«

»Mit Milch für mich.«

»Er meint macchiato, Declan«, sagt McGown zu dem Mann, der wie ein Windhund aussieht. »Whisky?«

»Nein, danke«, sage ich.

McGown zwinkert mir mit seinem kalten Auge zu und holt ein Stück Papier aus der Tasche seiner fabrikneuen Henri-Lloyd-Jacke. Der Kaffee kommt. Ich nehme einen Schluck. Vermutlich wird er nun bald etwas sagen.

»Sie hatten im Solent den besten Wind«, sagt er. Ich empfinde auch durch den Matsch in meinem Schädel einen kleinen Anflug von Triumph. Er ist ein eitler kleiner Wichser und ein schlechter Verlierer. »Wenn es Ihnen also nichts ausmacht, werden wir heute ein kleines Rennen bestreiten. Ich hätte gern meine Revanche.«

Ich sage: »Revanche?«

»Sie haben uns gestern mit sehr viel Geld verlassen«, sagt er. »Wir segeln nach dem Modus ›doppelt oder nichts‹.«

Ich sage: »Was immer im Topf ist, ich bin dabei.«

Kaum habe ich den Satz ausgesprochen, bereue ich ihn auch schon. Ich bin kein Spieler. Ich habe ausnahmsweise und nur durch den gestrigen Abend genug Geld, um mich von allen Unannehmlichkeiten zu befreien, von denen ich umzingelt bin. Ich kann ein neues Leben beginnen. Aber er hat seine Hand schon ausgestreckt, um den Deal zu besiegeln. »Wir haben diese Boote«, sagt er. »Wir nennen sie Ballycool-Einheitsklasse. Sie wurden von den weißen Siedlern oben beim Ballycool-Haus gebaut. Heute ist es ein Irrenhaus. War es eigentlich immer. Es sind aber so oder so hübsche kleine Boote. Sie können sich eins aussuchen. Fair ist fair.«

Der Mund lächelt. Die Augen tun es nicht. »Nun kommen Sie schon«, sagt der fiese kleine Killer. »Segeln Sie ein Rennen mit mir, und geben Sie mir eine Chance.«

Meine Gedanken drängen den Whisky in die Ecken meines Hirns. Auf der einen Seite habe ich finanzielle Sicherheit und eine Lebenserwartung von etwa vier Stunden. Auf der anderen bin ich wieder pleite und habe eine Lebenserwartung von … na ja, man weiß es nicht so genau. Besser der Teufel, den du nicht kennst, als der Teufel, den du kennst; das alte Motto der Chance-Männer. Also ergreife ich seine Hand und drücke sie fest, noch bevor er so ganz bereit ist. »Führen Sie mich hin«, sage ich.

»Hier geht es lang«, sagt er. »Declan, den Lunch am Kai wie geplant.«

»Ich habe Ihnen gesagt, dass ich mit der Tide ablegen muss«, instistiere ich.

Er lächelt. »Ich habe meine Meinung bezüglich der Einladung geändert«, sagt er. »Der Lunch ist für mich, nicht für Sie. Declan wird den Einsatz bereithalten.«

»Was ein entzückender Kerl«, denke ich bei mir. Ich springe runter auf das Steuerhaus der GLEANER, gehe in die Kabine und hole die Einkaufstüte mit dem Geld darin, schmeiße sie auf den Kai und steige danach selbst hoch.

McGown schaut in die Tüte, schaufelt in den Scheinen herum, prüft. »Declan, pass darauf auf«, sagt er.

Ich nehme die Tragegriffe und binde sie mit einem festen Knoten zusammen. Declan stürzt herbei und nimmt die Tüte in seinen

Besitz. Ich aber folge McGown runter zu den Booten, während mein Hirn bei jedem Schritt durch meinen Schädel wabert.

»Gut«, sagt McGown, die Hände in die Hüften gestemmt und die Füße fest auf dem Boden. »Sie können Ihr Boot frei wählen. Bis auf das hier, das ist meins.« Er tätschelt das Want des Bootes zu seiner Rechten. Es ist ein bestechend schönes Holzboot, dessen Deck aus makellosem grauen Teak gefertigt ist. Sein Rumpf wirkt mit der eiscremeweißen Lackierung wie emailliert. Die Beschläge haben dieses honigfarbene Aussehen, das beim liebevollen Auftragen von 15 Lackschichten entsteht.

»Dann nehme ich das hier«, sage ich und schlage aufs Want des anderen Bootes. Es hat ein verwittertes Deck, rostige, verzinkte Wanten und eine einfache dünne Lackschicht.

McGown lacht über seinen Witz. Nicht über meinen. »Also, gut«, sagt er, und ich kann wieder die von dem Föhn hinter seiner Stirn produzierte Hitzeaufwallung und Aufregung spüren, die er schon am Pokertisch empfunden hatte. Er schiebt ein Papier zu mir herüber. Es trägt die Überschrift »Ballycool S. C.«. Es ist eine Hafenkarte, auf der mit grünem Filzstift ein Kurs eingezeichnet ist.

Ich gleiche sie mit dem echten Hafen ab. Da ist die Startlinie, die offensichtlich zwischen einem Trawler und einer nördlichen Untiefentonne kurz vor der Pier liegt. Dann geht es am Wind hoch zur gelben Tonne am Ende der Sandbank auf der anderen Seite des Hafens. Es folgt ein Raumschotsabschnitt zur roten Tonne am Hafeneingang. Danach geht es zurück zur gelben Tonne. Abschließend wartet ein Vorwindgang ins Ziel.

Ich schaue raus übers Wasser. Die Tide drückt jetzt mächtig rein in den Hafen. Die Sandbank ist nicht mehr zu sehen. Kleine Brisenstriche hinterlassen kurze Zickzackaufwallungen auf der schieferfarbenen Wasseroberfläche.

»Ein herrlicher Tag zum Segeln«, konstatiert McGown. »Sollen wir um 9 Uhr starten? Paddy wird uns ein Zehn-Minuten-Signal geben, dann das für eine Minute und den Start.« Paddy scheint der

Industriekessel zu sein. Die Startpistole steckt vermutlich in seinem Schulterholster. Ich gehe aufs Boot und versuche mich zurechtzufinden.

Es ist kein kompliziertes Objekt, was mir entgegenkommt. Fast unangemessen, wenn man bedenkt, dass ich gleich einhand ein Matchrace-Duell um 200 Riesen bestreiten werde. Der Gedanke an das Geld macht mich fast platt. Jetzt ist es an der Zeit herauszufinden, welches das Großfall ist. Ich muss das betagte Großsegel hochziehen, dessen Achterliek deutlich ausgeleierter ist, als mir lieb sein kann. Auch das ausgebeulte Vorliek ist alles andere als perfekt. McGowns Segel dagegen reitet mit dem knackigen Knistern eines neuen Tuches in den Himmel. Er sitzt in einem Boot, das er kennt. In einem Revier, das er kennt. Und er hat schöne neue Ausrüstung.

Konzentration. Fokus. Vergiss den Whisky, das Geld und deinen Gegner. Steck dein Hirn ins Boot und segle es! Ich ackere und schwitze, was mit zitternden Fingern leicht vorkommt.

Es ist kein kompliziertes Rigg. Es sind einige Reffpunkte vorhanden, Reffleinen am Schothorn und Haken am Segelhals. So weit alles in Ordnung. Dann ist da noch ein Baumniederholer. Das Vorsegel sitzt auf einer Rollanlage. Jetzt aber wird mir das Herz schwer. Im Vordeck befindet sich eine Bergetrompete. In ihr schimmert eine böse Schlange, die mich wahrscheinlich erwürgen wird: der Spinnaker. Ich muss trainieren. Wofür ich noch ganze 25 Minuten Zeit habe. Ich kontrolliere die Führung der Leinen und stelle fest, dass eine Spinnakerschot innerhalb der Wanten geführt ist, was entweder einer irischen Achtlosigkeit geschuldet oder eine dezidierte Form der Sabotage ist. Als ich alles so am Laufen habe, wie es sein soll, rolle ich das Vorsegel aus, ziehe es back und löse die Vorleine. Der Bug dreht sich vom Anleger weg. Das Großsegel zieht. Ich löse die Heckleine, und das Boot gleitet hinaus in den Hafen. McGown fummelt an seiner Großschot herum. Er schaut über seine Schulter. Sein Gesicht ist ausdruckslos. Ich bemerkte flüchtig, dass der Major auf dem Kai steht. Dann fällt eine Bö ein. Ich verlagere mein Gewicht auf die Kante und höre das Heckwasser gurgeln. Ich spüre den Luvdruck auf dem Ruder. Ich fiere die Großschot zehn Zentimeter. Der Ruderdruck lässt etwas nach, und ich setze meine Erprobungsfahrt fort. Das Ballycool-OneDesign ist im Vergleich zu modernen Booten ziemlich schwer, hat lange Überhänge an Bug und Heck. Ich schaue auf den Kompass. Er steht bei 225°. Die Segelstellung ist jetzt in der magischen Balance zwischen Anluven und zu hoch am Wind. Mein Herz macht einen kleinen Freudensprung, als das Boot mit sanfter Beschleunigung vorwärtsgleitet. Der Hecküberhang berührt die Wasseroberfläche und verlängert die Wasserlinie. Die ramponierte Anzeige des Speedometers klettert von 6,0 auf 6,3 und bleibt dort stehen. Dann lege ich Ruder und wende. Sanft geht das Boot durch den Wind. Das Vorsegel gleitet vorn um den Mast herum, und ich nehme seine Schot dicht, Sekunden, bevor das Segel wieder Druck bekommt. Und wir sind wieder in der Balance. Wir gleiten lautlos vorwärts. Nur das Gurgeln des Wassers und das Flattern des Achterlieks sind zu hören. Der Kompass pendelt sich auf 135° ein. Über meine Schulter kann ich McGown sehen, wie er mit jemandem auf dem Kai spricht. Meine Uhr zeigt mir noch 20 Minuten bis zum Start an. Mich beschleicht ein vages Gefühl der Zuversicht. Es gibt schlechtere Boote als dieses.

Ich fiere die Schoten auf und segle raumschots runter in die Hafenmitte. Wieder findet das Boot seine Balance. Wieder taucht das Heck leicht ins Wasser, was dieses kleine Extraquäntchen an Geschwindigkeit ergibt. Das Boot gefällt mir. Das Geld und der Whisky sind in den Hintergrund gerückt. Ich segle ausbalanciert an einem Brisenstrich entlang, und es ist wunderschön.

Das Ufer kommt näher. Ich habe weder eine Seekarte noch ein Echolot. Es wäre ziemlich dumm aufzulaufen. Also nehme ich wieder Kurs auf den Kai, der jetzt etwa eine Seemeile entfernt liegt. Zeit, den Spinnaker auszuprobieren.

Ich falle auf Vorwindkurs ab, bekreuzige mich im Geist, setze den Spinnakerbaum und ziehe am Spinnakerfall. Und aufwärts geht das Segel aus der Spitrompete. Ich steuere mit den Knien, während ich mich um die Schoten kümmere. Und da bin ich also, reite stilvoll mit dem Wind voran, sehe, wie der Kai näher kommt und der Spinnaker sich wie ein praller roter Ballon vom blau-weißen Himmel abhebt.

Eine bullige Gestalt geht zum Ende des Anlegers, blickt auf ihr Handgelenk und zieht eine Handfeuerwaffe. Erst kommt die Rauchwolke, dann der Knall. Noch zehn Minuten. Plötzlich fängt mein Herz an zu rasen. Ich bücke mich, um die Spinnakerschot in die Hand zu nehmen. Während ich nach unten greife, erwischt uns ein überraschender Winddreher. Der Baum schlägt auf die andere Seite. Wir machen eine Patenthalse, und das Boot schießt auf dem anderen Bug in den Wind. Infolge des Sonnenschusses liegt das Boot flach auf dem Wasser. Ich stehe auf der leewärtigen Deckskante. Dort schießt jetzt das Wasser ins Boot. Der Wind presst den flatternden Spinnaker ins Wasser, und mein Herz droht auszusetzen, weil wir schon vor dem Startschuss volllaufen und untergehen werden.

Also tue ich das Einzige, was mir noch bleibt: Ich werfe das Fall los. Es rauscht in den Mast, und das Boot beginnt sich wieder aufzurichten, während der Spinnaker über dem Wasser ausweht. Ich kann ihn packen und stopfe ihn wieder ins Vorschiff. Dann segle ich zurück zur Startlinie. Hinter ihr nicken die makellos getrimmten Segel von McGowns Boot schüchtern vor sich hin. Ich konzentriere mich auf die Lenzpumpe, damit ich nicht mein verdammt dämliches Katergesicht zur Schau stellen muss. Ich werde gleich um 200 Riesen segeln. Und das auf einem Kurs mit einem Vorwindabschnitt, für den ich leider keinen Spinnaker mehr habe.

Die Pumpe saugt Luft. Ich hole das Vorsegel dicht und nehme Kurs auf den Bereich hinter der Startlinie. Ich bin McGown jetzt so nah, dass ich sein Gesicht sehen kann. Er schaut mich mit einem kleinen Lächeln an. Seine Lippen bewegen sich, und seine Hände bewegen sich auf und ab. *Wichser*. Da sitzt er, mit flatternden Segeln, und lauert in kontrollierender Position an der rechten Starttonne.

Ich bin ihm jetzt nah; dicht genug, um die Reflexionen des Wassers in der perfekten weißen Lackierung seines Rumpfes zu sehen. Die kleine viereckige Hand des Mörders ruht auf der Deckskante und streichelt den Lack, als würde er ihn liebkosen. Vielleicht ist es ja das Einzige, was er wirklich liebt …

Ich finde, dass ich mit dem Grinsen aufhören sollte. Ich werde mich mit ihm anlegen müssen. Und jetzt weiß ich auch, wie ich das anstellen muss.

Ich bin auf Steuerbordbug. Er hat Wegerecht. Er sitzt da und beobachtet mich, während ich auf ihn zusegle. Er wartet darauf, dass ich mir die Pinne in den Bauch ramme und ich ihn am Heck passiere. Auf dem Anleger schaut Paddy auf seine Uhr. 90 Sekunden noch bis zum Start. Ich sage: »Aus dem Weg.« Er schaut mit zusammengekniffenen Augen zu mir rüber. Nach klassischem Lehrbuch ist alles, was er jetzt tun muss, an seinem Ende der Startlinie auf Backbordbug mit Wegerecht zu warten. Er könnte dann mit stattlicher Geschwindigkeit ins Rennen starten und mir die Verfolgerrolle in seinem Heckwasser zuweisen. Und jedes Mal, wenn ich ein Manöver ausführen würde, könnte er mich decken. So sind die Regeln in der Duellsegeldisziplin Matchracing.

Heute Morgen war ich noch nicht so sehr an diesen Regeln interessiert. Aber ich will jetzt nichts verschenken. Also warte ich, bis mein Bug eine halbe Bootslänge von seiner Seite entfernt ist, und lege eine Crashwende hin. Es geht von raumschots auf raum. schots.

Ich sehe, wie sich sein Mund öffnet und wieder schließt. Und ich sehe den Reflex seiner Hand, wie sie der Lackierung eine weitere Streicheleinheit widmet. Und ich weiß, dass ich recht habe.

Der Eine-Minute-Schuss knallt, als ich ganz unten am anderen Ende der Startlinie angekommen bin. Ich checke die Zeit, bewege mich raus aus dem Startbereich, halse nach 30 Sekunden und komme mit Kurs auf das linke Ende der Startlinie zurück. Eine Windbö geht durch. Mein Boot neigt sein Heck in die See und die Zahlen gehen rauf: 6,3, 6,5. Das Kielwasser spritzt an den Seiten hoch. Am anderen Ende der Linie steht McGown immer noch mit flatternden Segeln hinter der Linie. Zehn Sekunden vor dem Startschuss sind es noch knapp 50 Meter bis zur Linie. Aber ich sehe, wie McGown seine Segel dichtnimmt und sein Boot zur Linie segelt. Ich denke: »Okay, er ist ausgeflippt und wird einen Frühstart haben. Er wird zur Linie zurückkehren und neu starten müssen.«

Was dumm von mir ist, weil ich dabei nicht bedenke, für wen der Industriekessel arbeitet. Meine Uhr sagt mir, dass es noch zehn Sekunden sind. Da knallt der Startschuss. Er ist in genau dem Moment zu hören, in dem McGowns Bugspitze an der Linie ist. Es ist der perfekte Start für diesen dreckigen kleinen mörderischen Betrüger.

Doch er ist so mit der Umarmung seiner bevorzugten Seite der Startlinie beschäftigt gewesen, dass er keine Geschwindigkeit aufbauen kann. Und wir haben es mit schweren Booten zu tun, die etwas Zeit brauchen, um in Fahrt zu kommen. Währenddessen gleite ich bereits mit Speed voran. Also segle ich weiter und kreuze die Startlinie fünf Sekunden nach ihm. Und schon befinden wir uns auf kreuzenden Kursen. Er hat Wegerecht. Der Wind schreit mir ins rechte Ohr.

Die Püttinge der Lee-Oberwanten ziehen bei der Lage eine federgleiche Furche durchs Wasser. Für einen Moment habe ich fast Freude daran.

Aber nur für einen Moment. Weil die beiden Boote nun schnell aufeinander zukommen. McGown segelt weiter mit Dampf auf mich zu, seine wunderschönen Segel haben die Umrisse eines Möwenflügels. Ich luge unter dem Vorsegel hindurch und sehe seinen Ruderkoker. Die Peilung zwischen uns steht. Was bedeutet, dass sich mein Boot auf Kollisionskurs mit seinem befindet.

Sein elegantes und hübsch lackiertes Boot, das er so sehr liebt.

Ich bleibe auf der Kante und stürme weiter voran. Die Peilung bleibt unverändert. Ich sehe ihn unter dem Baum durchschauen. Er wird kalkulieren, dass ich ihn auf Höhe des Ruderkokers treffe. Also wird er erwarten, dass ich hinter seinem Heck durchgehe oder jetzt wende. In beiden Fällen würde er die Führung übernehmen und eine Position gewinnen, aus der er mich und meinen Wind kontrollieren und beeinflussen kann.

Ich mache weiter Druck. Ich sehe ihn wieder herüberschauen und schreie: »Sie waren zu früh über der Linie.«

Er schreit etwas Geringschätziges zurück. Ich sage: »Ich bleibe auf meinem Kurs. Geben Sie mir Raum.«

Ich sehe ihn lachen. Und ich sehe das Lachen auf seinem Gesicht gefrieren, als mein Bug auf ihn zuschießt. Dann schiebt er die Pinne runter nach Lee, und sein Boot kommt rum. Er segelt von mir weg, jetzt auf Steuerbordbug. Und verliert infolge dieses sauberen Fouls an Boden.

Ich sage: »Ein gutes Manöver verdient eine gute Antwort.« Und bleibe auf Kurs zur nächsten Tonne. Ich ziehe zwar von ihm weg, doch meine Selbstsicherheit hat irgendwie abgenommen. Die Bungalows von Ballycool blicken mit ihren blanken Fenstern vom grünen Land auf uns herab und werden Zeuge, wie der große Mann der Stadt Prügel von einem Opportunisten kassiert. Definitiv will McGown sein wunderschönes Boot nicht beschädigt sehen. Doch jetzt steht seine Ehre auf dem Spiel. Und schon bald werden wir die Tonne gerundet haben und auf den Raumschotsabschnitt gehen. Er wird einen Spinnaker haben und mich einholen.

Ich spüre ein unangenehmes Juckreizgefühl hinten am Hals wo sich Schädel und Wirbelsäule treffen. Es ist der Punkt, an dem jemand die Kugel in Johnny Bonnys Kopf gejagt hat.

Konzentrier dich aufs Segeln!

Die Tonne erscheint querab, liegt schief im Tidenstrom. Ich passiere sie klar achteraus und falle ab. Ich fiere die Schoten, um mehr

Wind einzufangen. Die Anzeige besagt, dass ich 6 Knoten Fahrt durchs Wasser mache. Doch es sind nur 4 Knoten über Grund. Die See rauscht vorbei, während das Land nur langsam kriecht. Hinter mir höre ich ein Rascheln, blicke mich um und sehe, wie McGown die Tonne rundet. Der Spinnaker geht als Streifen hoch und öffnet sich mit einem satten Plopp, als McGown die Schoten anzieht. Der weiße Bart unter dem Bug seines Bootes wächst. Ich bekomme ein flaues Gefühl im Magen. Ich drehe mich weg und konzentriere mich auf den Kurs zur nächsten Tonne.

Sie ist weit oben am Hafeneingang positioniert, diese Tonne, die momentan nur als kleiner roter Krümel vor dem grünen Land im Hintergrund auszumachen ist. Ich krieche ihr entgegen. Der schlanke Rumpf des Bootes erzeugt eine große Bugwelle, dann einen Wellentrog und dann wieder eine Heckwelle am hinteren Ende. Ich beginne einen Funken Hoffnung zu spüren. Boote wie diese haben eine Maximalgeschwindigkeit, weil sie nicht imstande sind, über ihre eigene Bugwelle hinwegzusegeln. Etwa in der Art, wie man sich auch nicht an den eigenen Stiefelschlaufen hochziehen kann. Und so weit ich das beurteilen kann, segle ich bereits mit vollem Speed. Man nennt es Rumpfgeschwindigkeit. Spinnaker hin oder her, McGowns Geschwindigkeit ist die gleiche wie meine.

Ich fliege also weiter, poltere durch die kabbelige See, die der Wind verursacht. Er kommt dichter, ist eine Nuance schneller als ich, weil er im Kabbelwasser von der Kraft seines Spinnakers profitiert. Doch er holt nur ganz langsam auf. Dabei wird der Krümel aus rotem Metall immer größer.

Segel das Boot! Vorsegel, Großsegel, Baumniederholer. Von Land kommen immer neue Böen übers Wasser. Und schließlich taucht die Tonne auf, an deren Kette die Tide rüttelt. Und da ist der weiße Bug von McGowns Boot, das mir unter seiner grünen Spinnakerwolke unter Land immer näher kommt. Er holt jetzt schnell auf. Ich stelle fest, dass der Scheißkerl den Hafen gut kennt und einen Streifen mit weniger Tidenstrom gefunden hat.

Ich habe das ungute Gefühl, dass der Zusammenbruch naht. Die Tonne taucht vor mir auf. Ich runde sie. Mein Heck schrammt nur haarscharf an der rostgesprenkelten Farbe vorbei. Dann höre ich ein Knacken und das Rascheln wie von einer Einkaufstüte, und auch McGown ist rum. Als ich mich umdrehe, sehe ich, wie er mit seinem Spinnakerbaum hantiert. Ich bin schon wieder draußen in der Welle. Ich komme voran, und mein Vorsprung wächst.

Das hält aber nicht lange an. Wir fliegen bei jetzt gutem Wind mit 30° Lage über den Kurs. Ich hätte ein Reff einziehen sollen, doch dadurch hätte ich eine halbe Minute verloren und wäre hinter ihm gelandet. Der große grüne Spinnaker geht wieder hoch. Er hebt sich und schwankt wie ein überdimensionaler Ballon im Wind. Dann sitzt er mir direkt am Heck. Mein Großsegel kommt mir entgegen, weil McGown ihm den Wind raubt. Aber er ist das luvwärtige Boot, und deswegen habe ich Wegerecht. Ich luve an und gehe vor seinem Bug durch. Ich sehe diesen weißen Bug gerade noch vorlich meines Wants, höre den Spinnaker rascheln und flattern, während er anluvt. Es gibt ein leises Geräusch, dann schießt ein Streifen Licht vom Unterliek seines Spinnakers bis in dessen Gipfel. Und plötzlich ist dieses fette majestätische Segel nur noch Weihnachtsdekoration, die im Wind flattert.

»Pech, alter Mann«, sage ich und bedenke ihn mit einem breiten selbstgefälligen falschen Lächeln.

Was ein dummer Lapsus in Bezug auf meine Konzentration ist. Denn als er die Überbleibsel seines Segels runterzieht und sein Vorsegel ausrollt und ich mich aus seinem Windschatten herausbewege, fegt die stärkste Bö des Tages übers Wasser. Ich habe die Segel nach dem harten Anluven immer noch dicht. Und der Wind knallt mit voller Wucht in sie rein. Und schon liegt mein Boot platt auf dem Wasser. Ein grüner Wasserfall schießt über das Leedeck ins Cockpit. Als ich endlich die Segel gefiert und neu getrimmt und die Lenzpumpe angeworfen habe, befindet sich McGowns Bugspitze wieder auf Höhe meines Hecks. Er macht Fahrt wie ein D-Zug.

Jetzt bin ich das Luvboot, und die nächste Tonne kommt schon auf uns zu. Es ist die gelbe.

Ich schaue kurz zum Kai rüber. Die GLEANER hat keine Krängung mehr. Sie schwimmt wieder. Auf dem Kai steht ein grüner Kistenstapel.

Die gelbe Tonne ist jetzt ganz nah. Vor etwa einer Stunde habe ich beobachtet, wie das Wasser von beiden Seiten über der Sandbank zusammengekommen ist, deren Ende die gelbe Tonne markiert. Sagen wir, es handelt sich um eine Drei-Meter-Tide. Also ein Anstieg von etwa einem Meter, seit ich das Überspülen der Sandbank gesehen habe.

Ich schaue über die Schuler zurück. McGown sitzt auf der Kante. Ich freue mich darüber, dass er müde aussieht. Auch ich fühle mich nicht gerade toll, aber ich werde dafür sorgen, dass er sich noch schlechter fühlt.

Ich tue so, als würde ich am Vorsegel rumfummeln, bleibe im Cockpit und nehme Kurs auf die Tonne. Die Segel schlagen back und flattern, das Boot verliert Fahrt, und ich falle ab, um wieder Druck reinzubekommen. Ich halte den Kurs unter die Tonne. Ich höre das Gurgeln seiner Bugwelle und sehe ihn zu meiner Linken auftauchen. Er denkt, dass er mich in Luv überlaufen kann. Ich höre ihn schreien: »Mast querab!« Was bedeutet, dass ich die Pinne nicht von mir wegdrücken und ihn von meinem Ohr wegscheuchen kann. Denn ich darf jetzt nicht mehr anluven. Aber ich schreie: »Innenposition! Raum!«, und führe mein Boot in einer sanften Kurve um die Tonne. Ich höre ihn schreien. Es folgen ein satter Crash und ein langes Schleifgeräusch. Dann ist er weg.

Unter mir blitzt in Lee die Tonne auf. Aber kein Zeichen von McGown.

Bis ich mich umdrehe. Und da ist er – mit einer schönen großen Riefe voller gelber Splitter in seinem wunderschönen Rumpf. Seine Segel flattern, und sein Gesicht ist blass vor Wut. Er sitzt auf der Sandbank fest.

Ich schaue stehend übers Heck in dieser Ruhe, die sich einstellt, wenn man auf den Vorwindkurs geht. »Pech«, sage ich.

McGown schaut mich mit einem Gesicht an, das nun völlig ausdruckslos geworden ist. Er zeigt mit dem Finger auf mich und sagt: »Du wirst sterben.« Ich bin sicher, dass er es genauso meint.

Dann hole ich mein Telefon raus und rufe Georgie an. Sofort legt die GLEANER vom Kai ab. Sie erscheint mir wie ein großes schwarzes und korrumpiertes Stück Erlösung. Ich sage ins Telefon: »Hol mich beim grünen Fischerboot ab.«

»Jo«, bestätigt er.

Auf meinem Vorwindkurs ins Ziel wirkt alles ruhig und friedlich; so, wie es sich anfühlt, wenn du mit der gleichen Geschwindigkeit segelst wie der Wind – oder durchs Leben stromerst. Denn erst, wenn du gegen den Strom schwimmst, dann realisierst du die Kraft dessen, womit du es zu tun hast.

Als ich über die Ziellinie segle, feuert niemand einen Schuss ab. Doch die GLEANER ist da, was besser ist als jeder Schuss. Ich klappe die Pinne hoch, gehe an ihrer Leeseite längsseits, kletter auf ihr Deck und marschiere ins Steuerhaus.

»Hast du dich gut amüsiert?«, sagt Georgie spöttisch.

»Großartig«, sage ich. »Und jetzt sollten wir losfahren.«

»Ohne dein Geld?«, fragt er.

»Vergiss das Geld.« Ich bin jetzt übermäßig nervös. »Fahr los.«

Er drückt den Hebel nach vorn. Das Holzboot rockt im Schraubenwasser, seine Segel schlagen hin und her. McGown stürmt durch den Hafen, steht im hinteren Teil des Cockpits und steuert mit den Knien. Er blickt zu uns rüber, als wir ihn passieren. Die kalten Augen sind kaum zu sehen. Ich werfe ihm eine Kusshand zu, bekomme aber keine zurück.

»Wir haben einen Passagier«, sagt Georgie durch das Fenster des Steuerhauses. Und schon kommt der Major an Deck. Er sieht müde aus, hat schwarze Ringe unter den Augen.

Er sagt: »Komiker.«

Mich ermüdet das langsam. Ich sage: »Es ist eigentlich üblich, seinem Gastgeber dankbar zu sein.«

Er sagt: »Ich bestimme, wem ich dankbar bin.«

»Wissen Sie, was ich denke?«, sage ich. »Ich denke, Sie haben letzte Nacht viel Geld verloren. Und ich denke, dass Sie sich das nicht leisten können. Außerdem denke ich, dass Sie beleidigt sind und das am Erstbesten auslassen, der Ihnen über den Weg läuft.«

Sein Gesicht wird blasser, die Augenringe schwärzer. »Was glauben Sie, mit wem Sie sprechen?«

»Mit einem ganz gewöhnlichen Dieb«, sage ich. »Ich bin vielleicht nicht der beste Polizist der Welt gewesen, aber ich habe nicht vorgetäuscht, der Verbindungsoffizier Ihrer Majestät zum Polizeidienst Ihrer Majestät zu sein, während ich das Kokain Ihrer Majestät geklaut und mich mit den Feinden Ihrer Majestät verschworen habe. Also achten Sie jetzt auf Ihr Benehmen. Und wenn Sie sich wieder übergeben müssen, dann tun Sie das über die Seite.«

Er will etwas erwidern, überlegt es sich aber anders. Was er danach tut, weiß ich nicht. Und es ist mir auch egal. Ich greife zum Fernglas und beobachte den Kai.

Inzwischen ist die Sonne herausgekommen. Über den Tischen in McGowns privatem kontinentalen Café am Kopf des Kais sind Sonnenschirme aufgespannt. Um die Idylle perfekt zu machen, wurde sogar ein Windschutz aus Segeltuch aufgestellt, der die Tische von dem Haufen Greenreap-Kisten trennt, die wir angelandet haben. McGown steht an der Bar; jemand reicht ihm ein Glas Guinness. Er schaut mich mit diesem ihm eigenen Blick direkt an. Ich bekomme eine Gänsehaut, obwohl er mich schwerlich sehen kann. Dann marschiert er los und setzt sich an einen der Tische. Der Industriekessel tut es ihm nach und setzt sich dazu. Außerdem sind da ein Mann mit einem Gipsarm in einer Schlinge und ein weiterer mit einem bandagierten Kopf. Das ganze fiese Pack ist jetzt am Kai mit Drinks zusammengekommen und schaut dabei zu, wie die GLEANER gegen die Tide aus dem Hafen fährt.

Als hätten sie sich versammelt, um etwas Außergewöhnliches zu erleben.

»Wollen Sie ihnen nicht zuwinken?«, wende ich mich an den Major.

»Warum sollte ich das tun?«

»Um auf Wiedersehen zu sagen.«

Er antwortet nicht. Und er winkt auch nicht.

Die Gestalten am Kai schrumpfen nun. Eine grüne Tonne zieht an Backbord an uns vorbei. Weit vor uns in der offenen See signalisiert die östliche Untiefentonne: sichere Gewässer da draußen. Mich überkommt plötzlich ein beklommenes Gefühl. Wir segeln von sehr bösen Menschen weg. Und die lassen es zu. Natürlich haben sie fast 200.000 £ von mir und sind genau die Art Leute, denen Geld sehr wichtig ist. Aber es ist weniger wichtig als die Durchsetzung ihrer schmutzigen und brutalen Interpretation von Gerechtigkeit.

Sie schrumpfen weiter. Und was sie betrifft, so dürften wir am Horizont auf halbem Weg in die offene See nur noch als winzige Gestalten mit unsichtbaren Gesichtern zu sehen sein. Aber ich habe McGown mit dem Fernglas im Visier. Ich sehe ihn einen dezenten Schluck aus seinem Glas nippen. Ich sehe, wie er ein Mobiltelefon vom Tisch nimmt. Er hält es sich nicht ans Ohr. Er hält es hoch und zeigt damit auf uns wie jemand, der eine Fernbedienung auf einen Fernseher richtet. Und er wählt eine Nummer. Und dann, so vermute ich, drückt er auf den kleinen grünen Knopf. Ich bin aber zu weit weg, um das genau zu sehen.

Außerdem geschieht etwas anderes, das meine Aufmerksamkeit fesselt: Das Ende des Kais verschwindet in einem plötzlichen blendenden Lichtblitz. Den Bruchteil einer Sekunde später ist ein enormes Krachen zu hören, das mir auf die Trommelfelle drückt. Fast glaube ich, dass sie sich in der Mitte meines Kopfes treffen werden. Die Schockwelle drückt mich von der Reling der GLEANER weg ins Steuerhaus. Als ich mich wieder aufraffe, sehe ich, dass der Himmel über dem Kai voller Möwen ist. Unter ihnen bläht sich eine schwere schwarze Rauchwolke. Und in dem schwarzen Rauch fliegen eine Menge winziger Teile umher wie von der Sonne angestrahlte Blätter, die durch die Luft wirbeln. Nach meinem Kenntnisstand sollten das die engelhaften Überbleibsel von McGown und seiner Crew sein. Ich vermute allerdings stark, dass McGown und seine Männer nichts Engelhaftes in sich trugen. Es wird sich also eher um 50-£-Scheine handeln. Geldscheine, bei denen es sich sozusagen um mein Eigentum handelt. Ich werde allerdings nicht bleiben und sie einfordern.

Nach einer Weile hat der Wind den Rauch davongeblasen. Geblieben ist das Kaiende, von Explosion und Feuer sauber gereinigt. Und ein paar Überreste, nach denen die Möwen hungrig tauchen.

Ich höre ein weinerliches Geräusch und schaue mich um. Es ist der Major. Die Explosion hat ihn halb durch das Steuerhausfenster geschleudert. Das Blut läuft in Strömen an ihm runter, und er zittert vor Schmerzen und Schock. Auch ich fühle mich nicht besonders gut, obwohl ich darauf vorbereitet gewesen bin.

»Hut ab, gut gemacht, Gavin«, sagt Georgie und wischt sich Blut von der Stirn.

Ich nicke, fühle mich aber angeschlagen und krank. Ich bin nicht in der Stimmung für Lob, auch nicht von einem Connaisseur wie Georgie. Ich sage: »Dann fahren wir jetzt also zurück nach Schottland.«

Dann gehe ich ins Steuerhaus, richte den Bug der GLEANER so aus, dass wir die Untiefentonne mit etwa einer Viertelseemeile Abstand passieren und schalte den Autopiloten ein. Der Major hockt immer noch auf allen vieren. Er schaut zu mir hoch; zwei weiße Augen in einem Gesicht voller Blut. Er schiebt sich an der Wand hoch, bis er sich daran anlehnen kann. »Ich bin verletzt«, klagt er.

Ich gehe in die Kombüse, hole Wasser und ein Geschirrtuch und sage: »Waschen Sie sich das Gesicht.«

Er wischt es ab. Und winselt. Ich bin eigentlich der Meinung, dass ich ein netter Mensch bin, aber irgendwie stört es mich nicht, diese Töne zu hören. Ich sehe mir seine Schnitte im Gesicht etwas genauer an. Manche sind tiefer, aber aus keinem spritzt Blut heraus. »Sie werden es überleben«, sage ich. Ich denke, dass ich nun erleichtert sein sollte, bin es aber nicht.

Ich mach mir Gedanken darüber, ob ich wirklich ein netter Mensch bin. Ich habe Menschen getötet. Ich bin wochenlang mit dem Leichnam meines Ex-Schwagers durch die Gegend gefahren, ohne seiner Schwester zu sagen, dass er tot ist. Und ich bedaure den Verlust der 200 Riesen zutiefst. »Aber sieh es positiv«, sage ich zu mir selbst. Die gute Seite ist, dass ich nicht tot bin.

Ich gehe raus in den Wind und erledige einige Anrufe. Dann setze ich mich in den Stuhl, höre dem Schnüffeln des Majors zu und beobachte, wie sich der blaue Schatten des Mull of Kintyre beständig weiter aus der See erhebt. »Nicht tot«, denke ich. Ich wünschte nur, ich wäre es. Doch das würde eines Tages vielleicht der Whisky erledigen.

Der Major sagt etwas. Die Stimme soll in der kühlen walisischen Monotonie ertönen, doch sie wackelt und kommt zum Stillstand. Er versucht es noch einmal. »Was war das?«

»Es ist so«, sage ich. »Wir hatten ein paar Waschmaschinen im Kühlraum.«

»Ja«, sagt der Major.

»Haben Sie etwas von ihnen gewusst?«

»Sie gehören mir«, sagt der Major.

»Warum fahren wir sie dann übers Meer spazieren?«

»Sie missverstehen das«, sagt der Major, der seine alte Kälte wiedergewonnen hat. »Mister McGown hatte mich gebeten, sie für ihn aus Holyhead abzuholen, um sie nach Irland zu bringen. Aber als wir sie nach Irland gebracht hatten, sagte er, dass er sie nicht mehr bräuchte. Also hat er sie mir gegeben.«

»Damit Sie sie heimbringen und Misses Davies geben können,

war es so?«, sage ich. »Oder vielleicht bei eBay verkaufen können, weil Sie jeden Penny, den Sie jemals besaßen, beim Kartenspiel mit dem Feind verloren haben?«

»Das muss ich mir nicht anhören«, beschwert sich der Major.

»Doch, müssen Sie«, widerspreche ich. »Oder Sie springen über Bord. Mir egal. Diese Waschmaschinen also. Eine von ihnen war eine Bombe.«

»Sie war was?«, sagt der Major.

»Eine IED (= Imporvised Explosive Device). Ein improvisierter Sprengkörper. C4-Sprengstoff und ein Sprengzünder, ausgelöst von einem Mobiltelefon. Ihr Kumpel McGown hat wohl gedacht, dass Sie unzuverlässig geworden sind. Was Sie auch sind. Und vielleicht hat er auch gedacht, dass Sie zu viel über ihn wissen. Was wahrscheinlich der Fall ist. Er wollte uns auf dem Weg zu ihm hochgehen lassen. Aber dann hat er sich entschieden, dass er mir lieber eine Tracht Prügel erteilen möchte. Also hat er sich entschieden, sein Vorhaben auf unseren Heimweg zu vertagen.«

Das Boot macht eine heftige Rollbewegung, doch das ist nicht alles, was dem Major Übelkeit verursacht. »Ich erkläre Ihnen, worum es geht«, sage ich. »Typen wie McGown sind nicht die Tollsten im Vergeben und Vergessen. Sie wissen nicht, ob sie im 21. Jahrhundert oder im 12. leben. Dabei spielt es keine Rolle, auf welcher Seite sie zu stehen meinen. Man will bei ihnen keine offenen Rechnungen hinterlassen. Nicht, wenn man jemals in seinem Leben wieder eine Nacht schlafen möchte. Also habe ich den Sprengstoff aus der Waschmaschine genommen und in eine Fischkiste gestopft. Georgie hat die Fischkiste auf den Kai und die anderen Boxen darauf gestellt. Wir haben sie in der Nähe der Bar gestapelt, wo sie zu Mittag gegessen haben. Als McGown dann die Nummer gewählt hat, um auf Wiedersehen zu sagen, hat er sich selbst in die Luft gejagt.«

Der Major lehnt an der Schottwand, als stünde er in der Warteschlange vor einer Intensivstation. Ich sehe, wie er alles in Gedanken durchgeht. »Er wollte ihre Partnerschaft auflösen«, sage ich. »Und das hat er gemacht. Ende gut, alles gut. Nicht wahr? Oder habe ich noch etwas vergessen?«

»Die Leiche«, sagt Georgie.

Der Major rollt mit den Augen. »Was für eine Leiche?«, krächzt er.

»Der Leichnam von Johnny Bonneville-Clark«, sage ich. »Noch einer von Ihren Gläubigern. Mit einer Kugel in seinem Hinterkopf. Er ist in Ihrem Kühlhaus.«

Die Augen schließen sich.

»Die Polizei hat die Waffe, mit der er erschossen wurde. Sie ist übersät von McGaheys Fingerabdrücken«, sage ich. »McGahey hat für McGown gearbeitet, der bekanntermaßen Ihr Geschäftspartner war. Und Sie haben ein wirklich gutes Motiv. Weil Johnny eine Menge Geld von Ihnen gewonnen hat. Dann kam er und nahm Ihr Boot. Und Sie könnten darüber sehr verärgert gewesen sein.«

Die Augen des Majors öffnen sich wieder. Sie sind jetzt nicht mehr kalt. Sie sind schwach und verzweifelt. Er sagt: »Was braucht es, damit Sie das alles vergessen?«

»Das ist es ja nicht allein«, sage ich. »Ich meine, da sind Sie, ein Verbindungsbeamter der Polizei. Aber Sie haben die Polizei als Privatarmee benutzt. Und Sie haben bei einer großen Razzia Drogen gestohlen, Karrieren zerstört und dem Feind Hilfe und Unterschlupf geboten. Und das alles, weil Sie gern mal ein Spielchen spielen.«

Die Augen sind auf mich gerichtet. »Komiker«, sagt er, doch es klingt nicht mehr wie eine Beleidigung.

»Zweifelsohne«, sage ich. »Aber was würden Sie mit sich machen, wenn ich Sie wäre?«

Stille.

»Sie würden mich einfahren lassen«, sage ich. »Mit aller Härte und Macht des Gesetzes. Nun, das werde ich nicht tun.«

Ich sehe, wie sein Gesicht wieder ein kleines bisschen Farbe annimmt. »Alles klar, Major«, denke ich. So fühlt sich das also an.

»Also habe ich ein paar Anrufe getätigt. Ich lasse es stattdessen Tony Greely tun. Er wird einem Freund von Ihnen namens Holby eine Menge Dinge berichtet haben, die ihn aufgemuntert haben werden. Holby wird mit Polizeichef Jack Menzies gesprochen haben, der ein Freund von einem Freund ist. Und der wird Greely aus dem Knast rausgelassen und ein paar Leute zu Ihrem Kühlhaus geschickt haben. Und Holby wird mit Ihrer Frau gesprochen haben. Ich denke, Sie wird sehr sauer gewesen sein. Hui.« Der Major geht zur Tür, vielleicht, weil er plant, sich über Bord zu stürzen. Aber Georgie springt ihm an den Hals, und der Kopf knallt ans Schott.

»Sie gehen nirgendwo hin«, sage ich. »Aus zwei guten Gründen. Erstens sollte Holby die Wahrheit von Ihnen darüber erfahren, was wirklich damals bei der Weinstein-Razzia in Liverpool geschehen ist. Und zweitens sind da noch ein paar Papiere, die Sie unterschreiben müssen. Eine Bestätigung für Georgie Strother, die ihm den hundertprozentigen Nießbrauch an der SIRIUS GLEANER zusichert. Blablabla. Ich bin Makler. Ich schreibe das auf. Sie unterschreiben es. Und dann noch einen Bericht für mich, der besagt, dass Ihrer Ansicht nach meinerseits keine Fahrlässigkeit im Handling der LORNE LADY vorlag, bevor wir auf diesen nicht markierten Stein in Ihrer Bucht aufgelaufen sind.«

Ich setze die Papiere auf. Er unterschreibt sie.

»Exzellent«, sage ich. »Dann sind wir pünktlich zum Tee zu Hause, ja?«

Was nicht unbedingt für jeden von uns erfreulich ist. Jedenfalls nicht für den Major. Denn als wir zu seinem Haus kommen, flattert dort überall Tatortband im Wind. Die blauen kreisenden Lichter lodern auf dem weißen Bungalowzement wie bei einer Feuerbestattung. Ein Transporter bringt große Mengen Drogen der Klasse A fort, die man im gleichen Kühlhaus wie den Leichnam von Johnny gefunden hat. Der Major kommt an Deck, um zuzuschauen. Es ist schwer, sein Gesicht zu sehen. Ich will aber auch nicht wirklich hinschauen. Er wird aus seinem Job gedrängt werden. Danach wird er eine sehr lange Zeit mit Leuten eingesperrt sein, die ihn nicht sehr mögen werden.

Wir legen längsseits am Kai an. Er betritt den Beton wie ein sehr alter Mann. Ein Polizist erscheint aus der Dunkelheit: »Major Horace Davies?« Es folgt das übliche Verhaftungsgeschwafel. Sie führen ihn weg.

Ich sehe, wie im Bungalow einer der Vorhänge zur Seite gezogen wird. Draußen davor steht ein Polizeiwagen. Sein blaues Licht scheint auf die Tränen auf den Wangen von Misses Davies, die durchs Fenster schaut.

Auch Misses Davies steht eine lange Haftstrafe bevor. Sie wird Schwierigkeiten haben, jemanden zu finden, der sie mit ihr teilt.

Jemand sagt etwas zu mir. »Entschuldigung?«, sage ich.

»Wir werden Ihre Aussage benötigen«, sagt der Polizist an Deck. Er notiert unsere Namen und Adressen. Ich gebe Achnabuie an. »Weg jetzt von hier«, knurrt Georgie aus dem Steuerhaus.

Unter dem Heck bildet sich eine Wildwasserwolke. Leinen los. Der Bug zeigt auf die Bucht. Wir gehen um die Landspitze herum. Hinter uns verschwinden die blauen Lichter hinter den sich erhebenden Landmassen. Wir gleiten mit langen Sprüngen von smaragdgrünen zu rubinroten Lichtblitzen durch den dunklen Jura-Sund. Ein paar Stunden später klappern wir den Kanal nach Achnabuie runter. »Danke für mein Boot«, sagt Georgie, als wir am Kai längsseits gehen. »Ich hoffe, dass ich dich nie wieder sehe.«

Dann stehe ich in meinen Ölhosen auf dem Steg, und die dunklen Umrisse der GLEANER gleiten weiter durch den Kanal, damit Georgie sich im Pub von Craighouse volllaufen lassen kann. Ich habe einen Pick-up, in dessen Kabine ich schlafen werde. Und wenn ich aufwache, dann werde ich zweifellos einen Plan machen müssen.

Mein Telefon klingelt. Es ist Miranda. Ich entscheide, dass ich die Konfrontation mit den Problemen besser auf morgen vertage, und schalte das Telefon aus.

»Eine Stimme sagt: »Gavin?«

Ich stolpere über einen Fuß, lande aber sicher. »Maureen?«, frage ich.

»Jawohl.« Eine Hand nimmt meine. Ein fester, trockener Händedruck. Sie zieht mich durch die Dunkelheit. Sie sagt: »Du hast kein Bett für die Nacht. Du kommst besser mit nach Hause.« Sie küsst meinen Nacken. Sie kaut Kaugummi. Ihr Atmen schmeckt nach Pfefferminze.

Ich gehe mit ihr.

Ich kenne Maureens Zuhause ziemlich gut. Es ist ein kleines Puppenhaus aus Stein in einem viereckigen Garten. In dem Garten wachsen im Herbst Dahlien, Narzissen im Frühling und Mücken im Sommer. Heute Nacht ist es vor allem verregnet.

Sie stößt die Tür auf und sagt: »Ich mach den Wasserkocher an. Hast du schon was gegessen?«

»Nein«, sage ich, »aber ich brauche nichts.« Der Regen prasselt gegen das Fenster. Es ist eine scheußliche Nacht. Und es würde noch schlimmer werden.

»Ach, was ist denn los mit dir?«, fragt sie. Sie hockt sich ans Feuer, bläst Leben in den Torf und dreht mir dabei ihren wohlgeformten Rücken zu. »Bist du krank?«

»Nein«, sage ich. Ich mag Maureen. Aber ich werde nichts von ihr nehmen, weil ich ernsthaft besorgt bin, dass sie mich vergiftet.

Sie dreht sich um; die schönen Augen zusammengekniffen, weil sie merkt, dass etwas nicht in Ordnung ist. Dieses mächtige Haar. Eine nette und gutaussehende Frau. Jetzt allerdings runzelt sie die Stirn: »Was ist das Problem?«

Ich sage: »Das bist du.« Ihre Augen werden weicher, und ich sehe einen Anflug von einem Lächeln. »Nein«, sage ich. »Ein echtes Problem. Erinnerst du dich daran, dass du mir dein Telefon geliehen hast? Erris McGown hat angerufen. Ich dachte, dass er die Nummer vom Major bekommen hatte. Aber das war nicht der Fall. Er dachte, dass er dich anruft. Ich dachte, dass er so erstaunt klang, weil ich noch am Leben war. Aber er war erstaunt, weil nicht du am Telefon warst.«

»Worüber zum Teufel sprichst du?«, fragt sie. Sie schüttelt ihren Kopf.

»Über deinen Bruder.«

»Wen?«

»Ich bin gerade erst in Ballycool gewesen«, sage ich. »Ich habe dort Poker mit einem Mann gespielt, der McGown heißt. In seinem Wohnzimmer hängt ein Familienfoto an der Wand. Und da bist du drauf.«

Jetzt herrscht Stille. Schließlich sagt sie: »Worum geht's also?«

»Er hat versucht, mich zu töten.«

Sie nickt. Sie sagt: »Natürlich hat er das. Und?«

»Er hat sich stattdessen selbst umgebracht.«

Sie senkt ihren Kopf. Sie sagt: »Er ist nicht mein Bruder.«

»Nein?« Das glaube ich ihr nicht. Ich bin so müde, müde, müde.

»Er ist mein Mann. War.«

Ich fahnde in ihrem Gesicht. Sie sieht nicht aus wie jemand, der gerade zur Witwe geworden ist.

»Er war ein religiöser Mann«, sagt sie. Die Art von religiösem Mann, die Bomben schmeißt und Kinder tötet. Aber nicht die Art, die sich scheiden lässt.«

»Warum hast du mir das nicht erzählt?«

»Du hast nicht gefragt.«

Ich schaue ihr in die Augen: ihre schrägen grünen keltischen verdammten Augen. Ich sehe nichts, das ich verstehe. Sie sagt: »Willst du einen Drink?« Ich spreize meine Hände. »Weil ich mir jetzt einen mache.«

Ich beobachte sie aufmerksam. Und sie weiß das. Sie nimmt zwei saubere Gläser aus dem Schrank und bricht das Siegel einer neuen Flasche Te Bheag, gießt drei Finger hoch in jedes Glas, lässt mich eins auswählen und trinkt zuerst. Überzeugt, dass es sich nicht um einen heimtückischen Giftanschlag handelt, folge ich ihrem Beispiel. Das flüssige Feuer tut seine Wirkung. Die Stimmung steigt.

Ich sage: »Du hast deinem Mann von mir erzählt.«

»So war das nicht. Ich … habe ihn zufällig mit Johnny bekannt gemacht.«

»Zufällig?«

»Johnny war hier. Und eines Tages kam Erris rein, um mir meinen Unterhalt zu zahlen, wenn du es genau wissen willst. Sie fingen an, übers Kartenspielen zu sprechen. Erris hat ihn dann zu einem Spiel eingeladen. Dabei hat er Davies kennengelernt.«

Ich starre sie an. Ich war also nicht der Einzige, der sich in Achnabuie verschanzt hatte. Ich sage: »Danke.«

»Tut mir leid.« Sie schüttelt ihren Kopf. »Ich dachte, dass du genauso ein Idiot bist wie dein Freund Johnny.«

»Du hattest recht«, sage ich und trinke mehr Whisky.

»Ich lag falsch«, widerspricht sie. »Du bist ein anständiger Typ. Du machst dumme Sachen, wenn du trinkst, das ist alles. Aber als ich mir das zusammengereimt hatte, war es schon zu spät. Und ich war wirklich verzweifelt.« Sie schüttelt ihren Kopf. »Hast du eine Ahnung, wie es ist, mit einem Mann wie Erris in einem Land verheiratet zu sein, in dem es keine Scheidung gibt? Ich meine, es gibt natürlich für einen Mann wie diesen auch andere Wege aus einer Ehe heraus.« Sie macht eine Pause, um das sacken zu lassen. »Aber wenn es dir irgendetwas bedeutet: Ich habe dein verdammtes Leben gerettet.«

»Ja?«, sage ich. Ich spüre, wie sich die vielen Beweise für das Gegenteil in mir zum Widerspruch vereinen.

»Als sie dein Boot in Brand gesteckt haben«, sagt sie. »Du hast vielleicht gedacht, dass du wahnsinnig diskret gewesen bist. Aber da war die ganze Zeit ein Mann mit einem Gewehr in deiner Nähe. Ich habe ihm gesagt, dass er nicht schießen soll, weil du ein Feigling bist und dein abgebranntes Boot als Warnung durchaus verstanden hast.«

Das lässt mich innehalten. Widerspruchsgeist hin oder her. Ich muss zugeben, dass das der Wahrheit entsprechen könnte. Und ich hatte gedacht, dass es meine großartige Überzeugungskraft gewesen war, die mich vom Haken hatte kommen lassen.

Ihre Mundwinkel sind jetzt in einer Weise nach unten verzogen, die ich nie zuvor bei ihr gesehen habe. Sie beginnt mit einer Packung Spearmint Extra zu spielen. Ich sage: »Und du hast die weiße Rosette im Schlepper platziert?«

»Dumme Sache«, sagt sie. »Erris hat mir gesagt, dass ich das tun soll.«

»Und du hast es einfach gemacht.«

»Er hatte ein bisschen Einfluss auf mich«, sagt sie immer noch verbittert schauend. »Es ist kein großartiges Leben, für Gavin Chance Marine zu arbeiten. Ich brauchte den Unterhalt.«

Ich senke den Kopf. Da steckt viel Wahrheit drin. Ich sage: »Und du hast ihm erzählt, dass Donnie hier war.«

»Er hat gesagt, dass er nur mit ihm reden will. Hör mal!«, sagt sie. »Ich habe mich um dich gekümmert.« Die Augen werden wieder schmal. »Ich habe angefangen zu glauben, du würdest ihn für mich loswerden. Und das hast du auch gemacht. Danke also dafür.«

Ich zucke mit den Schultern. Ich weiß nicht, was ich glauben soll. »Aber jetzt gibt's keinen Unterhalt mehr«, sage ich.

»Aber auch keinen Ehemann«, sagt sie – für meinen Geschmack etwas zu heftig. »Das ist es wert.«

»Ist das ein Angebot?«

Sie schenkt mir ein Lächeln. Es ist ein liebenswürdiges Lächeln, aber für meinen Geschmack liegt darin zu viel Mitleid. Sie sagt: »Mein Typ Mann ist einer, der sich die Schnürsenkel selbst zubinden kann.«

»Ja«, sage ich. »Gut.«

»Aber möchtest du über Nacht hierbleiben?« Sie lässt ihre Augen auf meinen ruhen. »Ich habe ein Gästezimmer.«

Ich sage: »Ich werde andere Vorkehrungen treffen«, und stehe auf. »Danke für alles, was du getan hast.«

»Na, dann«, sagt sie. »Ich kündige. Du nimmst am besten den Computer. Und die Flasche.«

»Danke«, sage ich. »Mache ich.«

Also rollen eineinhalb Stunden später Gavin Chance Marine, die Akten, der gute Ruf, der Businessplan und der Inhaber all dessen die A83 hinunter in Richtung Ruhe und Dankbarkeit. Der Wind hämmert auf die Windschutzscheibe, und ich habe doppelt so viel Alkohol im Blut wie erlaubt. Es ist der große Tag der Verträge und der Abmachungen gewesen. Ich hatte mir eine Vereinbarung mit Maureen gesichert. Niemand würde von ihr etwas über die tödlichen Umstände bei der Lunchparty am Ende des Kais von Ballycool erfahren. Tony Greely hat sich selbst Schutz vor der Strafverfolgung gesichert, indem er zugestimmt hat, alles über den Major zu erzählen; auch wenn es unwahrscheinlich erscheint, dass sein Unternehmen überleben wird. Holby hat zugestimmt, dass der Mord an Johnny Bonneville-Clark einer Gruppe zugeschrieben wird, die wir irische Post-Paramilitärs nennen werden. Beides wird traurig für Miranda sein. Aber sie hat ihren Polizeichef. Sie wird überleben.

Ich ziehe den Korken aus der Flasche und nehme einen mächtigen Schluck. »Du bist ein Schweinehund, Chance«, denke ich über mich selbst. Aber verflucht sei Miranda. Verflucht die Bonneville-Clarks und der Major und alle Fischköche und Polizisten und persönlichen Assistenten und Schweinehunde, die das Meer leer kratzen, ihre Mitmenschen vergiften und so tun, als würden sie Politik betreiben, wenn sie doch tatsächlich ihrer bösen schikanierenden Gier freien Lauf lassen. Verflucht seien sie alle.

Ich bin betrunken. Aber ich lebe noch. Und ich bin immer noch Gavin, der sich fraglos im freien Fall zwischen der heißen Pfanne und dem Feuer befindet. Für den Moment aber fühle ich mich schwerelos, was entscheidend ist.

Das Telefon klingelt. Eine junge Stimme sagt: »Gavin Chance Marine? Sorry, dass ich so spät anrufe. Ich habe ein Boot, das ich gern verkaufen möchte.«

»Schicken Sie mir eine E-Mail«, sage ich. »Wir werden es nächste Woche verkaufen. Oder vielleicht auch die Woche darauf.«

»Wirklich?«

»Wirklich.«

Das Telefon geht aus, weil der Akku leer ist. Ich trete das Gaspedal durch. Die Tachonadel des Pick-ups tattert sich auf fast 100 Stundenkilometer hoch. Die weißen Striche werden zur Linie. Gavin Chance Marine hämmert gen Süden in die nächste Woche. Vielleicht auch in die übernächste.

Anmerkung des Autors

Viele Menschen haben zum Entstehen dieses Buches beigetragen. Ich möchte mich gern bei den Freunden bedanken, mit denen ich in den vergangenen 20 Jahren die Westküste Schottlands besegelt habe; sie wissen, wer sie sind. Ich möchte mich auch bei den Menschen für ihre unermüdliche Gastfreundschaft und ihre Freundlichkeit bedanken, die dort leben.

Und ich möchte Terry Smallwood und Mike Kerr für ihren Enthusiasmus und ihre Unterstützung danken; Richenda Todd für ihr Geschick und ihren eisernen Realitätsbezug; Glenn Storhaug für sein außergewöhnliches Verständnis davon, wie Worte auf einer Seite aussehen sollten; und Maggie Young, die die Hieroglyphen entschlüsselt hat, seit die Pharaonen Ägypten beherrschten.

Zum Schluss möchte ich den Vögeln, Fischen und Meeressäugern der Westküste dafür danken, dass es sie dort gibt. Und ich möchte mich im Namen der menschlichen Rasse für die schweren Erschütterungen entschuldigen, die sie durch die Hände einiger gierig gewordener Weniger erfahren. Auch sie wissen, wer sie sind. Aber es ist ihnen egal. Noch.

Bibliografische Information der Deutschen Nationalbibliothek
Die Deutsche Nationalbibliothek verzeichnet diese Publikation in der Deutschen Nationalbibliografie; detaillierte bibliografische Daten sind im Internet über http://dnb.dnb.de abrufbar.

1. Auflage
ISBN 978-3-667-11705-2

Umschlagrückseite: Sam Llewellyn
Übersetzung: Tatjana Pokorny
Lektorat: Birgit Radebold
Coverfoto: Garry Solomon / EyeEm / Getty Images
Umschlaggestaltung: Felix Kempf, www.fx68.de
Satz: Axel Gerber
Druck: Pustet, Regensburg
Printed in Germany 2019

Delius Klasing Verlag, Siekerwall 21, D-33602 Bielefeld
Tel.: 0521/559-0, Fax: 0521/559-115
E-Mail: info@delius-klasing.de
www.delius-klasing.de